Ali Ghandour

LIEBE, SEX UND ALLAH

Das unterdrückte erotische Erbe der Muslime

C.H.Beck

Originalausgabe

www.chbeck.de
Umschlaggestaltung: Kunst oder Reklame, München
Umschlagabbildung: Indische Miniatur aus der Spätmoghulzeit,

Satz: C.H.Beck.Media.Solutions, Nördlingen
Druck und Bindung: Pustet, Regensburg
Gedruckt auf säurefreiem, alterungsbeständigem Papier
(hergestellt aus chlorfrei gebleichtem Zellstoff)
Printed in Germany
ISBN 978 3 406 74175 3

myclimate

klimaneutral produziert
www.chbeck.de/nachhaltig

Inhalt

In der Mitte ihrer Wange waren meine Küsse
Und so küsse ich sie fort
Sie fragte, warum gerade die Mitte?
Ich sagte, die Süße ist genau dort.[1]

ʿAbd al-Laṭīf Fatḥallāh (gest. 1844), Mufti von Beirut

Vorwort

Museumsbesuche haben etwas Faszinierendes: Man schlendert durch die verschiedenen Abteilungen, unternimmt eine Reise durch Raum und Zeit und taucht in andere Sphären der menschlichen Kultur ein. Noch spannender finde ich den Augenblick, wo man das Museum verlässt oder in die Eingangshalle zurückkehrt. Dieser Moment ist magisch, weil die Eindrücke noch frisch sind und man eine Welt verlässt, um in eine andere einzutreten. Die vielen Fragen, die uns nach einem Museumsbesuch beschäftigen, sind der eigentliche Gewinn eines solchen Unternehmens.

Dieses Buch möchte ein Gefühl wie beim Rundgang in einem Museum vermitteln. Es wird eine Führung in die Welt von Sex und Erotik unter Muslimen sein, eine Führung durch fünfzehn Hallen. Das letzte Kapitel – es nimmt die Rolle der Ausgangshalle ein – ist das, bei dem die vielen Eindrücke und Fragen auf die heutige Wirklichkeit prallen, denn die vierzehn vorherigen Kapitel zeichnen ein Bild, das die meisten Leser aus der Gegenwart nicht kennen.

Genauso wie bei den Schwerpunkten eines Museums kann das Thema Sex und Erotik bei Muslimen nur fragmentarisch dargestellt werden. Das hat vor allem damit zu tun, dass der Begriff «Muslime» ein Konstrukt ist, das über die so bezeichneten Menschen nicht viel aussagt. Wen meinen wir mit «Muslime»? Abgesehen davon, dass heute in Amerika und Westeuropa eine starke muslimische Minderheit existiert, erstreckte sich, historisch gesehen, muslimisches Leben von der Küste Westafrikas bis zur Provinz Heilongjiang im äußersten Nordosten Chinas. Es liegt auf der Hand, dass sich die Menschen in einem so weiten geographischen Raum unterscheiden. Hinzu kommt, dass der muslimische Glaube seit dem frühen 7. Jahrhundert existiert. Wir haben es also mit einer Zeitspanne zu tun, die mehr als vierzehn Jahrhunderte umfasst. Sich dies vor Augen zu führen ist wichtig, weil das vorliegende Buch nicht den Anspruch erhebt, den Diskurs über Sexualität in allen muslimisch geprägten Gesellschaften über die Jahrhunderte hinweg zu untersuchen. Wenn es hier also um «Muslime» geht, kann damit immer nur ein Teil der Muslime gemeint sein.

Eine weitere Einschränkung ist notwendig: Das Buch konzentriert sich auf die urbane Geschichte der Muslime, denn die Chroniken, literarischen Werke, juristischen Register oder anderen historischen Dokumente, die wir heute besitzen, stammen überwiegend aus Städten. Dörfer und Regionen, die nicht nahe an einer Handelsroute lagen, werden in den uns überlieferten Quellen nur am Rande erwähnt, wenn überhaupt. Hier hilft die archäologische Arbeit eher, um die Vergangenheit dieser Orte zu untersuchen. Die meisten Gelehrten wirkten in Städten, die Herrscher lebten in Städten, und Städte waren auch die wichtigsten Handelszentren. Mit anderen Worten: Hier war der Mittelpunkt von Wissen, Macht und Geld. Deshalb kann die Geschichte der Sexualität und der Erotik bei Muslimen nur bei jenen untersucht werden, von denen die Quellen sprechen, und das sind die urbanen Muslime der Vormoderne.

Weiter ist zu berücksichtigen, dass die Vielfalt der Lebensformen innerhalb der gleichen Gesellschaft, der gleichen Stadt und der gleichen Epoche groß war. Liest man beispielsweise, dass die Homoerotik in einer Gesellschaft akzeptiert war, dass die Prostitution von manchen Kalifen besteuert wurde oder dass Sex in der Öffentlichkeit nicht tabuisiert wurde, dann heißt das nicht, dass diese Phänomene von der ganzen Gesellschaft und im ganzen Reich akzeptiert wurden. Das Buch kann zeigen, dass es bestimmte Diskurse gab, aber nicht, dass es sich um die einzigen oder vorherrschenden handelte.

Trotzdem gab es vermutlich die meisten hier behandelten Phänomene und Tendenzen jahrhundertelang in nahezu allen Städten der muslimisch geprägten Gesellschaften. Auch wenn der Fokus auf dem geographischen Raum zwischen Spanien und Iran liegt und arabische Quellen verwendet wurden, kann man doch von gleichen Phänomenen und Ideen unter Muslimen in Delhi oder Herat ausgehen.

Es ist auch zu bedenken, dass Glaube und Theologie nicht die einzigen Charakteristika der Muslime sind. Eine Analyse theologischer Quellen sagt uns erst einmal nicht viel über den Alltag und das reale Leben der Menschen. Manchmal gibt es die Tendenz, den Muslimen etwas zuzuschreiben, nur weil es im Koran oder in einem Rechtsbuch aus dem 10. Jahrhundert steht. Wie Thomas Bauer in seinem Buch *Warum es kein islamisches Mittelalter gab* dargestellt hat, waren viele Lebensbereiche muslimischer Gesellschaften weltlich.[1] Die Vorstellung, der Alltag sei nur von religiösen Vorschriften geregelt worden, hat nie der Wirklichkeit entsprochen.

Überhaupt ist auf den Unterschied zwischen Theorie und Praxis zu achten. Dass gewisse Moralvorstellungen in theologischen Werken als Ideale dargestellt oder manche Regeln von Juristen zur Norm erklärt wurden, heißt nicht, dass sie auch allgemein Beachtung fanden. In manchen Fällen haben breite Schichten der urbanen Gesellschaft diese Vorschriften ignoriert, wie wir bei dem Verbot der Prostitution, des Weinkonsums oder der gleichgeschlechtlichen sexuellen Beziehungen sehen werden. Mehr noch, dieses Ignorieren wurde selbst so ignoriert, dass daraus eine gesellschaftliche Akzeptanz wurde.

Alle Quellen der Vormoderne stammen von Männern. Zwar haben manche Autoren Frauen zitiert oder ihre Gedichte überliefert, aber die männliche Sichtweise bleibt die dominierende. Die Einstellungen und Praktiken, von denen hier berichtet wird, stammen von Männern und aus Gesellschaften, die männerdominiert waren. Wo es eine weibliche Stimme zu den in diesem Buch behandelten Themen gab, habe ich sie zu Wort kommen lassen, um ein ungefähres Bild von der damaligen weiblichen Perspektive zu vermitteln.

Ich habe in den fünfzehn Kapiteln dieses Buches versucht, die wichtigsten Aspekte von Sex und Erotik zu behandeln. In den ersten sieben Kapiteln geht es um die verschiedenen Rahmenbedingungen, in denen Sex stattfand. Die fünf folgenden Kapitel fokussieren auf den Körper und die Körperlichkeit. Die beiden vorletzten Kapitel setzen sich mit Sex und Erotik in Literatur und Mystik auseinander. In den ersten vierzehn Kapiteln liegt der Schwerpunkt auf der Vormoderne. Der Einfachheit halber wird hier unter «Vormoderne» die Zeit bis etwa 1800 verstanden. Allerdings wurden bei manchen Themen, insbesondere was die Beziehungen betrifft, auch moderne Diskurse berücksichtigt.

Da vieles von dem, was in den vierzehn Kapiteln beschrieben wird, heutigen Lesern meist unbekannt ist und keine Entsprechung in der gegenwärtigen muslimischen Realität hat, stellt sich die Frage, warum der Diskurs über Sex unter Muslimen heute so anders ist. Mit dieser Frage beschäftigt sich das fünfzehnte Kapitel. Dabei geht es vor allem um den Wandel, der sich seit dem 19. Jahrhundert vollzogen hat.

An manchen Stellen habe ich bewusst Begriffe, die vielleicht als vulgär und umgangssprachlich empfunden werden, für die Übersetzung arabischer Begriffe verwendet. Im Deutschen hat man meist die Wahl zwischen medizinischer Fachterminologie und umgangssprachlicher vulgär-scherzhafter Ausdrucksweise. Die arabische Sprache kennt diese starke Dualität nicht. Deshalb haben Begriffe wie «ficken» für *nāka* oder «Schwanz» für *dhayl* bzw. *ayr* keine latent moralisierende und abwertende Konnotation. Ein anderer Grund ist, dass mit diesen direkten Übersetzungen die unverkrampfte Haltung der hier zitierten vormodernen

Autoren, die noch nicht die späteren Hemmungen kannten, verdeutlicht wird.

Abschließend möchte ich dem Verlag C.H.Beck für die Anregung danken, dieses Buch zu schreiben, insbesondere meinem Lektor Ulrich Nolte, der das Projekt mit Rat und Tat unterstützt und begleitet hat.

Hamburg, im April 2019 *Ali Ghandour*

1. Der historische Kontext vor dem Islam

Mit der Ankunft des Propheten Muhammad etablierte sich keine komplett neue gesellschaftliche Ordnung. Viele Vorstellungen, Normen und Strukturen aus früheren Zeiten wurden beibehalten oder mit leichten Veränderungen übernommen. Einige Praktiken jedoch verbot der Prophet, weil sie entweder im Widerspruch zu seinen Lehren standen oder, aus der Perspektive der muslimischen Normenlehre betrachtet, damals Schaden oder Unrecht nach sich zogen. Die Araber und die ersten Muslime außerhalb der Arabischen Halbinsel legten also mit der Annahme der prophetischen Botschaft nicht all ihre Bräuche ab. Die Grenzen zwischen dem Alten und dem Neuen waren fließend, und somit fanden viele alte Vorstellungen in die Konzeptionen Eingang, die später die muslimischen Rechtsgelehrten entwerfen sollten.

Für die erste muslimische Gemeinde stellten neben dem Koran auch die mündlichen Unterweisungen des Propheten und vor allem die prophetische Praxis die wichtigsten Quellen dar, um den neuen Glauben und dessen Ausübung zu verstehen. Nach seinem Ableben jedoch hinterließ der Prophet Muhammad keine systematische Lehre. Der frühen Gemeinde stand lediglich der Koran und das, was sie vom Propheten gelernt hatte, zur Verfügung. Deshalb bestand eine der wichtigsten Aufgaben der ersten Generationen darin, aus dieser Botschaft eine systematische Lehre zu machen. Im Laufe der ersten Jahrhunderte nach dem Tod des Propheten wurde diesbezüglich vieles unternommen. Zahlreiche Gelehrte kommentierten den Koran, die prophetischen

Aussagen wurden gesammelt, und es entstand eine Disziplin, die sich mit der Authentizität dieser Aussagen beschäftigte, da nicht alles, was überliefert wurde, tatsächlich vom Propheten stammte. Darüber hinaus entwickelten sich weitere Disziplinen, z. B. die rationale Theologie (*kalām*), die Normenlehre bzw. die Rechtswissenschaften (*fiqh*) oder die Methodologie der Normenlehre (*usūl al-fiqh*).

Es ist wichtig, in diesem Zusammenhang zwischen der Lehre des Propheten und dem, was darunter verstanden wurde, zu unterscheiden. Wenn im Verlauf dieser Untersuchung von Normen die Rede ist, dann handelt es sich in den meisten Fällen um die Interpretationen und Deutungen der Gelehrten. Nicht selten dominiert hingegen die Vorstellung, die Muslime hätten ein festes Gesetzbuch namens Scharia, in dem alle Normen und Regeln detailliert «von Gott» erklärt wären. Ein solches Werk oder Verständnis der Scharia existiert indes nirgendwo bei den Muslimen. Scharia bedeutet die Summe der gesamten göttlichen Kunde (*wahy*) in ihrer absoluten Form, das heißt, in ihrer göttlichen Form. Für die Menschen ist sie in dieser Absolutheit unzugänglich. Muslime sprechen daher eher vom Verständnis der Scharia oder vom Verständnis der göttlichen Kunde (*wahy*) bzw. der prophetischen Botschaft. Dieses Verständnis ist allerdings immer subjektiv und kontextabhängig und besitzt in keinem Fall eine universelle Geltung. Es ist sozusagen eine menschliche und zeitliche Konkretisierung von etwas, das absolut und transzendent ist. Bei diesem Prozess des Verstehens der göttlichen Kunde (*wahy*) spielten nicht nur die überlieferten Texte eine Rolle, sondern auch der kulturelle und historische Raum, die Vernunft, die menschlichen Bedürfnisse und viele weitere Faktoren, die in der Methodologie der Normenlehre behandelt und bis heute unter Muslimen diskutiert werden.

Wie wir noch sehen werden, findet man in diesen Normen auch Vorstellungen aus vorislamischer Zeit. Die muslimische

Normenlehre (*fiqh*) entstand in einem bestimmten kulturellen Kontext, der nicht nur die Entstehungsphase, sondern auch die spätere Entwicklung der Rechtsvorstellungen geprägt hat. Mehr noch hinterließ der kulturelle Kontext vor dem Aufkommen des Islams noch für Jahrhunderte seine Spuren bei den Muslimen. Vieles, was heute als Teil der muslimischen Praxis wahrgenommen wird, hat seine Wurzeln gar nicht in der muslimischen Normenlehre, sondern beruht auf jahrhundertealten Traditionen und Lehren, die somit viel älter als die Botschaft des Propheten Muhammad sind. Aus diesem Grund ist es erforderlich, zuerst einen Überblick über die Vorstellung von Sex und Ehe in den wichtigsten Kulturen um die Arabische Halbinsel zu geben, bevor wir zum muslimischen Diskurs kommen. Denn nur so können Normen und Regeln, die die muslimischen Rechtsgelehrten später festlegten, in ihrem historischen Kontext erfasst werden. Der Fokus wird auf die byzantinisch-christlichen, sassanidisch-zoroastrischen und die arabisch-heidnischen Kulturräume gelegt.

Byzanz und das sassanidische Reich

Im Norden der Arabischen Halbinsel erstreckten sich zwei große Reiche: westlich das Byzantinische Reich, das im 6. Jahrhundert Herr über den mediterranen Raum war, östlich das Sassanidenreich vom heutigen Irak bis Pakistan. Bei den Byzantinern, die stark durch das orthodoxe Christentum geprägt waren, galt als einzig mögliches Verhältnis zwischen einem Mann und einer Frau, das auch eine intime Beziehung erlaubte, die Ehe.[1] Daher waren Ehebruch und außerehelicher Sex strikt verboten und wurden je nach Gesetzgebung hart bestraft. Kaiser Konstantin I. (gest. 337) führte beispielsweise die Todesstrafe für außerehelichen Sex ein. In der Regierungszeit von Justinian I. (gest. 565) allerdings wurde die Strafe für Ehebruch durch die Möglichkeit der Versöhnung gemildert. Spätere Gesetze erlaubten es dem Mann, im Falle eines Ehebruchs der Frau Selbstjustiz zu üben.[2] Des Weiteren war die Ehe zwischen Blutsverwandten bis zum siebten Grad verboten.[3]

Nach der Vorstellung der frühen Kirchenväter gab es nur einen Gott, nur einen Christus und nur eine Kirche. Dementsprechend sollte und konnte es nur eine Form der Ehe, nämlich die strikte Monogamie, geben. Der eheliche Bund, der als etwas Heiliges, ja als ein Sakrament bzw. ein Mysterium betrachtet wurde, sollte idealerweise zwei Zwecke erfüllen: die Einhaltung der Keuschheit und die Sicherung der Nachkommenschaft.[4] Für die Heirat war die Zustimmung der Braut und des Bräutigams und oft ihrer Eltern oder Vormunde erforderlich. Auch die Eheschließung vor einem Priester mit dessen Segnung wurde im Laufe der Zeit immer wichtiger, sodass später nur die kirchliche und institutionalisierte Form der Ehe als solche Anerkennung fand.[5] Ferner gab es ein Mindestalter, das mit der Pubertät zusammenhing: 12 Jahre für Mädchen und 14 Jahre für Jungen. Im Normalfall war der Bräutigam älter als die Braut.[6]

Die Kirche lehnte das Konzept der unbeschränkten Scheidung ab. Im Jahr 331 verbot Konstantin I. den Ehegatten, sich aus willkürlichen Gründen scheiden zu lassen. Nur wenn der Mann des Mordes, der Zauberei oder des Grabüberfalls schuldig war, durfte die Frau die Scheidung und ihre gesamte Brautgabe verlangen. Wollte die Frau aus anderen Gründen geschieden werden, dann ging sie mit leeren Händen und musste auf eine Insel verbannt werden.[7] Justinian I. erließ eine Reihe von Regelungen, nach denen die Scheidung vorgenommen werden konnte. Danach wurde die einvernehmliche Scheidung verboten, es sei denn, beide Ehepartner legten Mönchsgelübde ab. Die Liste der Scheidungsgründe wurde stark eingeschränkt, schloss jedoch beispielsweise die Rebellion gegen den Kaiser, Unzucht oder ein Fehlverhalten der Ehefrau ein. Letzteres war auch konkret beschrieben und beinhaltete das Essen und Baden mit anderen Männern, das Wohnen außerhalb ihres Hauses, den Besuch von Zirkusspielen und Theatern sowie die Jagd auf wilde Tiere. Später, unter der Herrschaft von Justin II. (gest. 578), wurde das Recht auf Scheidung wieder eingeführt.[8] Es blieb aber ein verpönter Akt, und in der christlichen Tradition verlor die Scheidung bis ins 20. Jahrhundert hinein nie ihren negativen Beigeschmack.

Sex und Körperlichkeit hatten im Byzantinischen Reich und im Christentum allgemein eine negative Konnotation. Sex wurde als eine Folge der Ursünde betrachtet und durfte nur im Rahmen der Ehe praktiziert werden.[9] Laut Geoffrey Parrinder wurde die paulinische Gegenüberstellung von «Fleisch» und «Geist» in einer dualistischen Form verstanden, sodass Sex als Gegenteil von Heiligkeit angesehen wurde.[10] Einige Kirchenväter betrachteten den Geschlechtsverkehr als ein für die Fortpflanzung notwendiges Übel und verurteilten daher alle sexuellen Beziehungen, die dem Vergnügen dienten, als Unzucht (*porneia*). Laut Johannes Chrysostomos (gest. 407) war der legitime Geschlechtsverkehr weniger wichtig für die Fortpflanzung als für die Vermeidung der Unzucht.[11] Die Kirche schloss zwar die Ehe in die Sakramente ein, empfahl jedoch gleichzeitig eine teilweise Abstinenz auch in der Ehe.[12]

Ein asketisches Ideal blieb der Zölibat, das von der Mehrheit christlicher Heiliger angenommen wurde. Diese stellten ja auch die Vorbilder für den vollkommenen Christen dar. In der christlichen Vorstellung bildeten sie einen Kontrast zu der in der spätantiken heidnischen Gesellschaft herrschenden sexuellen Dekadenz.[13] Die normative Situation sollte uns allerdings nicht zu einer falschen Vorstellung verleiten, denn eine Art Doppelmoral war in der byzantinischen Gesellschaft doch verbreitet. So gab es durchaus wie in jeder Gesellschaft Prostitution und Konkubinat. Die Männer hatten ihre sexuellen Abenteuer, aber sie erwarteten von den Frauen eine christlich-moralische Reinheit. Die Jungfräulichkeit, die durch die Marienverehrung im Christentum eine theologische Dimension gewann, wurde von unverheirateten Frauen erwartet und war ohnehin ein Ideal, besser noch als die Ehe.[14]

Darüber hinaus wurde über die weltliche Liebe oder gar die Erotik nicht öffentlich gesprochen. Wie Averil Cameron konstatiert, war die byzantinische Gesellschaft

> bis mindestens zum zwölften Jahrhundert eine Gesellschaft ohne erotische Literatur oder erotische Kunst im üblichen Sinne; die leidenschaftliche Sprache der physischen Liebe wurde stattdessen auf geistige Beziehungen und insbesondere auf die Beziehung zwischen dem Asketen und Gott angewandt.[15]

Es war ein Diskurs, der explizit den Sex und das Erotische unterdrückte und ihre Abwesenheit feierte. Im Vergleich zu den Byzantinern hatten die östlichen Nachbarn der Araber, die Sassaniden, ein relativ freies Eherecht. Zwar war die Haltung gegenüber dem Sex ebenfalls nicht eindeutig – die sexuelle Lust wurde in vielen Schriften als etwas Dämonisches betrachtet[16] und die Frau als Eigentum angesehen[17] –, doch gab es mehrere Eheformen, die darauf hinweisen, dass hier unbefangener mit dem Thema umgegangen wurde als in Byzanz. Die bekannte Form, die *pādixšāyīhā*, die als autorisierte Ehe übersetzt werden kann, wurde zwischen einem Mann und einer Frau geschlossen, nachdem die Genehmigung der Familie oder des Vormundes eingeholt sowie ein detaillierter Ehevertrag aufgesetzt worden war. In dem Vertrag wurden z.B. die Zeugen oder die Höhe der Brautgabe festgehalten. Diese Form der Ehe war nicht so streng reglementiert wie im Christentum. So waren Mehrehen erlaubt und auch weitere Beziehungen mit Konkubinen nicht ausgeschlossen. Mehrere Frauen oder Konkubinen zu haben, war jedoch eher unter den Herrschern oder

Aristokraten verbreitet, da dies als Zeichen von Wohlstand galt. Zudem konnte man eine Ehe auch für eine bestimmte Zeitspanne schließen, also eine Form der Zeitehe eingehen.[18]

Eine weitere Besonderheit bei den Sassaniden bzw. den Anhängern des Zoroastrismus bestand in der Erlaubnis zum Inzest. Ziba Mir-Hosseini schreibt in ihrem Artikel zum zoroastrischen Familienrecht in der Encyclopedia Iranica: «In der Tat war die am meisten verdienstvolle Art der Ehe, die als ein Allheilmittel für alle Todsünden außer Sodomie angesehen wurde, die Ehe mit der Verwandtschaft.» Um genauer zu sein: Hier ist die Vereinigung zwischen Vater und Tochter, Sohn und Mutter, Bruder und Schwester gemeint. Diese Eheform, die wahrscheinlich am Anfang nur innerhalb des Adels praktiziert wurde, fand im Laufe der Zeit Eingang in alle Teile der persischen Gesellschaft. Viele Monarchen heirateten ihre Schwestern, Töchter oder gar Mütter. So wird sogar berichtet, dass der Priester Ardā Wīrāz alle seine sieben Schwestern zur Frau nahm.[19] Später, unter muslimischer Herrschaft, stimmte die Mehrheit der Juristen einer Verwandtenheirat unter Zoroastriern zu – was eigentlich in der muslimischen Normenlehre streng verboten ist. Es gab jedoch unterschiedliche Meinungen bei Fragen des Erbrechts und des Unterhalts aus zoroastrischen Ehen vor muslimischen Gerichten.[20]

Was den Geschlechtsverkehr zwischen zwei Männern anging, so war die Position der Zoroastrier streng. Der Akt stellte eine unsühnbare Handlung dar, und sowohl der aktive als auch der passive Partner wurden mit Dämonen gleichgesetzt, handelten sie dabei doch im Sinne des Bösen. Die Strafen variierten je nach Epoche und hingen davon ab, ob man zum Akt gezwungen worden war oder nicht. Ein Mann, der gegen seinen Willen zum Analverkehr gezwungen worden war, erhielt eine Bastonade von achthundert Schlägen mit der Pferdepeitsche. Ansonsten galt die Todesstrafe für diejenigen, die den Akt freiwillig ausgeführt hatten. Die Tötung von jemandem, der Analverkehr betrieben hatte, galt als gute Tat und gehörte zu den Strafen, die keiner Erlaubnis der Hohepriester bedurften.[21]

Zwar entstanden in den ersten Jahrhunderten nach dem Aufkommen der Botschaft des Propheten Muhammad auf dem Boden von Byzantinern und Sassaniden muslimische Großreiche, aber viele Bräuche und Ideen aus den früheren Zeiten blieben in der Gesellschaft bestehen. Dies darf man nicht aus den Augen verlieren, wenn man die Entwicklung der muslimischen Normenlehre verstehen möchte. Denn die muslimischen Rechtsgelehrten lebten in oder kamen aus Gebieten, die von den hier beschriebenen Kulturen für Jahrhunderte geprägt worden waren. Viele muslimische Normen zielten darauf ab, schon bestehende Sitten und Regeln zu relativieren, wenn es nicht möglich war, sie abzuschaffen.

Die Araber vor dem Islam

Die arabischen Stämme vor dem Islam, unter denen es sesshafte und nomadische gab, wurden im Norden insbesondere von Byzantinern oder Persern und im Süden von jüdischen Stämmen, die in der Region um das heutige Medina, aber auch im Jemen und Ostafrika lebten, beeinflusst. Allerdings weisen die Bräuche der alten Araber spezielle Elemente auf, kannten sie doch mehr Formen der Beziehung zwischen Mann und Frau als die Byzantiner oder Perser. Am bekanntesten ist die Vereinigung zwecks Fürsorge (*nikāḥ al-buʿūla*). Diese Form kommt dem, was wir heute unter Ehe verstehen, am nächsten. Es handelt sich um eine einvernehmliche, von beiden Eltern bzw. Vormunden akzeptierte Beziehung. Allerdings war die Brautgabe dabei ein fester Bestandteil, sodass eine Vereinigung ohne diese als ungültig betrachtet wurde.[22] Die Bezeichnung «Vereinigung zwecks Fürsorge» trägt diese Beziehungsform deswegen, weil sie den Mann dazu verpflichtet, für die Frau und seine Kinder, aber auch für alle Enkelsöhne, die von seinen Söhnen stammen, zu sorgen. Ursprünglich bedeutet das Wort *buʿūla* «das Besitzen», und aus der Wurzel *b-ʿ-l* stammen Ausdrücke wie *baʿl* (Herr, Meister und Besitzer).[23] So ist auch Baal, der Name einer der bekannten Gottheiten des Alten Orients, auf diese Wurzel zurückzuführen.[24]

Bei dieser Beziehungsform kommen die Frau und die Nachkommen des Mannes unter seine Obhut. Dadurch wurde der Mann an die Spitze einer Machtpyramide gesetzt.[25] Die Frau, die somit stark von dem Mann abhängig war, kann hier als eine Art Eigentum des Mannes verstanden werden, weil sie noch dazu – wie sein anderes Eigentum – vererbt werden konnte, eine Praxis, die nicht nur bei den Altarabern, sondern auch bei vielen anderen antiken Kulturen verbreitet war. Diese Form der Beziehung unterlag weiteren Regelungen. So durfte der Mann seine Tochter und der Großvater seine Enkeltochter nicht heiraten, und sowohl die Vereinigung zwischen Geschwistern als auch die mit Neffen oder Nichten war verboten.[26] Des Weiteren konnten die vorislamischen Araber polygam leben; es gab keine Begrenzung bei der Zahl der Frauen, die sich ein Mann nehmen durfte.[27] Aus diesem historischen Blickwinkel betrachtet kann man es als eine Art Einschränkung und Regulierung einer in der Gesellschaft verankerten Tradition verstehen, dass die muslimische Normenlehre (*fiqh*) die Zahl der erlaubten Frauen auf vier festlegte.

Eine andere Beziehungsform unter den Altarabern trägt die Bezeichnung «verpönte Vereinigung» (*nikāḥ al-muqt*). Hierbei handelte es sich um eine Beziehung, die nicht durch einen *nikāḥ*-Vertrag zustande kam, sondern durch Vererbung. Starb z. B. der Vater, dann konnte der Sohn dessen Frau ohne neuen *nikāḥ*-Vertrag und ohne Brautgabe zur Frau nehmen, falls sie nicht seine leibliche Mutter war. Gleiches war auch zwischen Brüdern möglich. Wenn ein Bruder starb, dann hatte der älteste Bruder die Möglichkeit, die Frau seines verstorbenen Bruders zur Partnerin zu nehmen. Im Allgemeinen stand eine Witwe unter der Obhut desjenigen, der sie zu sich nahm.[28] Einen neuen Mann heiraten konnte sie nur dann, wenn derjenige, der sie unter seine Obhut genommen hatte, es bewilligte. Manchmal stimmte er dem unter der Bedingung zu, ihre Mitgift zu erhalten.[29] Dies wurde dann im Koran strikt verboten durch die Stelle: «O ihr, die ihr glaubt, es ist euch nicht erlaubt, die Frauen wider ihren Willen zu erben. Und setzt ihnen nicht zu, um etwas von dem zu nehmen, was ihr ihnen zukommen ließet, es sei denn, sie begehen eine eindeutige schändliche Tat. Und geht mit ihnen in rechtlicher Weise um. Wenn sie euch zuwider sind, so ist euch vielleicht etwas zuwider, während Gott viel Gutes in es hineinlegt.»[30] Die Araber nannten diese Beziehungsform auch «die persische» (*al-fārisiyya*), da sie im persischen Raum praktiziert wurde. Jedoch war sie nicht nur hier verbreitet, vielmehr kannten auch Juden sie in Form der Leviratsehe, bei welcher der Bruder die Witwe eines kinderlos Verstorbenen heiratete.[31] Ähnliche Heiratsformen waren in der Antike bei vielen Kulturen üblich.[32]

Schließlich gab es noch den Tausch-*nikāh* (*nikāh al-badal*). Dabei tauschten zwei Ehemänner ihre Frauen, indem jeder sich von seiner Frau trennte und sie dem anderen als Gattin ohne Brautgabe übergab. Eine andere Form des Tausch-*nikāh* (*nikāh asch-schighār*) bestand darin, dass zwei Männer jeweils die Tochter oder die Schwester des anderen ohne eine Brautgabe heirateten.[33] Ferner existierten weitere Formen der Beziehung, die zu unserem heutigen Ehebegriff nicht passen. Eine davon war die Beziehung, die dazu eingegangen wurde, um die Frau zu schwängern (*nikāh al-istibdā*ʿ). Dabei erlaubte der Mann seiner Frau, Geschlechtsverkehr mit einem anderen zu haben, und enthielt sich in dieser Zeit des sexuellen Kontaktes mit ihr, bis feststand, dass sie vom anderen Mann geschwängert worden war. Das Kind indes wurde dem dauerhaften Partner und nicht dem temporären Sexualpartner zugeschrieben. Bei der Wahl der potentiellen Sexualpartner entschieden Stärke oder Mut. Durch diese Praxis erhoffte sich der Mann, von seiner Frau einen Sohn zu bekommen, der die Charaktereigenschaften des Mannes, der mit ihr verkehrt hatte, erbte.[34]

Sex außerhalb der *nikāh*-Beziehung galt lediglich im Fall eines Betruges als ein Verbrechen, das mit dem Tod bestraft wurde. Ansonsten gab es mehrere Fälle, in denen die Frau mit der Zustimmung ihres Mannes mit einem anderen Mann schlafen durfte.[35] So war es beispielsweise in Dürrezeiten verheirateten, aus armen Verhältnissen stammenden Frauen erlaubt, für eine bestimmte Zeit die Konkubine eines reichen Mannes zu sein. Als Gegenleistung bekam die Frau Geld oder Essen für ihre Familie. Diese sexuelle Beziehung wurde nicht verheimlicht, war normalerweise nur mit einem einzigen Liebhaber möglich und trug die Bezeichnung «die Umwicklung» (*al-mudāmada*). Sie wurde, ähnlich wie im alten Rom oder im antiken Griechenland, auch in Form des Konkubinats im klassischen Sinne praktiziert. Dabei war die Konkubine keine heimliche Geliebte, vielmehr war allgemein bekannt, dass eine bestimmte Frau von einem bestimmten Mann so und so beansprucht wurde. Beziehungen außerhalb eines *nikāh* galten also nicht als Schandtat, sondern waren gesellschaftlich akzeptiert.[36]

Neben der Polygamie gab es im vorislamischen Arabien auch eine Form der Polyandrie, die Gruppenheirat (*zawādsch ar-raht*). In diesem Fall waren es Frauen, die mehrere Sexualpartner hatten. Das Interessante daran war, dass die männlichen Partner sich gegenseitig kannten und einvernehmlich diese Beziehung eingingen. Kam es zu einer Schwangerschaft und Geburt, dann bestimmte die Frau, wer von den Männern der Vater des Kindes wurde. Zum Brauch gehörte, dass der Auserwählte die Entscheidung der Frau zu akzeptieren hatte.[37] Zudem gab es einigen Historikern zufolge die Möglichkeit, dass ein Mann zwei Schwestern gleichzeitig heiratete, und auch umgekehrt, dass mehrere Brüder dieselbe Ehefrau hatten.[38]

Unter den heidnischen arabischen Stämmen war die Prostitution akzeptiert und verbreitet, sowohl in dauerhaften Etablissements als auch auf den Wochenmärkten in Zelten. Oft handelte es sich bei den Prostituierten um Sklavinnen, die als Einnahmequelle für ihre Herren dienten.[39] Diese Praxis wurde im Koran mit den Sätzen verboten: «Und zwingt nicht eure Sklavinnen, wenn sie sich unter Schutz stellen wollen, zur Hurerei im Trachten nach den Gütern des diesseitigen Lebens. Und wenn einer sie dazu zwingt, so ist Gott, nachdem sie gezwungen worden sind, voller Vergebung und barmherzig.»[40] Ob die Araber eine Art kultische Prostitution kannten, ist unklar. Es werden zwar Legenden wie die von Asāf und Nāʾila erzählt, die Geschlechtsverkehr in der Kaaba gehabt haben sollen, deswegen in Steine verwandelt und danach von den Mekkanern als Götzen angebetet wurden.[41] Jedoch kann dies allein nicht als Hinweis auf eine Art Tempelprostitution gelten, wie sie aus anderen Kulturen bekannt ist.

Die verschiedenartigen Beziehungen zwischen den Geschlechtern im vorislamischen Arabien zeigen, dass der Umgang mit dem Sex im Vergleich zu den christlichen Byzantinern und den zoroastrischen Persern offener war. Körperlichkeit und Lust waren nicht derart eingeschränkt, was nicht nur durch die gesellschaftliche Ordnung, sondern vor allem auch durch die Dichtung bezeugt ist. Diese gilt nämlich als eine, wenn nicht *die* historische Hauptquelle für die Zeit vor dem Islam. Die altarabische Dichtung hat die Liebe, die Abenteuer der Liebenden oder ihre Leiden thematisiert. In den Gedichten aus dieser Zeit finden wir die ersten Motive für eine erotisch-poetische Sprache, die dann später, nach den Anfängen des Islam, weiterentwickelt und verfeinert wurde.

Ferner scheinen die vorislamischen Araber mit Phänomenen wie der gleichgeschlechtlichen Liebe und den Zwittern offener umgegangen zu sein.[42] Aus der frühislamischen Epoche sind zahlreiche Anekdoten überliefert, die zwar wahrscheinlich im Laufe der Zeit mehr und mehr angereichert wurden, uns jedoch trotzdem ein ungefähres Bild vom sexuellen Leben in der Zeit vor dem Islam geben. So finden sich Berichte, denen zufolge es lesbische Beziehungen in der aristokratischen Gesellschaftsschicht gegeben hat. Die bekannteste Geschichte ist die von Hind bint al-Khiss und ihrer Geliebten. Hind galt als Dichterin und Frau der Weisheit, die später für ihre Poesie gewürdigt wurde. Diese Liebesbeziehung schien ein Inbegriff für Treue geworden zu sein und wurde als Motiv auch noch in der frühislamischen Dichtung benutzt. So lesen wir bei al-Farazdaq (gest. 732), einem der bedeutendsten muslimischen Dichter des 7. und 8. Jahrhunderts:

> Großmütig hältst du den Bund der Treue
> wie einst Hind ihn
> für die Tochter des Hasan hielt. [43]

Der Historiker Salāh ad-Dīn al-Munaddschid sowie der Anthropologe George Kadr gehen davon aus, dass in der altarabischen Gesellschaft Praktiken existierten, die später verpönt waren. Eines der bizarrsten Phänomene ist der Cunnilingus mit der eigenen Mutter. Al-Munaddschid zufolge handelte es sich dabei um eine sexuelle Handlung, die manche Frauen mit ihren Kindern praktizierten. Ausdrücke wie zum Beispiel der Vorwurf, die Klitoris der eigenen Mutter genuckelt zu haben, sehen die beiden Forscher als Hinweis dafür, dass diese Praxis eine Grundlage in der vorislamischen Gesellschaft hatte.[44]

Der vorislamische Kontext hat die Entstehung der neuen Glaubensbewegung geprägt, denn mit der Normenlehre, die auf dem Koran und der Tradition des Propheten basiert, wurde der Versuch unternommen, viele Phänomene zu regeln oder zu bewerten, die zu jener Zeit existierten. Das bedeutet aber nicht, dass die Vielfalt der vorislamischen arabischen Gesellschaft mit dem Auftreten des neuen Propheten unterging. Diese Mannigfaltigkeit sollte weiter existieren, allerdings in anderen Formen.

2. Die Beziehung: Geschlechtsverkehr oder Ehe?

Spricht man im muslimischen Kontext von einer Beziehung zwischen Mann und Frau, dann wird in der Regel der Begriff *nikāh* verwendet, welcher oft mit Ehe, Eheschließung oder Heirat übersetzt wird. Die sprachliche und fachspezifische Bedeutung des Wortes ist jedoch nicht eins zu eins das, was Ehe im christlichen Kontext wiedergibt. Eigentlich meint *an-nikāh* nämlich die Verflechtung, die Vereinigung und die Vermischung und wird in den meisten Fällen für den Geschlechtsverkehr benutzt, da sich die Körper dabei verbinden und zu einer Einheit werden.[1] Sekundär wird dieser Begriff jedoch im Sinne des Heiratsvertrages und der Vereinigung zwischen einem Mann und einer Frau verwendet. Weil dieser Vertrag der Grund bzw. der Rahmen für den sexuellen Kontakt ist, bekam er in der Sprache – den Lexikographen zufolge – die gleiche Bezeichnung wie der Geschlechtsverkehr selbst.[2]

Diese Doppeldeutigkeit führte zu einer Divergenz in Bezug auf die Deutung des Begriffes im Sprachgebrauch der prophetischen Tradition. Was ist mit dem Wort *nikāh* im Koran oder in der Sunna gemeint? Der Geschlechtsverkehr oder der Vertrag? Anders gefragt: Welche Bedeutung ist die primäre, welche die sekundäre? Wir finden hier drei Lager. Die erste Position, die von der *hanafītischen* Schule sowie von einzelnen Gelehrten aus anderen Traditionen vertreten wird, geht davon aus, dass mit *nikāh,* wenn nicht anders angegeben, der Geschlechtsverkehr gemeint ist. Für die sekundäre Bedeutung, den Vertrag, bedürfe es immer eines Kontextes, der die primäre Bedeutung ausschließt.[3] Die Gegenposition, die hauptsächlich von der absoluten Mehrheit der *schāfiʿītischen* Gelehrten eingenommen wird, sieht den Vertrag als primäre und den Geschlechtsverkehr als sekundäre Bedeutung des Begriffes an.[4] Für die Vertreter der dritten Position wie zum Beispiel Imam Mālik (gest. 795) und Imam Ahmad (gest. 855) sowie eine große Mehrheit der Gelehrten ist das Wort *nikāh* polysem. Das heißt, dass erst im Kontext deutlich wird, welche Verwendung primär gemeint sein könnte.[5] Auf den ersten Blick kann so ein Streit irrelevant erscheinen. Allerdings waren und sind die Konsequenzen in der Normfindung beträchtlich. Anhand des folgenden Beispiels soll dies veranschaulicht werden.

In der Sure 4:22 taucht das Verb *nakaha* zweimal auf. Dort lesen wir die Stelle: «*Und heiratet (wa-lā tankihū) keine Frauen, die (vorher einmal) eure Väter geheiratet haben (nakaha).*» In allen Koranübersetzungen, die hier in Betracht gezogen wurden, sei es Zirker, Paret, Karimi, Khoury, Zaidan, Bubenheim, Bobzin oder Goldschmidt, wird das Verb *nakaha* mit heiraten übersetzt. Aber so selbstverständlich ist diese Übersetzung nicht. Denn die *hanafitische* Lesart dieser Stelle würde übersetzt anders lauten: «*Und habt keinen Geschlechtsverkehr (wa-lā tankihū) mit den Frauen, mit denen eure Väter bereits Geschlechtsverkehr hatten (nakaha).*» Das unterschiedliche Verständnis dieses einzigen Wortes führt zu unterschiedlichen Rechtsimplikationen. Denn geht man davon aus, dass mit dem Verb *nakaha* der Ehevertrag bzw. die Heirat gemeint ist, dann kann der Sohn laut dieser Auffassung theoretisch eine Frau heiraten, mit der der Vater vorher außerhalb einer regulären Beziehung Sex hatte. In diesem Fall hat hier der Geschlechtsverkehr zwischen dem Vater und dieser Frau, auch wenn er nicht erlaubt ist, keine Rechtskonsequenzen. An dieser Stelle ist die Existenz einer normativ gültigen Beziehung und nicht der Geschlechtsverkehr gemeint, und es gilt also: War der Vater nie mit der Frau verheiratet, dann kann sein Sohn sie zur Ehefrau nehmen.

Diese Position vertreten die meisten Mālikīten und Schāfiʿīten.[6] Versteht man unter *nikāh* hingegen den Geschlechtsverkehr, dann kommt man zu anderen Schlussfolgerungen. In diesem Fall darf der Sohn laut der oben erwähnten koranischen Stelle keine Frau heiraten, mit der der Vater intim war, egal ob der Sex im Rahmen eines Vertrages oder außerhalb stattfand. Zu diesem Schluss kommen Hanafīten, Hanbalīten sowie Imāmīten.[7]

In den Rechtsschulen wurde der Begriff *nikāh* mit feinen Abweichungen zwar unterschiedlich definiert, die sexuelle Komponente jedoch ist bei fast allen vorhanden. Die Hanafīten zum Beispiel betrachteten den *nikāh* als einen Vertrag, der ausdrücklich dazu geschlossen wurde, eine Frau (sexuell) zu genießen.[8] Für die Mālikīten handelt es sich um einen formellen Vertrag, der den Zweck hat, eine Frau sexuell zu genießen.[9] Auch für die Hanbalīten ist der *nikāh* ein Vertrag, hinter dem ein Nutzen ist, wobei mit Nutzen das sexuelle Vergnügen gemeint ist.[10] Die Schafiʿīten wiederum verstehen unter *nikāh* einen Vertrag, der den Geschlechtsverkehr erlaubt.[11] Hier fällt deutlich ins Auge, dass die Definitionen aus einer männlichen Perspektive stammen, erfolgt doch eine klare Trennung zwischen der aktiven und passiven Seite. Der Mann ist der Aktive, er vollzieht den *nikāh*, und er ist derjenige, dem der Akt des Genießens zugeschrieben wird, während die Frau diejenige ist, die genossen wird. Allerdings bedeutet das nicht, dass der Frau kein Recht auf sexuellen Genuss zusteht. Abgesehen von einer einzigen Rechtsschule schließt der *nikāh* das Recht der Frau auf sexuellen Genuss ein, allerdings nicht auf den exklusiven Genuss,[12] da der Mann theoretisch mit mehreren Frauen einen *nikāh* schließen darf, wie wir noch sehen werden. Darüber hinaus hat der *nikāh*, zumindest in seiner traditionellen Form, weitere Rechtsimplikationen, wie zum Beispiel das Recht auf die Brautgabe (*mahr*), auf den Unterhalt seitens der Frau oder das Erbrecht für beide Partner.

Wie man sieht, hat der *nikāh* keinen heiligen Charakter in

dem Sinne, dass er ein Sakrament wäre. Es ist auch kein Vertrag, den man nicht auflösen darf. Die Scheidung ist, im Gegensatz zur klassischen christlichen Tradition, keine Sünde und wurde detailliert in der muslimischen Normenlehre behandelt, in der die Beziehung zwischen Mann und Frau überhaupt eher pragmatisch betrachtet wird. Sie basiert auf einem einvernehmlichen Verhältnis und gewährleistet für beide Partner und ihre Nachkommenschaft gewisse Rechte, zumindest in der Theorie.

Schaut man genauer hin, dann stellt man fest, dass die Form, in der ein *nikāh* zustande kommt, fast die gleiche ist wie vor dem Auftreten des Propheten Muhammad. Lediglich einige Details wurden festgelegt, wobei die meisten Regeln das Ergebnis späterer Interpretationen aus der Zeit nach dem Propheten sind. Je nach Rechtsschule wurden für den *nikāh* unterschiedliche Bedingungen vorausgesetzt, die hier nicht im Detail behandelt werden, da sonst der gesetzte Rahmen gesprengt würde. Zum Kernbestandteil gehört vor allem das Einverständnis der beiden Partner.[13] In diesem Zusammenhang ging es zum Beispiel darum, ob der Vertrag eine bestimmte Formel haben sollte oder ob bei der Vertragsschließung Zeugen anwesend sein müssten.[14] Manche Schulen schreiben vor, dass der Vertrag zwischen dem Mann und einem männlichen Vormund der Frau geschlossen werden muss. Wie wir bereits gesehen haben, spielte der Vormund auch in der christlich-orthodoxen Tradition sowie bei den Persern und im vorislamischen Arabien eine zentrale Rolle. Er ist somit keine Besonderheit der muslimischen Normenlehre. Allerdings sind sich nicht alle Schulen darüber einig, ob ein Vormund für die Gültigkeit eines *nikāh* erforderlich ist. Nach Ansicht der Hanafīten beispielsweise kann eine erwachsene Frau den Ehevertrag selber schließen, ohne die Zustimmung eines Vormundes.[15] Gleichwohl sind sich alle Schulen darüber einig, dass ein Richter oder Herrscher die Vertragsschließung dann übernehmen kann, wenn der Vormund die Frau daran hindert, einen adäquaten Mann zu heiraten.[16] Hier muss wieder auf den Kontext dieser Normen hingewiesen werden. Die Eheschließung war in der Vormoderne bei den Muslimen weder eine Aufgabe des Staates noch der Gelehrten. Ein Äquivalent der Heirat vor einem Geistlichen in einer Kirche finden wir bei Muslimen nicht. Daher war es wichtig, normative Rahmen zu setzen, damit, falls es später zu Konflikten kam, eine Rechtssicherheit gewährleistet werden konnte. Hier spielten die Zeugen, die Bekanntmachung und die Einbeziehung der Familie eine zentrale Rolle. Da die Beziehungen nicht registriert wurden, war die öffentliche Wahrnehmung von einiger Bedeutung. Hier sei auch erwähnt, dass in der Vormoderne – und bis heute in einigen Teilen der Welt – Phänomene wie die Kleinfamilie oder gar das Single-Leben unbekannt waren. Die Großfamilie war der Rahmen für diese Beziehungen, und die Oberhäupter der Familie mussten miteinbezogen werden, um spätere Konflikte zu vermeiden. Auch im Scheidungsfall kehrte die Frau normalerweise zu ihrer Familie zurück. Hätte eine Frau in dieser gesellschaftlichen Struktur ohne Einverständnis ihrer Familie geheiratet, dann hätte sie nach einer Scheidung möglicherweise keine weitere Unterstützung durch sie erhalten. Hier darf nicht vergessen werden, dass die erwähnten Normen aus Zeiten stammen, in denen der moderne Staat und moderne Institutionen nicht existierten.

Insbesondere im Falle derjenigen *nikāh*-Variante, bei welcher kein Vormund nötig ist, handelt es sich um einen unkomplizierten Vertragsabschluss. Denn wenn eine Frau und ein Mann die Vertragsformel (*sīghat an-nikāh*) vor zwei Zeugen aussprechen, dann sind sie verheiratet. Ab diesem Moment können die beiden intim miteinander werden, und die Frau hat ein Recht auf ihre Brautgabe und auf Unterhalt. Die Zeugen und vor allem die Brautgabe erinnern uns an die Eheschließung, die wir bereits aus der Zeit vor dem Islam kennengelernt haben. Denn sowohl bei den Byzantinern als auch bei den Sassaniden und den vorislamischen Arabern war die Brautgabe ein Bestandteil der Eheschließung. Diese Komponenten zeigen uns, dass die muslimische Vorstellung des *nikāh* auf alten Modellen beruht.

Allerdings wurde der *nikāh* durch weitere kulturelle Komponenten beeinflusst. Die Beziehung zwischen den Geschlechtern, die Höhe und die Funktion der Brautgabe oder die potentiell für die Frau infrage kommenden Partner sowie die Erwartungen, die die Gesellschaft an den Mann bzw. die Frau stellt, unterscheiden sich von Kultur zu Kultur und von Epoche zu Epoche. So wurde der ursprünglich einfache Bund durch eine Reihe von Regeln, Bräuchen und Erwartungen ergänzt. Zwar erfüllte der *nikāh* in seinen verschiedenen kulturellen Formen für eine lange Zeit seinen Zweck, aber ab dem 20. Jahrhundert kam es zu Problemen, die die klassische Normenlehre nicht kannte. Darauf wird im letzten Kapitel dieses Buches eingegangen.

Im Gegensatz zu der früheren christlichen Vorstellung gilt der Zölibat für die Muslime nicht als Ideal. Der Geschlechtsverkehr und die sexuellen Genüsse sind nicht etwas, das vermieden werden soll. Denn solange sie im Rahmen des *nikāh* stattfinden, gelten sie als eine löbliche Tat. Der Prophet Muhammad betonte, dass der Geschlechtsverkehr mit der eigenen Frau von Gott belohnt werde und der *nikāh* – in seinem doppelten Sinne – eine Handlung sei, die dem prophetischen Vorbild entspreche.[17] So verlangt die muslimische Lehre keine Negierung der Gelüste oder die Überwindung der menschlichen Natur. Für die muslimischen Gelehrten war die Lust ein Teil des Menschseins. Die eigenen Bedürfnisse in dem gesetzten Rahmen zu stillen, war kein notwendiges Übel, wie es beispielsweise manche Kirchenväter verstanden haben. Aus diesem Grund wird der Zölibat nicht als eine vorbildliche Lebensart betrachtet. Hier spielen sowohl männliche als auch weibliche Leitfiguren in der muslimischen Lehre eine Rolle. Vor allem der Prophet, dessen Lebensweise ein verbindliches Ideal darstellt, hat hier eine entscheidende Funktion.

In einer Überlieferung lesen wir, dass drei Asketen sich entschieden hatten, dauerhaft etwas Bestimmtes zu praktizieren. Der erste wollte jede Nacht betend verbringen, der zweite jeden Tag tagsüber fasten, und der dritte beschloss, den Frauen zu entsagen und nicht zu heiraten. Als der Prophet ihr Vorhaben hörte, ermahnte er sie mit folgenden Worten: «Wahrlich fürchte ich Gott mehr als ihr und trotzdem faste ich manchmal und manchmal nicht. Manchmal bete ich und manchmal schlafe ich und ich heirate die Frauen. Dies ist meine Lebensweise (Sunna), wer sie ablehnt, so gehört er nicht zu mir.»[18] Diese Aussage wurde von den Gelehrten als eine Ablehnung des Zölibats begriffen. Aber heißt das, dass es Pflicht ist, zu heiraten, oder dass es sündhaft ist, nicht zu heiraten? In der Normenlehre wurde diese Frage eingehend behandelt.

Allgemein werden die Handlungen der Menschen in der muslimischen Normenlehre in fünf Kategorien klassifiziert: verpflichtend, empfohlen, erlaubt, unerwünscht und verboten.[19] Je nach Kontext und Fall kann eine Handlung unterschiedlich eingestuft werden. So verhält es sich mit dem *nikāh*. Wenn beispielsweise eine Person, sei es ein Mann oder eine Frau, große Lust empfindet und davon ausgeht, außerhalb einer legitimen Beziehung ihre Lust befriedigen zu können, falls sie nicht heiratet, dann ist es für sie in dem Fall Pflicht, zu heiraten. Spielt man nicht mit dem Gedanken, normenwidrig die eigene Lust zu befriedigen, dann wird das Heiraten empfohlen. Einigen Schulen zufolge ist die Heirat für die Männer nur dann empfohlen, wenn sie auch den monatlichen Unterhalt für die Frau aufbringen können. Hat man die Befürchtung, ungerecht gegenüber dem Partner bzw. der Partnerin zu sein oder auf illegalem Wege seinen Lebensunterhalt zu beschaffen, so ist die Heirat unerwünscht, könnte sie doch ein Grund für zu missbilligende Taten sein. In manchen Fällen ist die Eheschließung auch verboten, wenn beispielsweise der Mann impotent ist und eine Frau heiratet, die von seiner Impotenz nichts weiß.[20]

Abgesehen von einer Minderheitsmeinung gehen alle Rechtsschulen davon aus, dass der *nikāh* mit Ausnahme des oben erwähnten Falles keine verpflichtende Handlung ist, sondern empfohlen wird, wenn man die Bedingungen erfüllen kann. Manche Gelehrte halten den *nikāh* für eine Tat, die besser als freiwillige gottesdienstliche Handlungen ist.[21]

Gegenwärtig erheben einzelne muslimische Theologen ihre Stimme, um die alte Definition von *nikāh* den heutigen Gegebenheiten anzupassen. Ibn al-Azraq al-Andscharī, ein marokkanischer Gelehrter, geht zum Beispiel davon aus, dass Lebenspartnerschaften, die in der Öffentlichkeit bekannt sind, *nikāh*-ähnliche Beziehungen sind und deswegen in Gesellschaften, in denen dies eine übliche Form des Zusammenlebens ist, nicht als illegal betrachtet werden dürfen. Sie erfüllen nämlich die Hauptkriterien eines *nikāh*, nämlich die Akzeptanz der Partner untereinander und das füreinander Sorgen und da Sein. Jedoch stellen solche Überlegungen immer noch eine Ausnahme dar.[22]

3. Formen der Polygamie

Es gibt vielleicht kein besseres Thema, an dem man die Muslime und «den Islam» als das Andere darstellen kann, als die Polygamie. Der Diskurs um sie wird immer noch explizit oder subtil von Kategorien geprägt, die in einem kolonialen Kontext entstanden sind. Wird das Thema im westlichen Diskurs im Zusammenhang mit Muslimen behandelt, dann ist der Ton oft belehrend, und nicht selten werden die muslimischen Positionen exotisiert. Polygamie wird als etwas dargestellt, das es zu überwinden gilt, als Überbleibsel einer Vergangenheit, die von Anomalien geprägt war. Der Weg zur Zivilisation vollzieht sich somit durch die Übernahme der monogamen Ehevorstellungen der Europäer des 19. und 20. Jahrhunderts. Von Wissenschaftlern im 19. Jahrhundert pseudowissenschaftlich verfestigt, haben diese Vorstellungen bis heute einen großen Einfluss auf die Art und Weise, wie wir auf das Thema blicken. Im Laufe des 20. Jahrhunderts wurden sie vielfältig reproduziert und auch von zahlreichen Muslimen übernommen. Genauso wie die zeitgenössischen Diskurse über Heterosexualität, Homosexualität, Bisexualität, Trans-Identitäten und Intersexualität sind auch jene über die Natur der Monogamie und Nicht-Monogamie durch die Sexualwissenschaft des ausgehenden 19. und beginnenden 20. Jahrhunderts geprägt.[1]

Um die Kategorien und den Subtext der heutigen Debatte zu verstehen, lohnt es sich, einen Blick in ein Standardwerk der Sexualpathologie und -wissenschaft des 19. Jahrhunderts zu werfen. In *Psychopathia sexualis* von Krafft-Ebing lesen wir schon auf den ersten Seiten:

> Die Versittlichung des sexuellen Verkehrs erfuhr einen mächtigen Impuls durch das Christenthum, indem es das Weib auf gleiche sociale Stufe mit dem Manne erhob und den Liebesbund zwischen Mann und Weib zu einer religiös-sittlichen Institution gestaltete. Damit war der Thatsache entsprochen, dass die Liebe des Menschen auf höherer Civilisationsstufe nur eine monogamische sein kann und sich auf einen dauernden Vertrag setzen muss. Mag auch die Natur bloss Fortpflanzung fordern, so kann ein Gemeinwesen (Familie oder Staat) nicht bestehen ohne Garantie, dass das Erzeugte physisch, moralisch und intellectuell gedeihe. Durch die Gleichstellung des Weibes mit dem Manne, durch die Statuirung der monogamischen Ehe und ihre Festigung durch rechtliche, religiöse und sittliche Bande erwuchs den christlichen Völkern eine geistige und materielle Superiorität über die polygamischen Völker, speciell über den Islam.[2]

Die Behauptung, das Christentum hätte Mann und Frau gleichgestellt, soll hier nicht kommentiert werden. Auch die Tatsache, dass mehrere christliche Gesellschaften in Afrika polygam waren, scheint dem Sexualwissenschaftler entgangen zu sein. Die heterosexuelle Monogamie wird als die normale Sexualität eines zivilisierten Volkes postuliert, während alle anderen Wünsche und Beziehungsformen als Perversion ausgelegt werden. Diese Passage stellt die Monogamie in den Mittelpunkt einer Theorie der europäischen Überlegenheit.[3] Durch die Gegenüberstellung von christlichen und polygamen Völkern wird aus der Polygamie ein Merkmal einer Nation, oder, in der Sprache des 19. Jahrhunderts, einer Rasse gemacht. In der entstehenden Disziplin der Sexualwissenschaft wurde – genauso wie in vielen anderen Bereichen – das Soziale und das Biologische auf eine Weise verbunden, welche die europäisch-christlichen Vorstellungen als das Nicht-Kategorisierbare erscheinen ließ. Das Abnormale, das Unterlegene, der

Gegenstand der Untersuchung ist somit immer der Andere, in diesem Fall das muslimische Objekt.[4]

Das moderne «Wir», wie Angela Willey feststellt, ist monogam. Als Gegensatz zur Monogamie wird die Polygamie und insbesondere das imaginierte Bild des Harems dargestellt. Angela Willey schreibt zu Recht, dass dies, insbesondere in Bezug auf die Jenseitsvorstellungen, bei der Konstruktion des Stereotyps über muslimische Identitäten eine Rolle spielt. Es hat dazu gedient, muslimische Männer als naiv, abergläubisch, zügellos und gefährlich darzustellen und muslimische Frauen in den Status des passiven Opfers zu versetzen; Opfer müssen logischerweise gerettet werden. Der Diskurs um die Polygamie ist auch ein Machtdiskurs, indem andere Erkenntnisse und Entwürfe als unwissenschaftlich oder gar als Mythen bezeichnet werden.[5]

Allerdings hat sich die Debatte über Monogamie und Polygamie im Laufe des 20. Jahrhunderts weiterentwickelt und ist sachlicher geworden. Zumindest in der Biologie und Anthropologie wurde der Eurozentrismus nahezu überwunden, und ein ausdifferenziertes Bild wird in den letzten Jahrzehnten immer präsenter. Heute wissen wir zum Beispiel, dass die meisten Menschen von Natur aus nicht monogam sind. Mit Natur ist hier die rein biologische Verfassung des Menschen im Hinblick auf seine Evolution gemeint. Wir wissen auch, dass die Monogamie bei Säugetieren, zu denen der Mensch ebenfalls gehört, außerordentlich selten ist. Tierstudien belegen, dass weniger als 15 Prozent der Primaten und lediglich drei Prozent der Säugetiere monogam sind. Laut Marianne Brandon finden wir unter 185 untersuchten menschlichen Gesellschaften lediglich 29, in denen vorwiegend monogam gelebt wird. In diesen monogamen Gesellschaften wiederum kommt es regelmäßig zu Affären und außerehelichen Beziehungen. Tatsächlich gibt es keine Beweise aus der Biologie oder Anthropologie, dass Monogamie für den Menschen natürlich oder normal ist.[6]

In den letzten Jahrzehnten haben sich genügend Erkenntnisse über menschliche Sexualkontakte und sexuelles Verhalten angesammelt, um deutlich zu machen, dass sich die meisten Menschen, sowohl Männer als auch Frauen, heute und in unserer evolutionären Vergangenheit nicht über ihre Lebensspanne hinweg monogam verhielten. Viele Menschen haben jedoch im Laufe ihres Lebens eine oder mehrere relativ monogame sexuelle Paarbindungen.[7] Heutzutage unterscheidet man mehr und mehr zwischen monogamen Ehesystemen und monogamem Sexualverhalten. Die monogame eheliche Beziehung sagt uns nichts über das sexuelle Leben der beiden Partner. Denn auch in einer monogamen Ehe kann es – in Form von außerehelichen Beziehungen – zu polygamem Sexualverhalten kommen. Eine monogame Ehe kann auch eine Ehe ohne jegliche sexuelle Beziehung sein. Wie der französische Anthropologe Claude Lévi-Strauss feststellt, ist die Ehe mehr eine soziale und wirtschaftliche Vereinbarung als eine sexuelle oder biologische.[8] Aus diesem Grund kann man nicht von «natürlichen» Formen der Ehe reden, denn alle Eheformen und eheähnlichen Beziehungen sind soziale Konstrukte, ob monogame oder polygame. Es ist inzwischen historisch belegt, dass die Menschheit bis zur Vormoderne mehrheitlich in polygamen Ehebeziehungen lebte. Dazu schreibt David Barash:

> Eine interkulturelle Untersuchung von 849 Gesellschaften ergab, dass vor dem westlichen Imperialismus und der kolonialen Kontrolle über weite Teile der Welt – einschließlich der Einführung historisch neuer jüdisch-christlicher Eheregeln – 708 (83 %) der indigenen menschlichen Gesellschaften bevorzugt polygyn waren. Etwa die Hälfte davon waren meist polygyn, die andere Hälfte gelegentlich. Von den übrigen waren 137 (16 %) offiziell monogam und weniger als 1 % polyandrisch.[9]

Historisch betrachtet ist also die Polygamie der Muslime keine Besonderheit. Als Erben der antiken Kultur stehen die Muslime, insbesondere in der formativen Phase, in einer Traditionslinie. Wir haben bereits gesehen, dass die Polygamie auch unter den alten Persern und den vorislamischen Arabern bekannt war und praktiziert wurde. Auch hier könnte man sagen, dass der Prophet bzw. die frühen muslimischen Juristen eher an der Normierung dieser Praxis als an deren Abschaffung interessiert waren.

Spricht man über Polygamie im muslimischen Kontext, ist damit die Polygynie gemeint, das heißt jene Form, die es dem Mann erlaubt, mit mehreren Frauen ein Liebesverhältnis einzugehen. Ihr Spiegelbild ist die Polyandrie, bei der die Frau eine Beziehung mit mehreren Männern führt. Allerdings ist die Polyandrie äußerst selten, zumindest als Ehe- oder Beziehungsform, in der eine Frau mehrere anerkannte Ehemänner oder männliche Partner hat.[10] Häufig wird Polygynie als Synonym für Polygamie verwendet, wahrscheinlich deswegen, weil die Polyandrie so selten vorkommt. Aber das darf uns nicht täuschen. Die Polyandrie ist nur als Eheform selten, nicht als Sexualverhalten. Frauen neigen nämlich, ebenso wie Männer, dazu, mehrere Sexualpartner zu haben. Allerdings wurde die formelle Polygynie oft kulturell gefördert, da patriarchalische Strukturen vorherrschten. In solchen Gesellschaften wird die Polyandrie typischerweise verheimlicht, während die Polygynie offen gelebt wird.[11]

In der muslimischen Normenlehre finden wir sowohl das polygame Ehesystem als auch das polygame Sexualverhalten. Ersteres erlaubt einem Mann, eine *nikāh*-Beziehung mit bis zu vier Frauen zu schließen. Im Fall der Genussbeziehung gibt es, wie wir noch sehen werden, keine Einschränkung. Des Weiteren kannten die Muslime ein polygames Sexualverhalten außerhalb der *nikāh*-Beziehung, und zwar zwischen einem Mann und seinen Dienerinnen. Darauf wird später eingegangen. In muslimisch geprägten Gesellschaften kommt allerdings nur die Polygynie vor, während die Polyandrie verboten ist. Warum ist das so? Man kann natürlich als gläubiger Muslim die einfache Antwort bevorzugen, dass Gott es so geboten hat. In der Tat begnügen sich die meisten Muslime mit dieser Antwort. Will man jedoch die Plausibilität hinter diesen Regelungen ergründen, sind rational nachvollziehbare Argumente nötig, nicht zuletzt, weil man in der muslimischen Normenlehre davon ausgeht, dass die Regelungen, welche die zwischenmenschlichen Beziehungen betreffen – wie beispielsweise das Ehe- oder Vertragsrecht –, immer eine vernünftige Begründung haben.[12] So waren, wie bereits erwähnt, die Gesellschaften, die die Polygynie erlaubten, in den meisten Fällen patriarchalisch strukturiert, was jedoch eher auf den historischen Hintergrund zurückzuführen ist, auf dem das Rechtsdenken entstand. Die muslimischen Rechtsgelehrten haben dennoch nach Begründungen gesucht, und meist lautete die Erklärung, dass das Verbot der Polygamie für die Frau die Vermischung der Geschlechter verhindern solle.[13] Anders gesagt: Wenn eine Frau mehrere Männer hat, weiß man nicht, wer der Vater ihrer Kinder ist. Darum ist es ihr nicht erlaubt, mehr als einen Mann zu haben. Diese Begründung ist in ihrem historisch-rechtlichen Rahmen von Bedeutung und hat dort ihre Plausibilität. Denn die Namensgebung, das Erbrecht, die Unterhaltspflicht oder die Bürgschaft der Großfamilie, die im früheren Strafrecht eine Rolle spielten, hängen alle von der Zugehörigkeit zu einem bestimmten Vater ab. Natürlich haben diese Punkte auch mit Fragen des Besitzes und der Macht zu tun.

Inwieweit trifft dies aber für die Gegenwart zu? Heutzutage kann man doch den Vater eines Kindes mit präzisen Untersuchungen bestimmen. Es ist nur eine Frage der Zeit, bis sich die muslimischen Rechtsgelehrten mit dieser Problematik beschäftigen müssen, denn die soziokulturellen Umstände, in denen diese Normen entstanden und ihre Plausibilität hatten, haben sich radikal verändert.

Im Prinzip wird die Polygamie unter den gleichen Bedingungen gelebt wie die Monogamie. Verlangt wird – zumindest theoretisch – eine Gleichbehandlung der Partnerinnen, was den Unterhalt und die Anzahl der Nächte, die man mit ihnen verbringt, angeht. Manche Schulen fordern nur Letzteres.[14] Die Regelungen bezüglich der Gleichbehandlung sind allerdings eher theoretischer Natur. Sie dienen als Maßstab für die Richter, falls es zu einem Konflikt kommt. Ansonsten war fast immer der Brauch der Maßstab, der die Beziehung gestaltete. Das ist auch der Grund, warum oft große Unterschiede zwischen der Rechtstheorie und der alltäglichen Praxis festgestellt werden. Somit ist ein Mindestmaß an Skepsis erforderlich, wenn es um die heutige Bewertung der Polygamie geht. Häufig sind die ungleiche Behandlung und vor allem die gesellschaftlichen Hierarchien verantwortlich dafür, dass die Frauen in eine untergeordnete Stellung geraten. Die Polygamie per se als Ungerechtigkeit einzustufen, hat einen gewissen ideologischen Beigeschmack. Ist sie nämlich von der Frau akzeptiert und ist diese wirtschaftlich und sozial unabhängig, dann ist Polygamie einfach ein Lebensentwurf neben anderen. Interessanterweise werden in westlichen Gesellschaften zunehmend Formen der Polygamie und Polyamorie, bei denen die Rechte der beiden Partner geschützt sind und beide finanziell voneinander unabhängig sind, eine Option. Dies zeigt uns, dass das Problem in der Geschlechterungleichheit und im sozialen Kontext liegt. Die Realität sieht, zumindest in vielen muslimisch geprägten Gesellschaften, in denen die Polygamie erlaubt ist und praktiziert wird, bedauerlicherweise oft nicht günstig für die Frauen aus, befinden sie sich doch allgemein in einer sozial und ökonomisch schwachen Position.

Die Tatsache, dass die Polygamie bei den Muslimen erlaubt ist, soll indes nicht unbedingt heißen, dass sie auch in allen muslimisch geprägten Kulturen praktiziert wurde. Auch hier gibt es Unterschiede, beispielsweise zwischen der urbanen und der ländlichen Gesellschaft und natürlich zwischen den gesellschaftlichen Schichten. Polygamie war und ist immer noch mit dem gesellschaftlichen und finanziellen Status verknüpft.

Ein bezeichnendes Phänomen ist das Bild des Harems, das der Fantasie der Maler des 19. und 20. Jahrhunderts entsprang, in der die Frauen nackt oder halbnackt herumliegen, als ob sie keine anderen Aufgaben hätten, als nur die Gelüste des Mannes zu befriedigen. Diese Szenen haben die Vorstellung von der Polygamie geprägt. So ist das Bild des muslimischen Mannes als Pascha immer noch aktuell. Fakt ist aber, dass laut der absoluten Mehrheit muslimischer Gelehrter der Verkehr mit zwei Ehefrauen gleichzeitig untersagt ist. Auch wenn nach Meinung der großzügigsten Gelehrten eine Frau ihren nackten Körper vor einer anderen Frau zeigen darf, so sind sich doch alle darin einig, dass dies im Hinblick auf Vulva oder Anus nur für medizinische oder rechtliche Zwecke gilt. Es scheint also so zu sein, dass in den vergangenen zweihundert Jahren die Vorstellungen vieler Orientalisten und Maler bezüglich des Sexes bei den Muslimen eher der eigenen Fantasie entsprangen als irgendeiner gelebten Wirklichkeit.

4. Die Genussbeziehung

Eine weitere kontrovers betrachtete Beziehungsform ist die *mutʿa*, die sogenannte Genuss- oder Zeitbeziehung, die für eine begrenzte Zeitspanne geschlossen wird. Im Unterschied zu einer dauerhaften Beziehung hat die *mutʿa* oft eine stärkere sexuelle Konnotation, wird sie doch vor allem eingegangen, um die sexuellen Bedürfnisse zu stillen. Zumindest in vorislamischer Zeit und in der Frühzeit des Islams wurde auch die weibliche Lust berücksichtigt. Das heißt, dass erstens die Frauen aktiv eine Genussbeziehung eingehen konnten und zweitens sie – und das ist das Entscheidende in diesem Zusammenhang – deswegen nicht stigmatisiert oder in ein schlechtes Licht gerückt wurden. Diese Beziehungsform kannten sowohl die Perser als auch die vorislamischen Araber. Unter den Muslimen besteht Konsens darüber, dass die *mutʿa* zu Lebzeiten des Propheten praktiziert und auch von ihm direkt erlaubt wurde. Dissens gibt es jedoch darüber, ob der Prophet sie vor seinem Ableben verbot oder nicht. Heute sind die Sunniten – mit Ausnahme von einzelnen Gelehrten – sowie einige schiitische Minderheiten der Meinung, dass die *mutʿa* verboten wurde. Die Imāmīten hingegen, also die große Mehrheit der Schiiten, vertreten die Auffassung, dass es nie zu einem Verbot seitens des Propheten kam. Aus historischer Perspektive können die Schiiten für ihre Position mehr evidente Argumente vorlegen.[1] Das Thema Genussbeziehung ist immer noch aktuell und wird heiß diskutiert, nicht nur unter muslimischen Gelehrten, sondern auch unter den Laien. Die Frage nach der Zulässigkeit der *mutʿa* hat im modernen Diskurs aber längst den theologisch-normativen Rahmen verlassen und ist zu einem Streitpunkt mutiert, bei dem es eher um Polemik und Wahrheits- sowie Machtansprüche geht. Es lohnt sich also, einen Blick in die Frühgeschichte der Muslime zu werfen, um die Positionen besser zu verstehen.

Befürworter und Gegner der Genussbeziehung sind sich darüber einig, dass die *mutʿa* in Sure 4:24 des Korans erwähnt wird.[2] Diejenigen, die die Genussbeziehung ablehnen, gehen davon aus, dass diese Erlaubnis abrogiert, d. h. später durch andere Texte bzw. Normen ersetzt wurde. Darüber hinaus gibt es eine weitere Lesart dieser Stelle. Diese wird, da nicht mehrfach tradiert, zwar nicht als Koran anerkannt, dient aber als eine Art Erklärung dazu, da sie die Kriterien der Authentizität erfüllt. So lasen zwei Gefährten des Propheten, Ibn ʿAbbās (gest. 687) und Ubayy ibn Kaʿb (gest. 649), den Satz in 4:24 mit dem Einschub «bis zu einer abgemachten Frist».[3] Weiter überliefert wurde diese Lesart etwa durch ʿAtāʾ (gest. 732), einen der prominenten Gelehrten der zweiten Generation.[4] Zusätzliche Überlieferungsketten finden sich beispielsweise im Kommentar von at-Tabarī (gest. 923), in *at-Tārīch al-kabīr* von al-Buchārī (gest. 870), in *al-Masāhif* von Abū Dāwūd (gest. 889) sowie in anderen Werken.[5] Dem andalusischen Juristen Ibn ʿAbd al-Barr (gest. 1071) zufolge gab es weitere Gelehrte aus der zweiten und dritten Generation, die die Stelle 4:24 mit dem oben erwähnten Einschub gelesen haben.[6]

Die wichtigen Exegeten der ersten und zweiten Generation haben also die hier behandelte Stelle aus 4:24 als *mutʿa* verstanden.[7] Genauer betrachtet gibt es in der Generation der Prophetengefährten sowie bei ihren Nachfolgern keine weitere tradierte Meinung, die von der Erklärung der ersten Generation abweicht.[8] Nach Imam al-Qurtubī (gest. 1258) geht die Mehrheit davon aus, dass die Stelle 4:24 die Genussbeziehung behandelt.[9] Erst in späteren Jahrhunderten hat man angefangen, andere Interpretationen zu bevorzugen. Die Polemik gegen die Schiiten hat hier ihre Spuren hinterlassen. Denn während die frühen Exegeten 4:24 als Erlaubnis der *mutʿa* verstanden, ungeachtet dessen, ob sie danach abrogiert war oder nicht, haben die späteren Exegeten diese Position, die ja die Hauptmeinung in der Frühzeit war, kaum noch erwähnt, oder sie haben versucht, sie zu relativieren. Untersucht man die Quellen, die uns heute zur Verfügung stehen, dann stellt man fest, dass die Genussbeziehung nicht nur zu Lebzeiten des Propheten praktiziert wurde, sondern auch vom Propheten selbst erlaubt war. Manchen Überlieferungen zufolge hat der Prophet diese Beziehung erst einmal nur für den Zeitraum von drei Tagen empfohlen. Falls die beiden Partner miteinander harmonierten, konnten sie ihre Abmachung verlängern.[10] Die Gegner der *mutʿa* gründen ihre Position auf Überlieferungen, in denen die Rede von einem späteren Verbot ist, die Befürworter wiederum stellen deren Authentizität infrage. Da zahlreiche Gefährten des Propheten die Genussbeziehung nach dessen Ableben weiter praktizierten und als legitim betrachteten, gab es höchstwahrscheinlich diesbezüglich kein prophetisches Verbot. Einer der prominenten Gefährten, Dschābir ibn ʿAbdillāh (gest. 697), soll zum Beispiel Folgendes gesagt haben:

> Wir schlossen die *mutʿa* (Genussbeziehung) mit einer Handvoll Datteln oder Getreide [als Brautgabe] und zwar zu Lebzeiten des Propheten und [zu Lebzeiten] von Abū Bakr, bis ʿUmar sie wegen des Falles von ʿAmr b. Hurayth verbot.[11]

Wir haben hier einen Bericht, der das Verbot in die Zeit des zweiten Kalifen ʿUmar datiert, das heißt, dass die Genussbeziehung auch nach dem Ableben des Propheten praktiziert wurde. In der Tat war es ʿUmar, der die *mutʿa* verbot, weil es nämlich während seiner Regentschaft zu Missbrauch gekommen war.[12] Der Fall von ʿAmr ibn Hurayth ist nur einer von mehreren Fällen, bei denen die Männer ihr Kind, das einer solchen Beziehung entstammte, verleugneten.[13] Denn im Gegensatz zum dauerhaften *nikāh* benötigt man keine Zeugen, um eine Genussbeziehung zu schließen, sondern lediglich die Zustimmung der beiden Partner, eine Brautgabe und die Bestimmung einer Frist.[14] Im Laufe der Debatte zwischen den Befürwortern und Gegnern der *mutʿa* versuchten diejenigen, die ʿUmars Positionen teilten, Argumente für seine Meinung zu finden, die dann später von den Begründern der noch heute existierenden Rechtsschulen übernommen wurden. Allerdings gab es bis zum 10. Jahrhundert unter den Sunniten Gelehrte, die die *mutʿa* als erlaubt betrachteten. Die Tatsache, dass heute die Sunniten die Genussbeziehung ablehnen, hat allein damit zu tun, dass sich nach dem 11. Jahrhundert nur vier Schulen etabliert haben.

In schiitischen Kreisen wurde und wird immer noch die *mutʿa* praktiziert. In manchen Ländern wie etwa im Iran ist es möglich, diese Beziehung standesamtlich zu registrieren, sodass sie von den Behörden anerkannt wird. Allerdings ist anzumerken, dass die Genussbeziehung in Ländern, in denen die Rechte der beiden Partner ausschließlich von einem vom Staat anerkannten Ehevertrag abhängen, leichter zu missbrauchen ist als die dauerhafte Beziehungsform. In diesem Zusammenhang sind vor allem Fragen der Vaterschaft oder des Unterhalts von Bedeutung. Jedoch sind auch hier andere Phänomene als Hauptgrund für die Benachteiligung der Frauen zu benennen, weniger die Genussbeziehung an sich. Dazu gehören die finanzielle und soziale Abhängigkeit vom Mann, die staatliche Kontrolle bzw. die Bewertung des sexuellen Verhaltens der Bürger, die Stigmatisierung der Frauen, die eine *mutʿa* eingehen, die Unterscheidung zwischen *nikāh* und standesamtlicher Ehe sowie die Tatsache, dass der Staat nur die Rechte der standesamtlich Verheirateten schützt. In einem Rahmen, in dem die Frau unabhängig vom Mann ist und wo ihre Rechte und die der Kinder, die möglicherweise aus der Beziehung hervorgehen, geschützt sind, kann eine Genussbeziehung durchaus funktionieren. Das würde dann dem postmodernen Konzept der Lebensabschnittspartnerschaft nahekommen. Theoretisch kann der Vertrag so oft verlängert werden, wie die Partner dies möchten, und man kann so viele Genussbeziehungen in seinem Leben schließen, wie man will. Im Falle der *mutʿa* gilt für die Männer die Beschränkung auf vier Frauen nicht.[15]

Darüber hinaus wird die Genussbeziehung sowohl von sunnitischen Polemikern als auch von manchen westlichen Kritikern als eine Art Prostitution betrachtet. Die Tatsache, dass sie im Koran legitimiert wurde und auch zur Zeit des Propheten und von diesem selbst erlaubt wurde, schließt, zumindest theologisch gesehen, diese Einschätzung aus. Würde man die Genussbeziehung als Prostitution ansehen, dann würde das bedeuten, dass der Prophet diese erlaubt hätte. Allgemein ist es jedoch ein modernes Phänomen unter manchen Sunniten, die *mutʿa* als Prostitution zu betrachten. Denn auch die Schulen, von denen sie abgelehnt wird, behandeln sie unter der Kategorie der ungültigen Verträge, ohne zu polemisieren. Die zwei Kernpunkte, die in der muslimischen Normenlehre den Unterschied zwischen der Genussbeziehung und der Prostitution ausmachen, sind folgende: Erstens ist in einer *mutʿa*, genauso wie in einem dauerhaften *nikāh*, die sexuelle Beziehung seitens der Frau exklusiv, das bedeutet, dass die Frau nur mit dem Mann, mit dem sie eine Genussbeziehung führt, schläft. Zweitens ist die Frau, genauso wie im Fall der dauerhaften Ehe, nach dem Ende der *mutʿa* verpflichtet, eine Wartezeit einzuhalten. Auch ergeben sich aus der Genussbeziehung für beide Partner alle Rechte außer dem Erbrecht.[16] Sogar die Gelehrten der sunnitischen Rechtsschulen, die ja diese Art der Beziehung ablehnen, sind sich darüber einig, dass bei einer *mutʿa* die Frau ein Recht auf ihre Brautgabe hat und der Mann verpflichtet ist, für ein aus dieser Beziehung hervorgegangenes Kind zu sorgen. Allen Gelehrten, auch den Gegnern der Genussbeziehung, zufolge erhält das Kind den Namen des Vaters.[17] Diese Rechte werden den Kindern, die außerhalb einer legitimen Beziehung geboren sind, nicht zugestanden. Ferner herrscht unter den vier sunnitischen

Schulen auch Konsens darüber, dass wer die Genussbeziehung praktiziert, nicht wegen illegitimen Sexes bestraft werden darf. Allerdings wird der Vertrag als ungültig betrachtet.[18]

Die *mutʿa* erlebt im 21. Jahrhundert in Ländern wie Iran oder Libanon ein Comeback. In der Vergangenheit wurden mit der Genussbeziehung eher Witwen, Geschiedene und «unzüchtige» Frauen in Verbindung gebracht, die eine solche Beziehung entweder aus finanziellen Gründen oder zur Befriedigung ihrer sexuellen Wünsche eingingen. In letzter Zeit findet die Genussbeziehung jedoch immer mehr Akzeptanz unter Jugendlichen. In der Tat zeigen Studien, dass in Beirut die *mutʿa* nicht auf eine bestimmte Kategorie von Frauen beschränkt ist. Vielmehr ist sie zunehmend unter gebildeten, bürgerlichen Jugendlichen verbreitet und wird als Mittel zur Erfüllung sexueller Bedürfnisse und zum Ausleben der Intimität in einem religiös akzeptierten Rahmen verstanden. Ein Grund für die Verbreitung der Genussbeziehung bei der jungen Generation in Beirut ist, dass die jungen Männer oft finanziell nicht in der Lage sind, eine Familie zu gründen. Auch die Veränderungen in der Gesellschaft spielen eine wichtige Rolle. Heutzutage bieten die neuen Medien mehr Möglichkeiten, andere Menschen kennenzulernen. Auch das eigene Weltbild ist ständig – etwa durch das Internet oder die unzähligen TV-Sender – herausgefordert.[19]

Die Genussbeziehung in Gesellschaften wie der libanesischen ist jedoch eher für Männer als für Frauen von Vorteil, wird doch immer noch von den Frauen erwartet, dass sie ihre Jungfräulichkeit bis zur Heirat bewahren. Mit Heirat ist aber nur die dauerhafte und stark reglementierte Ehe gemeint. Frauen, die sich für eine Genussbeziehung entscheiden, haben es danach nicht leicht und müssen sich vor der Familie oder dem zukünftigen Ehemann rechtfertigen. Dass ein Mann vorher eine Genussbeziehung eingegangen ist, ist dagegen kein Nachteil für ihn. Aus diesem Grund sind junge Frauen weitaus zögerlicher, über Genussbeziehungen offen zu reden oder sie zu praktizieren. Oft halten sie solche Beziehungen auch vor ihren engsten Freunden geheim.[20]

Wie Shoshana Shmuluvitz feststellt, kann die Genussbeziehung es reifen, unabhängigen Frauen ermöglichen, sexuelle Intimität zu genießen, ohne ihre Autonomie zu opfern. Die wirtschaftliche Unabhängigkeit und Reife einer Frau kann die Machtdynamik in solchen Beziehungen ausgleichen. Das heißt, dass in einigen muslimisch geprägten Ländern immer mehr unabhängige Frauen die Genussbeziehung oder andere zeitlich begrenzte Formen der Beziehung nutzen, um die Autonomie über ihren eigenen Körper zu wahren, ihre Sexualität auszudrücken und die soziale Stigmatisierung vorehelichen und außerehelichen Sexes zu umgehen. Aus diesem Blickwinkel betrachtet, ist die Genussbeziehung nicht ausbeuterisch und kein Instrument des Missbrauchs. Die *mutʿa* kann so auch zu einem Mittel für mehr persönliche und sexuelle Freiheit für beide Geschlechter werden.[21] Diese Tendenz betrifft aber interessanterweise nicht nur Muslime in muslimisch geprägten Ländern, sondern ist auch unter Muslimen im Westen zu beobachten. In westlichen Ländern wird die Genussbeziehung auch unter Sunniten praktiziert.[22] Dies zeigt wiederum, dass in Kontexten, in denen die Rechte der Frau geschützt werden und sie Selbstbestimmung über ihren Körper und ihr Geschlechtsleben genießt, negative Begleiterscheinungen der Genussbeziehung wie Zwang, finanzielle Abhängigkeit und ähnliches keine große Rolle mehr spielen.

5. Der Sex und die Sklaverei

Sex gab es bei den vormodernen Muslimen nicht nur innerhalb der *nikāh*-Beziehung. Ein Mann durfte außer mit seiner Frau auch Sex mit einer Sklavin, die ihm gehörte, haben. Bis zum 19. Jahrhundert war die Sklaverei in den meisten Kulturen ein Alltagsphänomen. Ihr Ursprung liegt Tausende von Jahren zurück. Heute geht man davon aus, dass mit der Agrarrevolution vor etwa 10 000 Jahren Hierarchien zwischen Mann und Frau, aber auch zwischen Freien und Sklaven entstanden.[1] So findet sich die Sklaverei in den Hochkulturen Mesopotamiens, bei den Chinesen, im antiken Griechenland und Rom sowie in den Zivilisationen Mittel- und Südamerikas. Im Kodex Hammurabi, im Alten Testament oder im römischen Recht gibt es Zeugnisse über den Umgang mit Sklaven sowie ihre Pflichten und Rechte. Es handelte sich um ein tief verwurzeltes System, das alle wichtigen Bereiche des Lebens beeinflusste. Sklaven begegnete man als Hausdiener, Soldaten, Arbeiter oder Konkubinen, und zumeist waren sie als Kriegsgefangene, als Beute von Raubüberfällen, aufgrund einer Strafe oder als zahlungsunfähige Schuldner in diesen Status geraten.[2] In genau dieser Welt, in der die Sklaverei für selbstverständlich gehalten wurde, entstanden und entwickelten sich die theologischen und normativen Lehren der Muslime.

Sklavinnen und Sklaven bei den Muslimen und in der Antike

Die Befreiung eines Sklaven gilt in der muslimischen Lehre als eine der edelsten Taten, und an mehreren Stellen wird dazu im Koran aufgerufen.[3] So heißt es in Sure 90:13 beispielsweise:

> Doch er bezwang das Hindernis nicht. Und was lässt dich wissen, was das Hindernis ist? Es ist die Befreiung eines Sklaven.

Auch was die Rechte der Sklaven betrifft, finden wir in der muslimischen Normenlehre eine qualitative Verbesserung. Der Prophet agierte innerhalb einer etablierten gesellschaftspolitischen Ordnung, in der die Sklaverei allgemein akzeptiert war. Er wollte in diesem Zusammenhang Reformen einleiten, hatte aber keineswegs vor, die Sklaverei abzuschaffen. Ein solches Vorhaben wäre in seiner Zeit kaum denkbar und auch schwer durchzusetzen gewesen. Allerdings war der Prophet Muhammad daran interessiert, die Bedingungen der Sklaven zu verbessern und ihren Missbrauch zu verbieten. In einer bekannten Predigt rief er die Gläubigen dazu auf, den Sklaven von dem Essen zu geben, das sie auch selbst zu sich nahmen, und sie zu bekleiden, wie man sich selbst bekleidet; und wenn man einen Sklaven nicht behalten kann oder ungerecht zu ihm war, dann soll man ihn bzw. sie eher freilassen. Darüber hinaus rief er dazu auf, Sklaven die Freiheit zu schenken, um gewisse Sünden zu sühnen.[4] Als Kinder ihrer Zeit dachten die muslimischen Gelehrten allerdings nicht daran, die Sklaverei zu verbieten. Deshalb blieben die prophetischen Ratschläge meistens theoretische Ideale und fanden keine Resonanz in der Gesellschaft. Wie anderswo auch, war die Sklaverei Teil der Wirklichkeit und des Gesamtsystems, das die Welt bis in die Moderne prägte. Hier soll allerdings nicht die Geschichte der

Sklaverei bei den Muslimen in all ihren Facetten behandelt, sondern vielmehr der Zusammenhang von Sklaverei und Sex herausgearbeitet werden. In den muslimischen Gesellschaften wurden Sklaven nämlich nicht nur für die Arbeit im Haushalt, als Beamte und Soldaten oder als rechte Hand des Sultans, sondern vor allem auch für sexuelle Zwecke erworben.[5] Diese war die häufigste und dauerhafteste Form der Sklaverei.

Murray Gordon zufolge hielten die Christen zwar auch Sklaven, allerdings standen diese Frauen ihren Herren in der Regel nicht sexuell zur Verfügung. Sex mit Sklavinnen wurde als Unzucht betrachtet und in der orientalischen Kirche mit der Exkommunikation bestraft. Außerdem erhielt im christlichen Kontext ein Kind, das mit einer Sklavin gezeugt war, die Bezeichnung «Bastard» und galt als Schande, insbesondere für die Frau. Ein solches Kind behielt wie seine Mutter den Sklavenstatus.[6]

Was die Stellung der Sklaven angeht, hat die muslimische Tradition mehr Gemeinsamkeiten mit der altrömischen Praxis. Denn die Sklaverei, wie sie die Europäer ab dem 16. Jahrhundert pflegten, war von anderer Natur. Da die Sklaven in den Kolonien vor allem für die Produktion und die Arbeit auf den Feldern eingesetzt wurden, gab es keine wirkliche Nachfrage nach Sklavinnen. Natürlich pflegten manche Herren eine sexuelle Beziehung mit einer Sklavin, und selbstverständlich gab es auch Sklaven im Haushalt, aber das waren nicht ihre Hauptaufgaben.

Neben dem Harem hat der «orientalische» Marktplatz und insbesondere der Sklavenmarkt wie kein anderes Phänomen die Fantasie beschäftigt, insbesondere derer, die sich «den Orient» als Hort alles Sinnlichen und Erotischen vorstellten. Allerdings war der Sklavenmarkt im Gegensatz zum Haremsbild, das eher auf fiktiven Vorstellungen basierte, real. Es war ein Ort, zu dem jeder gehen und sich eine junge Frau oder einen jungen Mann kaufen konnte, und zwar nicht nur für alltägliche Arbeiten rund um den Haushalt, sondern vor allem für den Dienst als Sexpartner.

Zwar existierten schon vorher Sklavenmärkte, aber erst ungefähr ab dem 8. Jahrhundert unter den Abbasiden begann der Sklavenhandel zu florieren. In der Hauptstadt Bagdad gab es beispielsweise mehrere Märkte, auf denen Sklaven aus allen Nationen zum Verkauf angeboten wurden.[7] Mit der Zeit fanden sich Plätze, an denen die «normalen» Sklaven, die sich jedermann leisten konnte, verkauft wurden, während anderswo, zum Beispiel auf Privatmärkten, nur eine politische und aristokratische Elite zugelassen war.[8] Dort wurden Sklaven mit sehr hohem Marktwert feilgeboten. In der Tat gab es etliche Kategorien, in welche die menschliche Ware eingeteilt war. Alter, Geschlecht, Bildung, Schönheit und vor allem die Herkunft spielten dabei eine Rolle. So waren junge Eunuchen unter den teuersten Sklaven, gefolgt von jungen, hübschen weißen Frauen.[9] Ungeachtet der verschiedenen Rollen, die eine Sklavin übernahm, hatten die meisten Männer beim Erwerb einer Sklavin den Wunsch im Hinterkopf, eine Konkubine zu bekommen. Der Sex mit der Konkubine war für die Männer eine sowohl religiös als auch gesellschaftlich erlaubte Möglichkeit, die eigenen sexuellen Wünsche zu befriedigen, die vielleicht im normalen Eheleben nicht erfüllt wurden.

Denken wir heute an Sklaverei, dann stellen wir uns zunächst schwarze Menschen vor. Zwar dominierten auch im muslimischen Kontext lange Zeit die schwarzen Sklaven auf dem Markt, aber es gab auch Perioden, insbesondere in früheren Jahrhunderten und während der Herrschaft der Osmanen, in denen auf den Sklavenmärkten georgische, griechische, tscherkessische, slawische, albanische, indische oder türkische Frauen überwogen. In späteren Jahrhunderten jedoch, als die Einfuhr von weißen Frauen aus Südosteuropa und der Region um das Schwarze Meer immer schwieriger wurde, stieg deren Preis derart, dass sie zu einem Luxusgut wurden, das sich nur reiche Muslime, vor allem Türken und Ägypter, leisten konnten. Vom Ende des 17. bis zur Mitte des 19. Jahrhunderts war der Durchschnittspreis einer weißen Sklavin vier- bis sechsmal höher als der einer vergleichbaren schwarzen Sklavin. In Ägypten kostete laut Lane ein weißes Sklavenmädchen drei- bis zehnmal so viel wie eine Abessinierin.[10]

Der Sklavenhandel war in der damaligen Kultur so implementiert, dass der bekannte christliche Arzt Ibn Butlān (gest. 1065) sogar einen Ratgeber für die Käufer verfasste. Sein Traktat beinhaltet fünf Kapitel:

- Allgemeine Ratschläge zum Verkauf und Kauf
- Was medizinisch bei den Untersuchungen der Körperteile der Sklaven berücksichtigt werden soll
- Die Untersuchung des Charakters anhand physiologischer Merkmale
- Die Kategorien der Sklaven nach Herkunft und die Aufgaben, die zu jeder Kategorie passen
- Das Aufdecken der Betrügerei der Sklavenhändler[11]

Ibn Butlān liefert uns einen Einblick in die Denkweise der Menschen jener Zeit und in die Mythen, die sie in ihrem Alltag begleiteten. Damals herrschte die Vorstellung, dass jede Ethnie nicht nur typische äußerliche Merkmale aufwies, sondern auch bestimmte Charaktereigenschaften und Verhaltensmuster besaß. Diese Ideen kamen nicht erst mit den europäischen Rassentheorien des 19. Jahrhunderts auf, sondern reichen bis in die Antike zurück, stand doch die arabischsprachige Zivilisation in der Traditionslinie des antiken Griechenlands und Roms. So zitiert Ibn Butlān in seinem Werk beispielsweise nicht nur arabische Wissenschaftler, sondern auch griechische Ärzte und Philosophen.[12] Seine Beschreibungen, die kurz das Wesentliche für den Sklavenhändler zusammenfassen, lesen sich wie ein Testmagazin oder eine Fachzeitschrift, nur in diesem Fall – so fremd es für unsere

Ohren heute klingen mag – bestand die Ware aus Menschen. Die türkischen Sklavinnen charakterisiert er beispielsweise folgendermaßen:

> Sie vereinen Schönheit, Weiße und Zartheit [der Haut]. Ihre Gesichter sind leicht breit und ihre Augen sind klein, aber trotzdem süß. Manche unter ihnen sind leicht braun. Ihre Größe ist zwischen mittel und klein. Nur selten sind Große unter ihnen. Die Schöne unter ihnen entspricht der höchsten Schönheit und die Hässliche unter ihnen ist [sogar] ein Wunder. Sie sind ein Schatz für [jenen], der Kinder will. Sie sind fruchtbar und selten bringen sie ein behindertes Kind [zur Welt]. Sie sind sauber[...]. Selten hat eine von ihnen ein großes Gesäß. Ihre Charaktereigenschaften sind schlecht und sie sind untreu.[13]

Mit Türkinnen sind hier zentralasiatische Frauen gemeint. Nachdem die Turkvölker jedoch den Islam angenommen und selbst Reiche gegründet hatten, verschwanden mit der Zeit auch die Sklaven, die aus ihren Reihen stammten. Ibn Butlāns Darstellung zeigt, wie sich die Menschen damals «das Andere» vorstellten. Eigentlich sagen diese Kategorisierungen mehr über die Wünsche und Fantasien der Leute aus als über die beschriebenen Menschen. Danach gab es Ethnien, die sich gut für den Sex eigneten, und andere, die für den Haushalt besser waren. Traktate wie das von Ibn Butlān erfüllen noch einen weiteren Zweck: Sie vermitteln nämlich auch das Gefühl, dass es keine Ethnie gibt, die alle Wünsche erfüllen kann. Immer beinhalten die Beschreibungen einen Makel oder eine Schwäche. Eine Sklavin, die man lieber für sexuelle Genüsse haben will, wird man nicht mit harter Arbeit belästigen. Dafür soll man eine weitere Person holen. Traktate wie das von Ibn Butlān sind als eine Art Werbung der damaligen Zeit zu verstehen.

Vor dem Kauf einer Sklavin konnte der Käufer ihren Körper genau untersuchen. Oft waren Zelte für eine private Untersuchung aufgestellt. Anscheinend kam es dabei manchmal zum Sex, auch wenn es, religiös gesehen, strikt verboten war, mit einer Sklavin zu schlafen, die einem nicht gehörte. In Kairo etwa wurden diese Vorschriften oft missachtet – trotz der Marktaufsicht, die das ordnungsgemäße und moralische Verhalten des öffentlichen Lebens kontrollierte.[14] Noch einmal Ibn Butlān:

> Bringe deine Magd zum Sklavenmarkt nur wenn sie ihre Tage hat. Denn es kann sein, dass man sie schwängert und sie dann behauptet, dass das Kind von dir sei.[15]

Das zeigt uns, dass es auf dem Markt sogar zu Missbrauch kam. Die Händler verlangten von ihren Sklavinnen, alles einzusetzen, um die Kunden zu verlocken. Deswegen achteten die Sklavenhändler darauf, dass die Frauen immer sauber, geschmückt und parfümiert waren.[16] Wer Markt sagt, sagt auch Betrug. So wurden beim Sklavenverkauf genauso wie bei anderen Waren Mittel eingesetzt, um die Käufer zu täuschen. Die Verkäufer versuchten zum Beispiel, die Haut mit Cremes und Lösungen aufzuhellen, die Farbe der Haare zu ändern, Hautkrankheiten oder andere Krankheiten durch Tricks zu verbergen, Schwangerschaften zu verdecken und sogar Burschen als Mädchen und junge Frauen als Männer zu verkaufen.

Paradoxerweise hatte eine unfreie Frau, was die Bedeckung ihres Körpers betraf, mehr Wahlmöglichkeiten als eine freie. Die meisten Schulen vertreten die Position, dass eine Sklavin nur den Bereich zwischen Bauchnabel und Knien bedecken soll.[17] Theoretisch ist es ihr daher erlaubt, sich barbusig und mit kurzer Kleidung zu präsentieren. Auf den Märkten traten schöne Frauen manchmal barbusig auf, was von Vorteil für den Verkäufer war.

Murray Gordon stellt allerdings fest, dass in der Regel die

Frauen mit Rücksicht und Sorgfalt behandelt wurden und viele der Annehmlichkeiten des Hauses genossen. Üblich war es zudem, dass bei einem unverheirateten Mann die Dienerin den Haushalt führte. Die muslimische Normenlehre der Vormoderne sicherte den Sklaven Mindestrechte zu. Bekam eine Sklavin beispielsweise ein Kind von ihrem Herrn, so war es diesem verboten, sie weiterzuverkaufen. Das Kind galt als frei und hatte alle Rechte, die einem ehelichen Kind zustehen, wie etwa die Zugehörigkeit zum Vater, das Erbrecht und das Recht auf Unterhalt. Darüber hinaus erlangte die Dienerin, hatte sie ein Kind von ihrem Herrn geboren, automatisch ihre Freiheit, wenn ihr Herr starb.[18]

Berichte von französischen Kolonialbeamten und europäischen Reisenden über Marokko deuten beispielsweise darauf hin, dass Sklavinnen im Allgemeinen mit Anstand und in vielen Fällen quasi wie Familienmitglieder behandelt wurden.[19] Das gilt auch für andere Länder wie Tunesien, Ägpyten oder die Türkei, darf aber nicht als Relativierung oder Beschönigung dieser Episode der menschlichen Geschichte mit all ihren problematischen Aspekten verstanden werden. Dennoch ist es wichtig, auf diesen Punkt hinzuweisen, denn die Sklaverei hatte viele Formen, und nicht alles entsprach den Bildern, die wir etwa von den extrem hart arbeitenden Afrikanern auf den Plantagen der Neuen Welt haben.

In vielen Epochen erfreuten sich Sklavinnen einer größeren Beliebtheit als Ehefrauen. Al-Dschāhiz (gest. 868), ein Gelehrter und Literat aus Bagdad, der zwischen dem 8. und 9. Jahrhundert lebte, bestätigt uns dies. Als Begründung führt er in einem Traktat über die Liebe zu den Frauen an, dass der Mann, bevor er eine Sklavin erwarb, die Möglichkeit hatte, alle Teile ihres Körpers außer ihrem Intimbereich zu sehen,[20] was bei einer freien Frau strikt verboten war. Hier begnügte man sich mit der Beschreibung anderer Frauen, die sie kannten. Allerdings bemerkt al-Dschāhīz: «Frauen achten aber nicht auf das, worauf die Männer bei einer

Frau achten.»[21] Dies soll jedoch nicht der einzige Grund gewesen sein. Auch die gesellschaftlichen Regeln, die eine Heirat bestimmten, gerieten zum Hindernis. Weil damals schon die Heirat mit einer freien Frau mit hohen Kosten verbunden war, vor allem in Form der Brautgabe, gab es die Möglichkeit, eine Sklavin zu kaufen, die man danach heiratete. Noch dazu, so bemerkt Murray Gordon, gab es bei einem Sklavenmädchen keine lästigen Schwiegereltern.[22] Dies war unter anderem der Grund, warum zahlreiche Sultane von Mägden stammten, ein Phänomen, das wir in allen großen muslimischen Reichen, so etwa bei den Abbasiden oder den Osmanen, finden. Von der Mitte des 13. bis zum Beginn des 16. Jahrhunderts existierte sogar eine Dynastie, die von Sklaven in hohen Ämtern und in der Armee gegründet worden war, und zwar jene der Mamluken. Der politische Einfluss von Sklavinnen in den Palästen der Sultane und in den Häusern der hohen Beamten des Reiches war beträchtlich, insbesondere in der osmanischen Epoche. Politik, Sex und Macht waren hier sehr eng miteinander verflochten.[23]

Die Qiyān: Sklavinnen und mehr

Eine besondere Kategorie von Sklavinnen bildeten die sogenannten *qiyān*. Es handelte sich um auserwählte Frauen, die von Jugend an in mehreren Künsten und Disziplinen unterrichtet wurden. Dazu gehörten beispielsweise die Sprache, die Dichtung, die Rhetorik und manchmal auch die Geschichte sowie der Koran und die Grundlagen der Theologie. Neben dem theoretischen Wissen lernten sie vor allem Musik und Gesang und die Lehre der Töne und Melodien. Darüber hinaus wurden sie in die Etikette der damaligen Gesellschaft eingeweiht. Die Hauptaufgabe einer *qīna* (Sing. von *qiyān)* war die Unterhaltung.[24] Aus diesem Grund beherrschten sie oft die Künste der erotischen Verführung.[25] Als ein Phänomen der abbasidischen Herrschaft verloren die *qiyān* ab dem 10. Jahrhundert ihre gesellschaftliche Bedeutung. Hingegen gab es diese Erscheinung in Andalusien für eine längere Zeit, wobei es dort «gezügelter» zuging.[26]

Der bekannteste Ort der Kultur um die *qiyān* war Bagdad. Um ihren Wert zu erhöhen, wurden diese jahrelang ausgebildet, allerdings nicht immer verkauft. Es gab bekannte *qiyān* in der Stadt, Stars der Szene, die man bestellen oder im Haus ihres Herrn besuchen konnte. Trotz einiger Unterschiede vor allem im Erscheinungsbild kann das Phänomen der *qiyān* bis zu einem gewissen Grad mit dem der japanischen Geishas verglichen werden. Die Bestellung dieser Frauen erfolgte jedoch nicht immer gegen Geld. So kam es zum Beispiel vor, dass einer die *qīna* eines Bekannten für einen Abend im Freundeskreis zu sich einlud. Die *qiyān* wurden beschenkt und von ihren Bewunderern platonisch geliebt. Bei solchen Gelegenheiten, zu denen sie eingeladen wurden, war das Erotische zwar latent vorhanden, stand jedoch nicht im Vordergrund. Die *qīnā* kam eher zum Singen und Tanzen, aber auch, um sich mit den Gästen zu unterhalten. Nicht selten diskutierte eine von ihnen vor dem Kalifen oder anderen Notablen mit bekannten Gelehrten und Dichtern.[27] Ihre Ausbildung und Gelehrsamkeit ermöglichten den Frauen die Teilnahme an Sitzungen, die nicht für jeden zugänglich waren. Obwohl uns die Namen und Anekdoten von zahlreichen solcher *qiyān* vorliegen, bilden sie trotzdem die Ausnahme, denn diese Beschreibungen treffen doch nur auf die erstklassigen ihrer Art in der Oberschicht bzw. am Hof des Kalifen zu.

Eine andere Gruppe der *qiyān* stellten diejenigen Frauen dar, die als Sängerinnen und als eine Art professionelle Verführerinnen im Dienste eines Herrn standen, der mit ihnen Geld verdiente. Im Bagdad des 8. bis 10. Jahrhunderts gab es etliche Häuser, in denen *qiyān* wie in einer Art Privatklub lebten, wo gegessen, getrunken und wo auch Gedichte vorgetragen wurden und getanzt wurde. Die Besitzer eines solchen Hauses ermutigten die Frauen, die Kunden zu verführen und sie vom Besuch des «Etablissements» abhängig zu machen. Im Idealfall verliebte sich der Kunde in eine angebotene Skavin und war dann bereit, eine sehr hohe Summe zu bezahlen, um sie zu erwerben. In einer Passage eines Traktats von al-Dschāhīz aus dem 9. Jahrhundert lesen wir über die *qiyān*, dass sie oft mehrere Liebhaber gleichzeitig hatten. Aber die Kunst bestand eben darin, jedem das Gefühl zu vermitteln, er sei der Auserwählte, den sie mit ihren Gedichten meine. So blieb es nicht nur bei den Treffen im Haus ihres Meisters, sondern es kam auch zu Korrespondenzen und zum Austausch von Liebesbriefen. Al-Dschāhīz bemerkt hier scherzhaft, dass sie manchmal den gleichen Brief an drei oder vier Männer verschickten. Darüber hinaus besuchten sie, wenn die Beziehung eng wurde, ihre Liebhaber zu Hause, wo der körperliche Kontakt nicht ausgeschlossen war.[28]

Trotz alledem handelte es sich bei den Häusern der *qiyān* nicht um Bordelle. Vielmehr waren es Räumlichkeiten, in denen die Kunden die Frauen berühren und küssen konnten, wo es zum Sex jedoch eher selten kam. Allgemein achteten die Besitzer darauf – und zwar aus wirtschaftlichen Gründen –, dass nur in Ausnahmefällen Geschlechtsverkehr praktiziert wurde. Hatte der Kunde nämlich bekommen, wonach er sich gesehnt hatte, dann konnte es sein, dass er das Interesse verlor. Eigentlich wurden die Männer jedoch nicht als Kunden gesehen, sondern als Freunde des Hausherrn. Sie waren willkommen, solange sie bei jedem Besuch Geschenke und Gaben mitbrachten. Wie so ein Haus und die Stimmung darin ausgesehen haben mag, lesen wir in den zahlreichen Gedichten und Anekdoten, die über die *qiyān* verfasst wurden. Ein Gedicht von ʿAlī ibn al-Dschahm (gest. 863), das ich in Prosa übertragen habe, soll uns einen Einblick in das innere Leben solcher Häuser verschaffen:

> Am Tor vom *Karch*[29] besuchten wir im schönsten Haus die wunderbaren Frauen unter den *qiyān* von al-Mufaddal. […] Junge Frauen, die sich nicht vor Gästen scheuen. Denn ihr Herr ist nicht von der strengen Sorte. Im Gegenteil! Er freut sich, wenn der Gast frech wird, und drückt ein Auge zu, doch nicht aus Dummheit. Der Hausherr fängt an, die Keuschheit zu verpönen, sobald er merkt, dass sein Gast es sich nicht gemütlich macht. […] Er senkt seinen Kopf, sodass die Anwesenden sich in Ruhe umschauen können. Solange du kein Geiziger bist, mache Zeichen und zwinkere, wie du willst, habe keine Angst. Entferne dich von der Lampe und geh zu den lichtähnlichen Frauen, und wenn das Licht der Lampe leichter wird, dann komm näher zu der Dame und küsse sie. Frag, was du willst! Sag, was du möchtest! Schlaf, wie es dir gefällt und wie lange du magst. Dir gehört das Haus, solange deine Geschenke groß sind und solange du noch den honigähnlichen Wein trinken kannst. Vergeude deine Jugend nicht, denn sie und die Verführung vergehen. Lass die Rede der Leute «er hat sein Geld verschwendet». Das Leben ist nur eine Nacht eines freudigen Tages. Möge Gott das Tor von *Karch* mit Gnaden bewässern. Ach, wie schön sind das Haus und sein Teich! Ach, wie schön sind die Gewänder der jungen Frauen. Ein Schauplatz der Schönheit.[30]

ʿAlī ibn al-Dschahm gehörte zu den Kreisen der Traditionalisten, die auch Kontakt zu dem Rechtsgelehrten Ahmad ibn Hanbal (gest. 855) und dem Kalifen al-Mutawakkil (gest. 861) pflegten. Die oben beschriebenen Freuden konnte sich allerdings nicht jeder in der damaligen Gesellschaft leisten. Nur Männer aus höheren Schichten hatten die Möglichkeit, in solchen Häusern ihre Zeit zu verbringen. Das einfache Volk begnügte sich mit der dritten Kategorie der *qiyān*, die eher als Kellnerinnen und Sängerinnen in den Tavernen, Wirtshäusern und Gästehäusern der Klöster tätig waren. Genauso wie ihre in höheren Kreisen verkehrenden Kolleginnen trugen sie oft verführerische Kleidung und üppigen Schmuck. Ihre Tätigkeit zog die Gäste an, und in zahlreichen Quellen wird berichtet, dass diese Lokale sehr gut besucht waren und es eine stattliche Menge von ihnen gab.[31]

6. Prostitution und Zuhälterei

Die Prostitution gehörte wie fast überall auf der Welt auch in den muslimischen Kulturen zu den Sphären, in denen sexueller Kontakt stattfand. Schon im Koran wird das Thema behandelt.[1] So lesen wir in den frühen Kommentaren, dass manche Araber ihre Mägde zwangen, sich zu prostituieren. Sure 24:33 beinhaltet ein Verbot genau dieser Praxis, das heißt, dass der koranische Text sich eher mit dem Zwang befasst und nicht explizit die Prostitution an sich thematisiert. Jedoch wird diese in der muslimischen Normenlehre zu den illegalen Beziehungen gerechnet, da sie weder auf einem *nikāḥ*- noch auf einem Kaufvertrag basiert. Für den Geschlechtsverkehr, und damit ist hier explizit die Penetration gemeint, sind strenge Strafmaßnahmen vorgesehen, die je nach Fall in alttestamentarischer Tradition bis zur Todesstrafe reichen können. Allerdings werden, um jemanden des illegalen Sexes zu bezichtigen, allen Schulen zufolge vier männliche Zeugen benötigt, die mit eigenen Augen die Penetration des Penis in die Vagina gesehen haben und den Vorgang im Detail erzählen können. Darüber hinaus haben die Zeugen eine Reihe rechtlicher und moralischer Kriterien zu erfüllen.[2] Es liegt auf der Hand, dass es fast unmöglich ist, diese Bedingungen zu erfüllen. Deshalb kam es kaum zur Anwendung dieser Strafe. Außerdem gab es im Laufe der Zeit zahlreiche Umgestaltungen des Strafrechts, sodass in den letzten Jahrhunderten Freiheits- oder Geldstrafen bevorzugt wurden.[3]

Ferner vertrat Abū Ḥānīfa (gest. 767), der Begründer der hanafitischen Schule, im Zusammenhang mit der Prostitution die Ansicht, dass der Beischlaf mit einer Person, die für den Sex eine

Entlohnung genommen hat, zwar verboten ist, aber nicht wie der illegale Sex bestraft werden darf. Seiner Begründung nach stellt der Lohn hier eine verwirrende Analogie zur Brautgabe dar. Aus diesem Grund sollen seiner Meinung nach in diesem Fall die festgelegten Strafen für den illegalen Sex nicht angewendet werden.[4] Obwohl diese Position nur von ihm vertreten wurde, scheint sie breite Resonanz gefunden zu haben. In der Regel greifen die Richter auf solche Positionen zurück, um Körper- oder Todesstrafen möglichst zu vermeiden. Eine weitere Randmeinung in Bezug auf die Prostitution vertritt einer der frühen Rechtsgelehrten, nämlich ʿAtāʾ (gest. 732). Er ist der Auffassung, dass man mit einer verliehenen Sklavin Sex haben kann, wenn ihr Herr das erlaubt.[5]

Diese theoretischen Regeln dürfen uns aber nicht täuschen, denn die Prostitution war sehr verbreitet in den muslimisch geprägten Gesellschaften. Sie gehörte dermaßen zum Alltag der Menschen, dass die Chronisten die gelegentlichen Gegenmaßnahmen für erwähnenswert befanden.[6] Aus dem 7. Jahrhundert haben wir nicht viele Berichte über Bordelle und die Arbeit der Prostituierten. Aber alles spricht dafür, dass die Strukturen, die wir aus der Spätantike kennen, weiterbestanden. Ab der Herrschaft der Abbasiden in der Mitte des 8. Jahrhunderts hat die Kargheit der Quellen allerdings ein Ende, und es liegt eine Fülle von Material aus Gedichten, Chroniken, Rechtsbüchern und Anekdotensammlungen vor, in dem wir Informationen über das Thema finden.

In Bagdad konnte man Prostituierte beispielsweise in den zahlreichen Tavernen und Wirtshäusern oder auch auf der Straße kennenlernen. Der Geschlechtsverkehr fand dann entweder im Haus des Kunden oder bei der Prostituierten statt. War es unmöglich, sich in einem Haus zu treffen, so gab es immer noch die Gärten oder Ruinen um Bagdad als beliebte Orte für die Zweisamkeit. Die Prostitution hatte je nach gesellschaftlicher Schicht eine unterschiedliche Qualität. Während das einfache Volk die Dienste der Prostituierten in den Tavernen, in den einfachen Bordellen oder auf der Straße in Anspruch nahm, gab es auch eine Form der Edelprostitution.[7]

Der Literat und Richter at-Tanūchī (gest. 994) veröffentlichte mehrere Sammlungen von Alltagsgeschichten und Anekdoten seiner Zeit. In seinem Werk *Nischwār al-muhādara* finden wir eine Geschichte, die uns ein grobes Bild vom Innenleben eines Luxusbordells aus abbasidischer Zeit vermittelt. Darin lesen wir, dass mehrere Knaben bzw. junge Männer und auch Frauen dort tätig waren, die dem Hausbesitzer gehörten. Das Haus hatte einen Garten, einen Pavillon und ein Hammam. Die Kunden wurden von den Burschen massiert und von den Sängerinnen unterhalten. In dem Etablissement konnte man auch Schach spielen oder sich mit Lektüre beschäftigen. Vergnügen konnte man sich sowohl mit den Frauen als auch mit den jungen Männern. Wollte man keinen illegalen Sex, dann gab es die Möglichkeit, einen *nikāh* für die Zeit, die man in dem Haus verbrachte, mit einer der Frauen zu schließen. Der Zuhälter, der in der Geschichte beschrieben wird, schnappte sich die Händler, die mit Karawanen reisten und für eine Weile in der Stadt weilten.[8] Auch wenn die Geschichte, die uns at-Tanūchī erzählt, fiktiv sein sollte, so entspricht sie doch den Bildern, die wir aus anderen Quellen kennen, insbesondere aus der Dichtung dieser Zeit. Die Anekdoten, die uns in zahlreichen Werken aus dieser Epoche begegnen, sind Berichte, die auf zeitgenössischen Ereignissen beruhen.

Ein weiterer Autor, diesmal aus dem 13. Jahrhundert, at-Tīfāschī (gest. 1253), erzählt uns mehr Details über die Zuhälter und Prostituierten der damaligen Zeit. So gab es offensichtlich mehrere Kategorien von Zuhältern und Zuführern. Eine Kategorie bildeten Begleiter von Sängerinnen, die auch als Prostituierte arbeiteten.[9] Eine andere Gruppe waren jene, die ihr Haus an Leute, die Sex haben wollten, vermieteten. Allerdings führten sie die

Männer und Frauen nicht zusammen. Laut at-Tifāschī nannte man einen Zuhälter dieser Kategorie «den Kahlen», da in seinem Haus keine Prostituierten lebten. Es gab aber auch solche Zuhälter, die eine Prostituierte in ihrem Haus hatten.[10]

Manche waren auf den Märkten tätig und warben dort für freie Frauen, die man nur schwer erreichen konnte.[11] Andere waren für junge Männer zuständig, mit denen man sich vergnügen konnte. At-Tifāschī berichtet auch über Friseurinnen, Hebammen oder Frauen, die damit Geld verdienten, dass sie für noble Damen einkauften und dann die «keuschen» Frauen dazu brachten, einem Kunden zugeführt zu werden. Allgemein waren vermutlich sowohl Frauen als auch Männer in der Zuhälterei tätig.[12] Die Prostituierten verkauften ihre Dienstleistungen vor allem in den großen Handelszentren. In den Städten arbeiteten sie in Tavernen, Gasthäusern, öffentlichen Bädern, Bordellen und in ihren Häusern. Aber auch entlang der Haupthandelsstraßen in Raststätten und Karawansereien betrieben sie ihr Gewerbe. An Feiertagen und an Wallfahrtsorten blühte das Geschäft häufig, was uns zeigt, dass sie mehrheitlich geduldet wurden.[13] Die Prostitution ist ein Phänomen, das es im Laufe der Geschichte in allen muslimisch geprägten Gesellschaften gab, trotz der gelegentlichen Versuche der Herrscher, sie zu bekämpfen. In den meisten Epochen wurde sie toleriert, und in manchen Fällen stand sie sogar unter dem Schutz der herrschenden Elite.

Was vielleicht heute viele Muslime – geschweige denn Nichtmuslime – nicht wissen, ist, dass seit dem 10. und bis zum 20. Jahrhundert die Besteuerung der Prostitution in allen bekannten Dynastien dokumentiert ist. Einer der ersten muslimischen Herrscher, der eine Art Prostitutionssteuer einführte, war ʿAdud ad-Dawla (gest. 983). Unter seiner Herrschaft wurden Bordelle vertraglich geöffnet. Chronisten überliefern, dass er, um seine große Armee zu finanzieren, die Prostitution im großen Stil besteuerte.[14]

In seiner Studie zur Prostitution in der ostmediterranen Region lieferte Gary Leiser zahlreiche Belege dafür, dass ayyubidische und mamlukische Sultane in Ägypten und der Levante sowie osmanische Sultane Steuern von den Prostituierten einnahmen. Zum Teil wurde die Prostitution nicht nur besteuert, sondern es wurden zudem Register erstellt, in die sich die Prostituierten eintragen konnten. Diese Maßnahmen führten zu erheblichen Einkünften für die Herrscher.[15]

Weiter stellt Leiser fest, dass in einigen Fällen die Polizei diese Steuern einzog. In Zusammenarbeit mit den Aufsehern des Marktplatzes wurde das Geschäft der Prostitution überwacht. Des Weiteren wurde diese Prostitution in viele Berufe und Unternehmen integriert, so dass von Schneiderinnen bis hin zu Eigentümern großer Häuser alle auf ihre eigene Art und Weise daran beteiligt sein konnten. Viele Menschen profitierten somit direkt oder indirekt von ihr. Alle Schichten der Gesellschaft waren in die Prostitution involviert, und insgesamt, so kann man sagen, stellte sie einen wichtigen Bestandteil der Wirtschaft dar. All diese Faktoren machten ihre Eliminierung unmöglich.[16]

In der gleichen Studie zeigt der Autor, dass viele Notabeln, Kaufleute und Beamte in die Prostitution investierten, ein Phänomen, das kontinuierlich seit der abbasidischen Zeit dokumentiert ist. Viele von ihnen besaßen nämlich selber Wohnhäuser, Gasthäuser, Tavernen und andere Einrichtungen, in denen Prostituierte arbeiteten. Prostitution war ein üblicher Beruf für Frauen, und in den meisten Fällen war es der Bevölkerung gleichgültig. Häufig hatten respektable Frauen sogar die Möglichkeit, sich von zu Hause aus in Teilzeit diesem Erwerb zu widmen.[17]

Leiser weist außerdem nach, dass bis zum 19. Jahrhundert Zünfte für Prostituierte existierten und Immobilien, die frommen Stiftungen, sogenannten *awqāf*, gehörten, von Prostituierten oder Bordellbetreibern gemietet wurden. Somit wären manche Einnahmen aus dem Sexhandel für wohltätige Zwecke und religiöse Einrichtungen wie Moscheen und juristische Schulen bestimmt gewesen.[18]

Natürlich gab es immer auch Widerstand und Kritik seitens der Gelehrten, allerdings lediglich verbal. Im Gegensatz zum Christentum besaßen die Geistlichen nur in seltenen Fällen politische Macht. Aus diesem Grund konzentrierten sie sich eher darauf, die Bevölkerung in Bezug auf das, was sie als unzüchtig ansahen, zu ermahnen. Die verschiedenen Studien zu den muslimisch geprägten Gesellschaften der Vormoderne zeigen uns jedoch, dass die Masse weit entfernt von dem war, was die Gelehrten unter einem frommen Leben verstanden. Diese verbale Kritik und Ablehnung spiegelte sich indes nicht in der Justiz, die in der Hand von ausgebildeten Rechtsgelehrten lag, wider. Bei den Strafen, die auf Prostitution standen, handelte es sich, wie bereits erwähnt, fast immer um Freiheits- oder Geldstrafen, und häufig erhielt die Prostituierte die Anweisung, das Viertel zu wechseln, in manchen Fällen sogar die Stadt zu verlassen.[19]

7. Die gleichgeschlechtliche Beziehung

Das Thema «gleichgeschlechtliche Liebe» ist komplex, da die Versuchung groß ist, in eine anachronistische Lesart der Quellen zu verfallen und moderne oder gar postmoderne Kategorien der Sexualität bzw. der Genderforschung auf frühere Phänomene zu übertragen. Nicht selten werden Begriffe wie Homosexualität und Heterosexualität als universell hingenommen und mit einer Selbstverständlichkeit verwendet, die dazu führt, die Komplexität der gleichgeschlechtlichen Beziehungen in vormodernen Gesellschaften auszublenden. Wie Khaled El-Rouayheb in seiner grundlegenden Studie *Before Homosexuality in the Arab-Islamic World* feststellt, wird bei dieser Vorstellung das Konzept «homosexuell» so betrachtet, als ob es

> wie das Konzept «Frau» über historische Epochen hinweg geteilt wird und dass das, was historisch variiert und untersucht werden kann, lediglich die sich ändernde kulturelle Einstellung gegenüber solchen Menschen ist.[1]

Allerdings ist die «Homosexualität», wie etwa Michel Foucault veranschaulicht hat, eine konstruierte und historisch bedingte Kategorie, die in Europa in der zweiten Hälfte des 19. Jahrhunderts auftauchte. Im Gegensatz zu vormodernen Kategorien ist die Homosexualität, wie wir noch sehen werden, keine Handlung, sondern eine Identität. Foucault spricht provokativ von einer Spezies. Ihm zufolge ist die Homosexualität des 19. Jahrhunderts zu einer Persönlichkeit geworden, die über eine Vergangenheit und eine Kindheit verfügt, einen Charakter, eine Lebensform, und die schließlich eine Morphologie mit indiskreter Anatomie und möglicherweise rätselhafter Physiologie besitzt.[2]

Lots Volk

Es geht hier nicht um die Ablehnung des Konzeptes der Homosexualität, das in unserer Zeit existiert, sondern eher darum, dass wir uns der Relativität und Historizität unserer eigenen Kategorien und Begrifflichkeiten bewusst sein sollen. Sowohl die vormodernen Kategorien der Muslime als auch jene, die die Sexualwissenschaftler des 19. und 20. Jahrhunderts konzipiert haben, sind nicht universell.

Gab es Homosexualität vor der Erfindung der entsprechenden Kategorie, oder gab es lediglich Phänomene, die sich mit der Homosexualität überschneiden, aber nicht bedeutungsgleich sind? Über diese Fragen herrscht Uneinigkeit zwischen Essentialisten und Konstruktivisten. Meine Darstellung basiert auf dem konstruktivistischen Ansatz; denn wollen wir die sexuellen Diskurse der Muslime vor der Erfindung dieser Kategorien annähernd verstehen, dann müssen wir die Begrifflichkeiten, die die Menschen damals benutzten, untersuchen. Dabei werden wir feststellen, dass mit Begriffen wie Homosexualität oder Heterosexualität frühere Phänomene nicht exakt zu beschreiben sind.

So wird beispielsweise der Begriff *al-liwāt* oft unreflektiert mit Homosexualität oder Päderastie gleichgesetzt. Diese Übersetzungen sind jedoch falsch, weil *liwāt* oder *ʿamal qawm lūt* (die Handlung von Lots Volk) eine Tätigkeit und keine Veranlagung und keinen Persönlichkeitszug bedeuten. Wie Arno Schmitt festhält, kann damit nicht das «Sich-sexuell-zu-Personen-des-eignen-Geschlechts-hingezogen-Fühlen» gemeint sein.[3] *Liwāt* bezeichnet im engeren Sinne nur den Analverkehr mit einem Mann, in manchen Fällen auch den Analverkehr mit einer Frau. In der juristischen Definition spielt es keine Rolle, ob man der Penetrierende oder der Penetrierte ist. Hier wird der Begriff *lūṭī* sowohl für denjenigen benutzt, der *liwāṭ* praktiziert, als auch für denjenigen, an dem *liwāṭ* vollzogen wird. Allerdings gab es in der gewöhnlichen Sprache – zumindest auf Arabisch – keinen Begriff, der sowohl für den aktiven als auch für den passiven Mann galt. Mehr dazu später.

Die juristische Bewertung

Liwāṭ als Handlung und *lūṭī* als Bezeichnung für den in *liwāṭ* involvierten Mann kommt im Koran nicht vor, genauso wenig wie eine Strafe für den Analverkehr zwischen zwei Männern. Das Verbot des Geschlechtsverkehrs im Sinne der analen Penetration zwischen zwei Männern wird jedoch trotzdem auf den Koran zurückgeführt. Zum einen wurde auf die Stelle 4:16 verwiesen: «Und die beiden von euch, die es tun (das heißt den illegalen Geschlechtsverkehr), – prangert sie an. Wenn sie dann bereuen und Besseres tun, so lasst von ihnen ab. Gott ist Reue-annehmend und barmherzig.» Zum anderen wurde die Geschichte vom Volk Lots als Grundlage für das Verbot verwendet. Allerdings herrscht bezüglich Sure 4:16 Uneinigkeit, ob damit zwei Männer gemeint sind oder ein Mann und eine Frau.[4] Daneben gab es auch unterschiedliche Ansichten darüber, ob diese Koranstelle noch juristisch relevant ist oder ob sie durch andere Stellen abrogiert wurde.[5] Außerdem wird in 4:16 über die öffentliche Kritik und die Ermahnung hinaus keine Strafe festgesetzt.

Als zweiter Beleg wurde die biblische Geschichte des Propheten Lot angeführt, die an mehreren Stellen im Koran erscheint.

Interessanterweise wird in den relevanten koranischen Passagen wie beispielsweise in 27:55 nicht explizit gesagt, welche sexuellen Handlungen das Volk Lots praktiziert hat. Muslimische Juristen scheinen dies jedoch schon früh auf den Analverkehr zwischen Männern bezogen zu haben. Dies kann man nur dadurch erklären, dass entweder die Erstadressaten mit der biblischen Geschichte vertraut waren oder die muslimischen Juristen die biblische Erzählung sowie jüdische bzw. christliche Quellen als Ergänzung genommen haben, um diese Unklarheit zu beheben.

Im Koran liegt der Fokus in der Geschichte Lots nicht auf der Sodomie im Sinne von Analverkehr – die wie gesagt nicht explizit erwähnt wurde –, sondern eher auf der Verleugnung eines von Gott gesandten Propheten. Dies ist auch der Hauptgrund dafür, dass das Volk Lots bestraft wurde. Als weitere Gründe sind Frevel und Sünde zu nennen. Laut Schmitt, der die diesbezüglichen Stellen im Koran analysiert hat, bezieht sich die Sünde darauf, dass sich Männer mit Männern statt mit Frauen abgeben, in ihren Sitzungen Verwerfliches tun, und auf die Wegelagerei.[6] Überdies trieb manchen Korankommentatoren zufolge das Volk von Lot Sex nicht nur mit Jungen, sondern vergewaltigte auch erwachsene männliche Fremde.[7] Trotz des negativen Bildes, das von diesem Volk gezeichnet wird, finden wir im Koran in den Stellen zu dieser Geschichte keine Strafe im juristischen Sinne. Vielmehr ist die Bestrafung Gott allein vorbehalten.

Darüber hinaus finden wir in der frühesten Hadith-Sammlung von Mālik keine prophetische Aussage diesbezüglich, sondern lediglich die Ansicht des Juristen az-Zuhrī (gest. 741), als Strafe für Analverkehr zwischen Männern die Steinigung vorzusehen. In den Sammlungen von al-Buchārī und Muslim (gest. 875), die als die authentischsten Hadith-Quellen unter den Sunniten gelten, gibt es gar keine Aussage des Propheten über den Analverkehr zwischen Männern. Das heißt also, dass Imam Mālik, al-Buchārī und Muslim, die alle drei bei der Authentifizierung einer Überlieferung strenge Kriterien anlegten, keine brauchbare Aussage des Propheten fanden, in der der Analverkehr zwischen Männern zu einer Straftat erklärt wird.

Es gibt zwar in anderen Sammlungen einige Überlieferungen, die auf den Propheten zurückgeführt werden, doch wurde ihre Authentizität von zahlreichen Hadithgelehrten bestritten. In Bezug auf die Sodomie haben bekannte Hadithexperten wie Ibn Hazm (gest. 1064) oder Ibn Hadschar al-ʿAsqalānī (gest. 1449) die Mangelhaftigkeit aller Überlieferungen aufgezeigt.[8] Was die Strafe für Analverkehr unter Männern angeht, waren muslimische Juristen uneinig. Dass es hier fünf Positionen gab, weist schon auf eine dünne Quellenlage hin; nicht einmal ein Konsens in der Frage, ob hier die Todesstrafe angemessen sei oder nicht, konnte erreicht werden. Gäbe es klare koranische Passagen oder eine bewährte prophetische Praxis, dann wäre es nicht zu solch einer Vielfalt von Meinungen gekommen, einer Vielfalt, die wir bereits bei den Gefährten des Propheten finden.

Die strengste Position vertreten Mālikīten und Imāmīten, welche die Todesstrafe sowohl für den Penetrierenden als auch für den Penetrierten vorsehen. Dabei wird nicht berücksichtigt, ob die beschuldigten Personen bereits verheiratet waren oder nicht, wie es bei illegalem Sex zwischen Mann und Frau der Fall ist.[9] Die Hanbalīten beurteilen den Analverkehr zwischen Männern genauso wie die illegale vaginale Penetration. Waren der Mann oder die Frau bereits verheiratet, gilt die Todesstrafe durch Steinigung. Wenn eine Person nicht verheiratet war, besteht die Strafe in hundert Peitschenhieben.[10] Die Schāfiʿīten wiederum unterscheiden zwischen dem Penetrierenden und dem Penetrierten. Der Penetrierende wird wie bei den Hanbalīten behandelt, während der Penetrierte ausgepeitscht und verbannt wird, egal ob er bereits verheiratet war oder nicht. Von der Strafe ausgenommen sind diejenigen, die vergewaltigt wurden.[11] Die Hanafīten und die Mehrheit der Zāhirīten sehen keine Todesstrafe für den Analverkehr zwischen Männern vor. Sie gehen allerdings von einer disziplinären Strafe nach Ermessen des Richters aus.[12] Darüber hinaus wurde bei den meisten Gelehrten zwischen Freien und Sklaven unterschieden. Für Sklaven ist keine Todesstrafe vorgesehen, egal ob sie bereits verheiratet waren oder nicht. Ihre Strafe beträgt in allen Fällen fünfzig Peitschenhiebe.[13] Die letzte Position tradiert al-Chattabī (gest. 998), wobei er keine Namen nennt, sondern sie manchen Anhängern der zāhirītischen Schule zuschreibt. Diese sollen der Ansicht gewesen sein, dass es für den Analverkehr zwischen Männern keine Strafe gibt, weder die Todesstrafe noch die Auspeitschung oder sonstige Strafen nach Ermessen des Richters.[14] Des Weiteren haben manche Schulen denjenigen, der seinen Sklaven anal penetriert, von den oben erwähnten Strafen ausgenommen, es sei denn, es handelte sich um einen Wiederholungstäter.[15]

Wenn weder durch den Koran noch durch die prophetische Praxis eine Todesstrafe legitimiert werden kann, worauf stützten sich dann die Juristen bei diesen Strafen? Es mag für manchen Leser verwunderlich erscheinen, dass es auf der einen Seite keine expliziten Stellen im Koran und im Hadithmaterial zu dieser Thematik gibt und auf der anderen Seite verschiedene Strafen von den Rechtsgelehrten ausformuliert wurden. Im Grunde genommen gibt es hier keinen Widerspruch, denn die muslimische Normenlehre ist – im Gegensatz zum geläufigen Bild – keine schrifttreue Lehre. Vielmehr kommen andere Quellen und Methoden ins Spiel, um Regeln zu ermitteln. Bei genauerer Untersuchung haben die Juristen im Fall des Analverkehrs zwischen Männern ihre Argumentation eher auf der Basis des Analogieschlusses aufgebaut. Die entscheidende Frage war, inwieweit die Penetration eines männlichen Anus der Penetration der Vagina einer Frau ähnelt, mit der man weder eine *nikāh*-Beziehung führt noch sie besitzt. Diejenigen, die hier eine Analogie sahen, waren der Meinung, dass die Strafe genauso wie im Fall einer illegalen vaginalen Penetration sein sollte. Die Mālikīten ließen, weil sie eine medinensisch etablierte Rechtspraxis berücksichtigten, die gleiche Strafe für bereits Verheiratete wie für nicht Verheiratete gelten. Die Schāfiʿīten hingegen nahmen aufgrund weiterer Analogieschlüsse den bereits verheirateten, penetrierten Mann von der Todesstrafe aus. Auch die Analogie bzw. Scheinanalogie mit der Sklavin bildete einen Grund, warum manche Gelehrte die anale Penetration des eigenen männlichen Sklaven entweder mit milderen Strafen belegten oder gar ungestraft ließen. Darüber hinaus sahen die Hanafīten, die zwischen illegalem Geschlechtsverkehr und illegaler Penetration unterschieden, oder die Zāhirīten, die Analogieschlüsse allgemein ablehnen, im Fall der Penetration eines männlichen Anus mildere Strafen vor als im Fall des illegalen Geschlechtsverkehrs.

Hier ist zu betonen, dass Steinigung und Auspeitschung bereits in altpersischen und jüdischen Traditionen bekannt waren, jenen Traditionen, aus denen – neben Heidentum und Christentum – die frühen Muslime stammten. Unter Juden, Christen und Zoroastriern galt die Penetration eines männlichen Anus schon vor dem Islam als eine verwerfliche Tat. Betrachtet man die Kargheit der muslimischen Quellen – Koran und prophetische Tradition – in Bezug auf die Bestrafung von Sex zwischen Männern, dann ist es legitim, sich zu fragen, ob die Positionen der muslimischen Gelehrten mehr ein Echo der damaligen persischen und jüdischen Vorstellungen als eine Widerspieglung von koranischen oder prophetischen Regelungen waren. Die Argumentation für die verschiedenen Positionen ist zwar rechtsmethodologisch kohärent, man kann mit den gleichen Rechtsmethoden aber auch zu anderen Ergebnissen und Regelungen kommen, was an der Vielfalt der Ansichten zu dieser Frage zu erkennen ist. So findet man beide Extreme, sowohl die Todesstrafe als auch eine Nichtkriminalisierung der Handlung. Und hier kann der Kontext, auch wenn er die

Methodik nicht direkt beeinflusst, schon die Tendenz und Gesinnung bestimmen.

Allerdings setzte die rechtliche Verurteilung wegen Analverkehr mit einem Mann ein freiwilliges Geständnis oder einen Zeugenbeweis voraus. In diesem Zusammenhang waren die Kriterien streng. Die Mindestzahl der für die Verurteilung von *liwāt* erforderlichen Zeugen war vier. Diese sollten selbst öffentlich keine großen oder kleinen Sünden begangen haben, frei, männlich und muslimisch sein. Personen, die diese Kriterien erfüllten, waren jedoch rar.[16] Dies machte die Anwendung der oben erwähnten Strafen praktisch unmöglich, was von den Juristen, wie El-Rouayheb konstatiert, nicht als bedauerlich angesehen wurde. Ausdrücklich hielten sie an dem Ideal fest, die Fehltritte anderer zu übersehen und zu verbergen, und rieten deswegen den Menschen davon ab, andere anzuklagen, die in illegale sexuelle Praktiken involviert waren.[17] Auch etwas wie Beichte wurde nicht empfohlen. Wenn man seine Tat bereute, sollte man dies innerlich und nicht öffentlich tun.[18]

Des Weiteren wurde bei illegalem Sex oft das Zweifelsprinzip der verwirrenden Analogie (*schubha*) angewandt. Die Körperstrafen wurden nämlich deswegen nicht vollzogen, weil in manchen Fällen ein oder mehrere Aspekte der zu verurteilenden Tat eine verwirrende Ähnlichkeit mit einer erlaubten oder zumindest unter den Juristen umstrittenen Handlung aufwiesen. Das Leitprinzip «Körperstrafen dürfen nicht angewandt werden, wenn eine *schubha* vorliegt» war der muslimischen Rechtsprechung der Vormoderne wesensimmanent.[19] So stellte die Suche nach einer *schubha* oder die Problematisierung eines Falles, um Zweifel zu erwecken, eine gültige Hintertür dar, damit der Richter keine Körperstrafen verhängen musste. Allgemein kamen Körperstrafen nur dann in Betracht, wenn vier Zeugen die Tat bestätigen konnten, was jedoch über Jahrhunderte hinweg fast nie der Fall war. Bezichtigte man jemanden ohne die nötigen vier Zeugen, die die erwähnten Kriterien erfüllen mussten, zu haben, beging man selbst die Straftat der Verleumdung. Auch diese Regelung schreckte die Menschen davon ab, anderen illegalen Sex vorzuwerfen.

Ein weiterer wichtiger Punkt liegt darin, dass die Juristen einzig und allein die Penetration sanktioniert haben. Es wäre deswegen irreführend, *liwāt* in den juristischen Texten mit Homosexualität zu übersetzen. In diesem Fall gälten nämlich alle genannten Strafen theoretisch für Menschen mit homosexuellen Neigungen, was nicht nur falsch, sondern fatal wäre. Die Neigung zu Männern an sich, die Bewunderung der männlichen Schönheit oder Küsse und Berührungen wurden im vormodernen muslimischen Strafrecht nicht behandelt.

Als Letztes ist hier zu erwähnen, dass es neben den Positionen der Rechtsschulen einige zeitgenössische muslimische Stimmen – etwa Scott Siraj al-Haqq Kugle, Andreas Ismail Mohr oder Muhsin Hendricks – gibt, die sich für eine allgemeine Entkriminalisierung der gleichgeschlechtlichen Beziehungen einsetzen und alternative Lesarten der Quellen anbieten.[20]

Die gesellschaftliche Praxis

Nähme man nur die normativen Texte als Quelle und übersetzte *liwāt* mit Homosexualität, dann hieße die Schlussfolgerung: «Der Islam verbietet die Homosexualität.» Ein solcher Satz ist aus zwei Gründen falsch: Erstens war das, was verboten wurde, der Analverkehr zwischen zwei Männern und nicht die Homosexualität, und zweitens kann «der Islam» gar nichts verbieten, ist er doch kein denkendes Subjekt. Es waren, genauer gesagt, Gelehrte, die den Analverkehr als verboten erachteten. Die Aussage oben müsste also korrekterweise lauten: «Die muslimischen Rechtsgelehrten in der Vormoderne betrachten Analverkehr zwischen Männern als verboten.» Aber die juristische Perspektive ist nur ein Teilaspekt der Gesellschaft. Bei der Untersuchung der muslimisch geprägten Gesellschaften zwischen dem 8. und 19. Jahrhundert stellt sich nämlich heraus, dass gleichgeschlechtliche Beziehungen, sei es in Form von reinen Liebes- oder als sexuelle Beziehungen, weit verbreitet waren und häufig sogar eine Normalität darstellten. Im Grunde genommen bildeten die juristischen Diskussionen einen Randdiskurs, der stark von der gelebten Realität abwich.

Wie Thomas Bauer deutlich gezeigt hat, lebte die antike Kultur und Lebensart unter muslimischer Herrschaft in der Region zwischen Persien und Andalusien weiter. Das bedeutet, dass die meisten Phänomene im Zusammenhang mit der Sexualität in den muslimisch geprägten Gesellschaften fortdauerten. Dazu gehören die Päderastie und das Konkubinat sowohl mit Sklaven als auch mit Sklavinnen. Auch die Geschlechtervorstellung hing eher vom sozialen Status und von der Rolle beim sexuellen Akt ab als vom biologischen Geschlecht.[21] Hier wurde zwischen dem aktiven und dem passiven Partner unterschieden. *Lūṭī* fand fast ausschließlich Verwendung für den aktiven Mann, der seit abbasidischer Zeit einer weniger intensiven gesellschaftlichen Missbilligung ausgesetzt war als der passive Partner. Spätestens ab dem zehnten Jahrhundert war es akzeptiert, der aktive Partner in einer gleichgeschlechtlichen Beziehung zu sein. Ferner wird derjenige, der die Neigung hat, aktiv oder passiv *liwāṭ* zu praktizieren, sich jedoch aus moralischen oder religiösen Erwägungen zurückzieht, nicht als *lūṭī* bezeichnet. Dies steht im Kontrast zu unserem modernen Verständnis der Homosexualität. Denn als homosexuell würde man heute auch jemanden bezeichnen, der die sexuelle Neigung zum eigenen Geschlecht hat, sie aber nicht auslebt.[22]

Darüber hinaus wurde der *Luṭī*-Partner je nach seinen Beweggründen unterschiedlich kategorisiert. Es gibt keinen arabischen

Begriff, der auf alle Arten passiver Partner zutrifft. Wer sich zum Beispiel prostituiert, wurde *mu'ādschir* (der Entlohnte) genannt.[23] Denjenigen, der sich penetrieren lässt, um danach die aktive Rolle zu übernehmen, bezeichnete man als *mubādil* (der Umtauschende).[24] Wenn eine Person jedoch aus rein sexuellen Gründen nur die passive Rolle einnimmt, dann apostrophierte man sie als *ma'būn* (der unter *ubna* Leidende). Dieses Wort hat eine pathologische Konnotation, da *ubna,* die Lust bzw. das Bedürfnis, penetriert zu werden, früher häufig als Krankheit bewertet wurde. Das heißt indes nicht, dass alle passiven Partner zur Kategorie *ma'būn* gehörten, die in der Tat in vielen Gesellschaften mit Statusverlust verknüpft war.[25] Außerdem waren gleichgeschlechtliche sexuelle Beziehungen nicht immer mit einem Statusverlust verbunden, in vielen Fällen bestätigten sie auch einen Status. Wie Walter G. Andrews und Mehmet Kalpaklı am Beispiel des Osmanischen Reiches demonstriert haben, war es in der patriarchalischen Gesellschaft selbstverständlich, dass ältere Männer junge dominierten, auch sexuell. Hier war das gesellschaftliche Geschlecht (Gender) fließend. Ein Mann konnte in seiner Jugend die Rolle des passiven Geliebten übernehmen, und wenn er als Erwachsener anerkannt war – häufig symbolisiert durch einen Vollbart –, ging er, ohne das Gesicht zu verlieren oder in irgendeiner Weise getadelt zu werden, zu einer dominanten Rolle über.[26]

Dies bestätigt Joseph A. Boone in seinem monumentalen Werk *The Homoerotics of Orientalism.* Präferierte Geliebte waren seit dem 8. und bis zum frühen 20. Jahrhundert Jugendliche, die die Pubertät hinter sich hatten und sich im vorgerückten Teenageralter befanden, jedoch noch keinen Vollbart hatten. Einige historische Beobachtungen lassen vermuten, dass es durchaus junge Männer gab, die erst mit 19 oder gar Mitte zwanzig und älter einen richtigen Bartwuchs bekamen. Dazu schreibt Boone:

> Pietro Della Valle stellt fest, dass die sauber rasierten und bartlosen Pagen im Gefolge eines osmanischen Sultans altersmäßig irgendwo zwischen zwanzig, fünfundzwanzig, dreißig oder gar vierzig Jahren anzusiedeln sind. Noch 1850 beobachtet MacFarlane einen 19-Jährigen, der keine Anzeichen eines Bartes an seinem Kinn zeigt. Der sauber aussehende schöne Junge könnte auch ein echter Erwachsener sein.[27]

Diese Epoche, in der junge Männer in den muslimisch geprägten Gesellschaften geliebt und sexuell begehrt waren, wird in der Literatur als das «Zeitalter der Geliebten» (The Age of Beloveds) bezeichnet. Ihren Ursprung hatte diese Ära in der Zeit der Abbasiden und erstreckte sich danach über die osmanischen, persischen und mogulischen Reiche bis zum frühen zwanzigsten Jahrhundert.[28] Aber auch wenn die Quellen über die Zeit zwischen dem Ableben des Propheten und dem Ende des 7. Jahrhunderts nicht viel Auskunft über das sexuelle Leben der Menschen geben, wissen wir, dass beispielsweise Medina ein Zentrum für die Ausbildung von Sängern und Unterhaltungskünstlern war. Nicht selten übten diese Berufe die sogenannten *muchannatūn*, das heißt effeminierten Männer, aus.[29] Von einigen dieser Männer wissen wir, dass sie auch als passive Partner gleichgeschlechtliche sexuelle Beziehungen hatten.[30]

Seit der abbasidischen Zeit begegnen uns gleichgeschlechtliche Beziehungen in allen Schichten der Gesellschaft. Die Quellen geben uns reichlich Material über Kalifen, Wesire, Generäle, Dichter oder Händler, die gleichgeschlechtliche Beziehungen unterhielten. In diesem Zusammenhang nimmt die Dichtung den ersten Platz ein, insbesondere die *ghazal*-Dichtung, ein Genre der Liebeslyrik, das während des Abbasidenkalifats perfektioniert wurde und später die persische und osmanische Literatur prägte. In den homoerotischen *ghazal*-Texten wurden unter anderem Liebe, Sex, Schönheit oder die Entfernung vom Geliebten beschrieben. Außerdem entstand ein Subgenre, das die *ghazal*- und die Weindichtung verband. Hier trat der Geliebte als der Becherträger (*sāqī)* auf.[31] Einer der berühmtesten Vertreter dieses Genres war Abū Nuwās (gest. 814). In einem Gedicht von ihm lesen wir beispielsweise:

> Bei meinem Leben, nicht der Becher erweckt meine
> Sehnsucht,
> sondern das Gesicht des Schenkers verführt.
> Ich beneide den Becher und die Kanne aus Eifersucht,
> weil die Hand des Wohlduftenden sie berührt.[32]

In einem anderen Gedicht schildert er die sexuelle Interaktion mit dem Mundschenk:

> Den Wein trägt ein Effeminierter in Frauenkleidung,
> dessen Schläfe Moringaduft trägt.
> Er küsst die Trinker, während
> er sich flink unter uns bewegt.
> Mal ist er unser Lustgarten
> für unsere reifen und steifen Hengste,
> mal ist er unser Schenker und Narzisse.[33]

Die homoerotische Dichtung war in der abbasidischen Epoche stark mit der gesellschaftlichen und literarischen Bewegung des *mudschūn* verbunden, die eine libertine und hedonistische Denk- und Lebensweise feierte. In dieser Dichtung spiegelte sich die Lebensart vieler Persönlichkeiten aus der Schicht der Literaten und Aristokraten. Im Bagdad des 9. und 10. Jahrhunderts herrschten Zustände, die man mit der sogenannten spätrömischen Dekadenz vergleichen könnte. In einem Gedicht beschreibt Wāliba ibn al-Hubāb (gest. vor 796), der Lehrer von Abū Nuwās, eine Sitzung, die uns an eine Orgie erinnert:

Der brautähnliche Schenker gibt uns dar
einen brautähnlichen Nektar.
Als wir versanken im Delirium, tief,
und der Teufel uns ergriff,
ist das Wunderlichste passiert:
Wir liebkosten uns ungeniert.[34]

Viele der Literaten, die gleichgeschlechtliche Beziehungen pflegten oder homoerotische Dichtung schrieben, hatten Kontakt zum Kalifen oder seinen Notabeln. Mehr noch, manche bekleideten hohe Ämter, wie zum Beispiel Ibn al-Haddschādsch (gest. 1001), der zeitweise für das Ordnungsamt (*al-hisba*) in Bagdad zuständig war. Über ihn sagte adh-Dhahabī (gest. 1348), ein Traditionalist aus dem 13. Jahrhundert: «Er war der Dichter seiner Zeit, der Schamloseste unter den Literaten und der Führer der Frivolität.»[35] In einem Gedicht von Ibn al-Haddschādsch lesen wir die Beschreibung eines Schenkers mit den Worten:

Härchen sprossen am Tor seiner Rosette,
weich wie zarte Blümchen,
jungfräulich wie ein Mädchen.[36]

Solche explizit erotischen, ja pornographischen Stellen sind in der arabischen Dichtung reichlich vorhanden.

Außerdem wurde auch die Neigung mancher Kalifen zu jungen Männern überliefert. Der Chronist at-Tabarī (gest. 923) erwähnt in seiner Weltchronik, dass der Kalif al-Amīn (gest. 813) sich nur zu Männern hingezogen fühlte. Für viel Geld kaufte er attraktive Diener. Unter seiner Herrschaft wurden Mägde und Frauen in seinem Palast fast bedeutungslos, da er die meisten Aufgaben männlichen Dienern zuteilte.[37] Darüber hinaus hatte er unter seinen Dienern selber einen Geliebten namens Kawthar, über den er einige Liebesgedichte schrieb. So verfasste er etwa folgende Verse als

Antwort auf die Anschuldigung der Leute, er habe wegen seiner Liebe zu Kawthar die Angelegenheiten des Volks vernachlässigt:

> Kawthar ist mein Glaube und mein Leben,
> er ist mein Übel und mein Heiler.
> Wer liebt einen liebenden Geliebten,
> ist der Schwächste aller Menschen.[38]

Die gleichgeschlechtlichen Beziehungen und die homoerotische Dichtung in abbasidischer Zeit bildeten nur den Anfang einer langen Tradition. In den darauf folgenden Jahrhunderten unter den Mamluken und Osmanen, aber auch in Persien und unter den Mogulen sollte die Päderastie verbreiteter und noch sichtbarer sein. Thomas Bauer zufolge war die arabische Liebesdichtung seit Abū Nuwās etwa zur Hälfte homoerotisch geprägt.[39] Ähnliches ist auch über die persische Dichtung zu sagen.

Ferner zeigen die historischen Quellen, dass zur Zeit der Mamluken die gleichgeschlechtlichen Beziehungen zwischen Männern in der ägyptischen urbanen Gesellschaft quasi institutionalisiert waren. Insbesondere unter den Beamten und beim Militär war die Päderastie verbreitet. Die homoerotische Liebespoesie emanzipierte sich vom negativen Beigeschmack des abbasidischen *mudschūn*. Ab dieser Zeit finden wir auch Notabeln und Gelehrte, die homoerotische Poesie verfassten. Während in der abbasidischen Epoche die meisten derartigen Gedichte von frivolen oder hedonistischen Dichtern stammten, waren unter den Autoren aus der Zeit danach viele Literaten und sogar Rechtsgelehrte. Ein Gedicht von Sadr ad-Dīn al-Hanafī (gest. 1360), einem Mufti, Richter und Rechtsgelehrten, Schüler des berühmten Ibn Taymiyya (gest. 1328), soll hier als Beispiel dienen. Der Literat und Chronist as-Safadī (gest. 1363) hörte diese Verse direkt von ihm:

Mein Schwanz ist groß,
und der Kleine sagt doch:
Pflücke meinen Leib
und sei grob zu mir.
Ich rief: Nein das ist verboten!
Bei mir nicht – sagte er.
So fickte ich ihn
seiner Meinung folgend (*taqlīdā*).[40]

Sadr ad-Dīn al-Hanafī verwendet im letzten Vers ein Wortspiel. Denn der Begriff *taqlīd* in der Normenlehre bedeutet, dass der Laie der Meinung eines Rechtsgelehrten vertraut und ihr, ohne die Argumente dafür zu kennen, folgt. In der Theologie kann, nach der vorherrschenden Meinung, der Laie nicht getadelt werden, solange er *taqlīd* praktiziert, das heißt, solange er sich in seinen Handlungen an den Ansichten der Rechtsgelehrten orientiert. Das Wortspiel liegt darin, dass der Dichter, der selber Mufti ist, von seiner eigenen Meinung abweicht und, ohne weiter zu fragen, dem Wunsch des Geliebten folgt. Wenn Rechtsgelehrte solche Gedichte verfassten, dann können wir uns vorstellen, wie die Dichtung profaner Dichter aussah. Allerdings enthielt nicht jede homoerotische Dichtung tatsächliche Begebenheiten. Es gab sowohl eine fiktive als auch eine die Realität beschreibende Poesie. Daher ist Vorsicht geboten, wenn man mit Texten dieser Epoche zu tun hat. Darüber hinaus wurde die Homoerotik auch im damals verbreiteten Schattentheater und in Volksmärchen thematisiert.[41] Die Sammlung Tausendundeine Nacht hat uns einige solcher Geschichten bewahrt.[42]

Schon ab dem 13. Jahrhundert finden wir auch in europäischen Reiseberichten Hinweise darauf, dass in muslimischen Reichen Sex mit männlichen Prostituierten, Päderastie oder platonische Liebesbeziehungen zum gewöhnlichen Stadtleben gehörten.[43] In späteren Jahrhunderten waren die Berichte weniger polemisch als eher bewertend. Der «Mohammedaner» wurde als ein Lüsterner mit widernatürlichen Neigungen dargestellt. Es waren im Übrigen solche Darstellungen der Muslime, die unter anderem eine Legitimierung für die Kolonialisierung lieferten. Im 17. Jahrhundert schrieb der Engländer Joseph Pitts, ein Seemann, der 1678 in Algier gefangen genommen und als Sklave verkauft worden war und fünfzehn Jahre später entkam:

> Diese schreckliche Sünde der Sodomie ist so weit davon entfernt, unter ihnen bestraft zu werden, dass es Teil ihrer Gewohnheit ist, sich mit ihren abscheulichen Handlungen dieser Art zu rühmen. Es ist üblich, dass Männer dort [in Algier] sich in Jungen verlieben, wie sich hier in England in Frauen verliebt wird.[44]

Die gleiche Beobachtung machte der französische Naturforscher Charles Sigisbert Sonnini, der Ägypten zwischen 1777 und 1780 besuchte:

> Die naturwidrige Leidenschaft ... das unerträgliche Verlangen, das die Griechen und Perser der Antike entehrte, ist die Freude oder, um einen gerechten Begriff zu verwenden, die Schande der Ägypter.[45]

Im Zuge des Kolonialismus untersuchten Ethnologen, Kriminologen und Gerichtsmediziner das Phänomen, das sie in ihren Kategorien als Homosexualität bezeichneten. Dazu gehören unter anderem die Arbeiten von Adolphe Duchesne, Emile Louis Bertherand oder Adolphe Kocher. Diese Autoren konstatierten, wie Sabine Schmidtke feststellt, mit Abscheu die Verbreitung von Sexualpraktiken zwischen Männern. Schmidtke schreibt weiter dazu:

> … das fehlende Unrechtsbewusstsein seitens der einheimischen Bevölkerung werten sie als Indiz für den Verfall der Moral unter Einheimischen und ihren niederen Charakter.[46]

Ähnliche Berichte haben wir über alle muslimisch geprägten Gesellschaften, so etwa von François Pouqueville und Johann von Hahn über die Albaner,[47] von James Silk Buckingham über den Irak, von Eugene Schuyler über die Usbeken oder von Edward Westermarck über Marokko.[48] Aber die Schilderungen von Fremden dienen hier nur als Bestätigung dessen, was wir ohnehin aus den zahlreichen arabischen, osmanischen und persischen Quellen wissen.

Die gleichgeschlechtliche Beziehung, die in den Quellen erwähnt wird, ist im Großen und Ganzen von päderastischer Art, wie wir sie schon aus dem antiken Griechenland und Rom kennen. Die Päderastie war zwar die gängigste, aber keineswegs die einzige oder einzig akzeptierte Form der gleichgeschlechtlichen Beziehung, heißt Liebesbeziehung doch nicht immer auch sexuelle Beziehung. Viele Dichter und Literaten wiesen explizit darauf hin, dass über die Liebe zu einem Mann zu dichten nicht unbedingt gleichbedeutend ist mit sexuellen Handlungen. In den muslimisch geprägten Gesellschaften der Vormoderne finden wir sowohl sexuelle Beziehungen als auch Formen der platonischen Liebe. Dass ein Mann sich in einen Jungen verliebt, scheint allerdings in den meisten Fällen etwas Normales gewesen zu sein. Allerdings gab es auch Versuche muslimischer Philosophen und Ärzte, die männliche Neigung zu Jungen zu erklären.[49]

Dass dies in breiten Schichten der Gesellschaft zur Normalität wurde, bezeugen beispielsweise die Gedichte des ehemaligen Rektors der Azhar-Universität ʿAbdallah al-Schabrāwī (gest. 1758).[50] Die meisten Liebesgedichte seiner Sammlung behandeln männliche Geliebte und männliche Schönheit, das heißt, die homoerotischen Züge in seiner Poesie sind klar erkennbar. Die Tatsache, dass einer der höchsten Gelehrten, der Imam eines der Zentren der sunnitischen Theologie, seine Gefühle, die damals nicht als etwas Widernatürliches empfunden wurden, in Form von Gedichten artikulieren konnte, lässt uns erahnen, wie verbreitet das Phänomen war, insbesondere in der Armee und in den Lehrstätten.

In der Tat entwickelten sich in den Lehrstätten sowohl zwischen Lehrern und Schülern als auch zwischen den Schülern selbst Liebesbeziehungen mit und ohne sexuellen Kontakt. Wie el-Rouayheb aufzeigt, war der Altersunterschied zwischen den Schülern manchmal so beträchtlich, dass Liebesbeziehungen zwischen älteren und jüngeren Schülern vorstellbar waren. Als der Gelehrte Murād al-Buchārī (gest. 1720) die Murādiyya-Schule in Damaskus gründete, ordnete er – vermutlich aus Angst, dass die anderen Studenten auf dem Gelände verführt werden könnten – an, keine bartlosen Jungen oder verheirateten Männer mit ihren Frauen zu beherbergen.[51] Die Schönheit der Jungen wurde als genauso reizvoll angesehen wie die Schönheit der Frauen. In manchen Epochen galt der Junge sogar als verführerischer und anziehender als die Frau. Wie uns der Chronist al-Maqrīzī (gest. 1442) erzählt, war während der Herrschaft des mamlūkischen Sultans Barqūq (gest. 1399) der Geschlechtsverkehr mit Jungen so stark in der Gesellschaft verbreitet, dass die Prostituierten sich als Jungen verkleideten, um ihr Geschäft aufrechtzuerhalten.[52] Schon im 9. Jahrhundert schrieb al-Dschāhiz ein Traktat über eine fiktive Debatte zwischen zwei Personen, bei der es um die Frage ging, ob eine junge Frau oder ein junger Mann reizvoller sei,[53] eine Debatte, die, obwohl fiktiv, mit Sicherheit ein gesellschaftliches Phänomen dokumentierte.

Ein weiterer Raum für päderastische Beziehungen waren die öffentlichen Bäder, die sogenannten Hammams. Über die osmanische Ära besitzen wir diesbezüglich zahlreiche Berichte. So wurden die Hammams nicht nur aufgesucht, um zu baden, sondern auch, um attraktive junge Männer zu sehen, mit ihnen zu flirten und von ihnen massiert zu werden. Es war üblich, dass die Besitzer der Bäder hübsche junge Männer einstellten, deren Reizen die Kunden erliegen sollten. Die Unterhaltung und teilweise auch die Verführung gehörten zum Programm eines Badbesuchs im urbanen Milieu. Gang und gäbe war es überdies, dass man Freunde in das Hammam einlud, um dort eine entspannte und unterhaltsame Zeit zu verbringen.[54] Dafür sorgten nicht nur der Dampf oder das heiße Wasser, sondern auch die heißen Jungen. Darüber hinaus konnte es hier manchmal zu sexuellen Kontakten kommen. In einigen Fällen wurden dann rechtliche Maßnahmen gegen verrufene Einrichtungen eingeleitet, weil diese mit Unmoral und Prostitution in Verbindung gebracht wurden.[55] In einem Ferman des osmanischen Sultans, der an die Richter von Bursa adressiert war, lesen wir etwa:

> Ich habe (früher) ein Dekret erlassen, wonach junge bartlose Männer nicht in den Badehäusern sein sollten, damit nichts gegen die Scharia aus ihnen hervorgeht. Es ist mir kürzlich aufgefallen, dass es wieder Jungen in einigen Badehäusern gibt und dass sie sich mit allen möglichen störenden Aktivitäten beschäftigen. Deshalb habe ich den Überbringer königlicher Befehle geschickt, um zu verfügen, dass jeder von euch für die Inspektion der seiner Gerichtsbarkeit unterstehenden Badehäuser sorgen soll und dass, wenn solche Jungen darin gefunden werden, sie bestraft werden sollen.[56]

Die Haltung der herrschenden Klasse gegenüber diesem Phänomen war aber, genauso wie gegenüber der Prostitution oder der Päderastie in der Armee, von starker Ambivalenz geprägt. Walter G. Andrews zeigt in seiner Studie, dass die Behörden die sexuelle Subkultur in den öffentlichen Bädern tolerierten und erst wenn sich die Beschwerden, zum Beispiel von Nachbarn, häuften, etwas dagegen unternahmen.[57]

Neben den Hammams stellten auch die Kaffeehäuser und Tavernen wichtige öffentliche Räume dar, in denen die Päderastie verbreitet war. [58] Dieses Phänomen ist von abbasidischer Zeit an ununterbrochen bis zum Osmanischen Reich dokumentiert.[59]

Was ist mit den lesbischen Beziehungen?

Genauso wie im Fall des Begriffes Homosexualität, der alle gleichgeschlechtlichen Beziehungen umfasst, fehlt in der Vormoderne auch die Kategorie des «Lesbianismus». Das Wort, das wir im Arabischen für die sexuelle Beziehung zwischen Frauen finden, ist *sahq* bzw. *sihāq,* was wörtlich reiben bzw. zerreiben oder zerquetschen bedeutet. Es bezieht sich also auf eine Handlung und nicht auf eine emotionale Bindung oder den Teil einer Identität. Der arabische Begriff weist eine starke Ähnlichkeit mit dem griechischen Wort *tribas* auf, das vom Verb *tribō* abgeleitet ist, welches «reiben» bedeutet. Daher wäre der deutsche Terminus Tribadie eine mögliche Übersetzung für den *sihāq*. Eine *sāhiqa*, das heißt eine Frau, die die Tribadie praktiziert, ist buchstäblich eine Frau, die beim Sex reibende bzw. zerstoßende Bewegungen vollzieht. Obwohl der *sihāq* oft für den Sex zwischen zwei Frauen verwendet wird, wurde er nicht ausschließlich in diesem Sinn benutzt. Denn die sexuelle Reibung ohne Penetration zwischen einer Frau und einem Mann wird auch *sihāq* genannt.[60] Dadurch wird deutlich, dass die Benutzung des Adjektivs «lesbisch» zu falschen Schlussfolgerungen führen könnte.

Der *sihāq* hat die Mediziner besonders im Zusammenhang mit der Frage beschäftigt, warum manche Frauen lieber mit anderen Frauen schlafen. Al-Kindī (gest. 873) war beispielsweise der Meinung, dass die Ursache für den *sihāq* eine Hitze in den Venuslippen sei, die nur durch die Reibung mit einer anderen Frau reduziert werden könne.[61] Man stellte sich also eine Art Juckreiz vor, der nur durch das Reiben gemildert werden kann. Allerdings gibt es dafür kein Heilmittel. Der *sihāq* wird als etwas Angeborenes, das die Frau lebenslang begleitet, betrachtet. Sahar Amer von der Universität Sydney stellt in einer Studie zum Lesbianismus fest, dass solche Ansichten Standard waren und von einem Jahrhundert zum nächsten und von einer medizinischen Abhandlung zur anderen reproduziert wurden.[62] Wir finden jedoch auch andere Erklärungen, wie zum Beispiel jene des Mediziners as-Samaw'al al-Maghribī (gest. 1175). Dieser hatte mehrere Deutungen parat, warum manche Frauen den gleichgeschlechtlichen Sex bevorzugen. Eine davon bestand darin, dass manche Frauen aufgrund mehrerer physiologischer Gegebenheiten, die er aufzählt, keine Lust empfinden, wenn sie mit einem Mann schlafen. Ein weiterer Grund hat mehr mit der Ästhetik zu tun, bevorzugen doch manche Frauen eher glatte Haut und empfinden daher eine Abneigung, wenn beispielsweise das Gesicht behaart ist. Aber nicht nur physiologische, sondern auch psychologische Erklärungen führt as-Samaw'al al-Maghribī an. So nennt er beispielsweise das Charakterwesen der Frau. Manche Frauen seien maskuliniert, ahmten die Männer in Aussehen und Gestik nach und tendierten eher dazu, der aktive Partner zu sein.[63] Das interessante an seiner Erklärung ist, dass er den *sihāq* nicht nur als sexuellen Akt, sondern auch als Neigung, Verhalten bzw. als Teil der Persönlichkeit begreift. Diese Erklärung, die aus dem 12. Jahrhundert stammt, kommt dem modernen Begriff des Lesbianismus am nächsten. Allerdings stammen diese Positionen von Männern. Der *sihāq* wurde manchmal als eine Abneigung gegen phallische Objekte und andere Dinge, die die Frauen an Männer erinnern, gesehen. Wie Everett K. Rowson bemerkt, wurde das Phänomen des *sihāq* aus männlicher Sicht als eine Ablehnung der Männer im Allgemeinen und insbesondere der Penetration verstanden.[64]

Allerdings haben Gelehrte wie al-Maghribī den *sihāq* nicht normativ bewertet. Seine Ausführungen blieben im Rahmen der Medizin. Das soll uns nicht wundern, war doch ein Kennzeichen der vormodernen muslimisch geprägten Gesellschaften, dass unterschiedliche, ja manchmal widersprüchliche Diskurse nebeneinander existieren konnten.

Darüber hinaus interessierten sich die Rechtsgelehrten nicht so sehr für den *sihāq*. Allgemein galt er als eine verbotene Handlung, und falls zwei Frauen beim Sex erwischt wurden, mussten erzieherische Maßnahmen nach Ermessen des Richters ergriffen werden. Jedoch gelten hier nicht die Strafen, die wir beim *liwāt* gesehen haben. Der *sihāq* wird nicht mit der Todes- oder einer ähnlich harten Strafe sanktioniert, weil er gar nicht als illegaler Geschlechtsverkehr (*zinā*) gilt. Nur die illegale Penetration – bei den Hanafīten nur die vaginale Penetration – ist in diesem Zusammenhang gemeint. Allgemein waren die Rechtsgelehrten, was den *sihāq* betrifft, eher am Bereich der Rituale interessiert als am Bereich des Strafrechtes, das heißt an der Frage, ob die Tribadie etwa das Fasten oder die rituelle Waschung bricht.[65] Wie im Fall des *liwāt* blieben die Normen aber mehr auf theoretischer Ebene und fanden fast nie eine tatsächliche Umsetzung.

Auch wenn die weiblichen gleichgeschlechtlichen Sexbeziehungen noch heimlicher als die männlichen gepflegt wurden, so gibt es doch einige Quellen, die uns von der Existenz des Phänomens berichten. Schon im 10. Jahrhundert erwähnt Ibn an-Nadīm in seinem Bücherkatalog Titel, welche die Geschichten von weiblichen Paaren zum Inhalt haben.[66] Und al-Isfahānī (gest. 967) erzählt uns in der Biographie von Badhal (9. Jahrhundert), einer Dienerin und bekannten Sängerin, Folgendes:

> Einmal sang sie vor dem Kalifen al-Ma'mūn (gest. 833) [einen bekannten Text des Dichters Basschār b. Burd (gest. 784) und veränderte die erste Zeile, welche im Originaltext] «*nichts ist*

> *köstlicher als das Liebesversprechen»* [lautet], in *«nichts ist köstlicher als die Tribadie (sahq)»*. Daraufhin stellte der Kalif seinen Weinbecher beiseite, drehte sich zu ihr und sagte: «Oh nein Badhal! Das Ficken (*an-nayk*) ist fürwahr köstlicher als die Tribadie (*as-sahq*).»[67]

Diese Begebenheit, die sich mit großer Wahrscheinlichkeit tatsächlich zugetragen hat, zeigt, wie ungehemmt am abbasidischen Hof über das Thema gesprochen wurde. Dass eine Frau vor dem mächtigsten Mann des Reiches sagen kann, sie bevorzuge es, mit Frauen zu schlafen, ohne eine Strafe fürchten zu müssen, lehrt uns einiges über die damalige Wahrnehmung. *Sahq* war in abbasidischer Zeit wie auch in Andalusien stark mit einem anderen gesellschaftlichen Phänomen verknüpft: dem *zarf* (Eleganz, Raffinesse), einer urbanen Erscheinung, die unter Aristokraten, Literaten oder Mägden in der gehobenen Schicht sowohl bei Männern als auch Frauen verbreitet war. Der *zarf* war ein Zusammenspiel aus Raffinesse in Kleidung, Essen, Wohndekoration und Intellektualität. Aristokratinnen oder auch kultivierte Mägde spielten bei der Bewegung des *zarf* dadurch eine Rolle, dass sie beispielsweise literarische Salons veranstalteten, zu denen Notabeln und Literaten eingeladen wurden. As-Samaw'al al-Maghribī zufolge war der gleichgeschlechtliche Sex zwischen Frauen unter den *mutazarrifāt*, also jenen Frauen, die den *zarf*-Lebensstil pflegten, verbreitet,[68] und auch at-Tīfāschī berichtet Ähnliches,[69] was vermuten lässt, dass es eine Art Subkultur gab. At-Tīfāschī, der uns weitere Hinweise liefert, erwähnt beispielsweise, dass die Frauen von Kennerinnen die erotische Liebeskunst lernten. Ihm zufolge hatten diese Frauen nicht nur sexuelle Beziehungen, sondern unterhielten auch Liebesbeziehungen mit anderen Frauen, und zwar in einer intensiveren Form als zwischen einem Mann und einer Frau.[70] Bisweilen ähnelte der *sihāq* also stark der modernen Kategorie des Lesbianismus.

Diese Art der Beziehungen ist zwar nicht so gut dokumentiert wie die der Männer, allerdings liegen genug Fragmente vor, sei es aus Gedichten, Geschichten und Anekdoten, Chroniken oder Reiseberichten, die uns bestätigen, dass es Frauen gab, die damals als männlich kategorisierte Wesensmerkmale übernahmen oder einfach Liebesverhältnisse mit Frauen pflegten. Für das Osmanische Reich gibt es Indizien, dass es in den öffentlichen Bädern für Frauen zu gleichgeschlechtlichen Interaktionen kam.[71]

Eine andere Quelle, die uns diesbezüglich Informationen liefert, ist die *rekhtī*-Dichtung. Dabei handelte es sich um Urdu-Dichtung, deren männliche Autoren aus einer weiblichen Perspektive schrieben. Zwar entstand die *rekhtī*-Dichtung im 19. Jahrhundert, aber sie trägt ein Erbe in sich, das viel älter ist. Die Phänomene, die dort behandelt wurden, existierten unter Muslimen in Indien im Mogulreich und auch davor. Allerdings wurde diese Poesie im 20. Jahrhundert wegen ihrer expliziten Darstellung des weiblichen Sexes – insbesondere der Liebe zwischen Frauen – als obszön abgetan und systematisch aus dem literarischen Kanon eliminiert.[72] Der Traditionsbruch und die Selbstverleugnung der eigenen Geschichte ab Ende des 19. Jahrhunderts wird uns im letzten Kapitel dieses Buches beschäftigen.

Wie Ruth Vanita und Saleem Kidwai in ihrer Arbeit zu gleichgeschlechtlichen Beziehungen in Indien demonstrierten, vertritt die *rekhtī*-Dichtung weibliche Stimmen, die deutlich kundtun, dass sie Frauen den Männern vorziehen, wenn sie Zugang zu beiden haben.[73] Diese Präferenz wird in den Texten nicht als eine rein sexuelle, sondern vielmehr als eine emotionale, ja eine romantische Beziehung dargestellt. So schreiben die beiden Autoren:

> Die erotischen Begegnungen in diesen Gedichten werden nicht als Nachahmung heterosexueller Liebesbeziehungen dargestellt. Obwohl der Dildo erwähnt wird, gibt es eine größere Betonung auf Küssen, Streicheln, leidenschaftlichen

> Umarmungen und klitoraler Stimulation. Es ist mehr als wahrscheinlich, dass Kurtisanen die Dichter mit Details ihrer Romanzen versorgten, die die Dichter dann in Versform übertrugen und dann sowohl Frauen als auch Männern in Versammlungen vortrugen. Was auch immer die Quellen [der Dichter] sind, diese männlichen Poeten stellen sexuelle Details genau dar.[74]

Darüber hinaus steht weder Oralsex noch das Reiben der Vulva im Mittelpunkt von *rekhtī*. Im Vergleich zu arabischen Texten, in denen er kaum erwähnt wird, spielt der Dildo hier eine gewisse Rolle, und abgesehen davon scheint die Beschreibung des Sexes in den *rekhti*-Texten sinnlicher zu sein.[75]

Abschließend ist festzustellen, dass Liebes- und Sexbeziehungen unter Frauen in den muslimisch geprägten Gesellschaften bekannt waren. Sie scheinen aber keine gesellschaftlichen Debatten ausgelöst zu haben, wie es etwa bei der Päderastie der Fall war. Zum einen wurden diese Beziehungen vermutlich in Sphären gepflegt, die für die Männer schwer zugänglich waren, und da zum anderen dabei keine Penetration stattfand, wurde auch nicht dagegen polemisiert, obwohl sie rein normativ gesehen als moralisch falsch galten.

8. Reinheit, Hygiene und gute Sitten

Wie bei den bis jetzt behandelten Phänomenen, die eine normative Seite haben, finden wir auch beim Thema Reinheit drei Ebenen: Die erste bilden die religiösen Quellen, der Koran sowie die Aussagen und die Praxis des Propheten; auf dieser Ebene beruht die zweite mit den Interpretationen, Konzepten und Normen, welche die muslimischen Gelehrten im Laufe der Zeit festgelegt haben. Die letzte Ebene besteht aus der Praxis, der Umsetzung des normativen Wissens. Das heißt, dass nicht unbedingt alles aus den religiösen Quellen eins zu eins im normativen Diskurs übernommen wurde. Darüber hinaus wurde nicht jede von einem Gelehrten oder einer Schule vertretene oder in den Handbüchern aufgeführte Norm uneingeschränkt in der Gesellschaft praktiziert. Diese drei Ebenen zu verstehen ist notwendig, um die unterschiedlichen Phänomene in einem muslimischen Kontext richtig einordnen zu können und die Hintergründe der jeweiligen Ideen herauszufinden.

Obwohl im Koran und in den Aussagen des Propheten nur wenige Stellen über die Reinheit des menschlichen Körpers zu finden sind, entstand in der muslimischen Normenlehre ein ausführlicher Diskurs darüber. Neben der Reinheit und Hygiene wurden hier auch Fragen, die mit der Bedeckung und Kleidung zu tun haben, behandelt. Die Gelehrten stammten aus Gesellschaften, in denen jüdische, persische, christlich-byzantinische oder wie in Transoxanien buddhistische Einflüsse verwurzelt waren. Jahrhundertealte Vorstellungen über den Körper, über die Scham, über die Reinheit hatten ihre Spuren in den jeweiligen Kulturen hinterlassen, in denen diese Gelehrten aufwuchsen und sozialisiert wurden. Das, was wir als «muslimisch» bezeichnen, war kein reines Produkt einer homogenen Welt. Die religiösen Quellen bilden lediglich ein Fragment eines komplizierten Mosaikbildes. Daher ist es in diesem Zusammenhang wichtig, im Hinterkopf zu behalten, dass die folgenden Vorstellungen über Reinheit und Körper zum größten Teil aus einem bestimmten Kontext und von konkreten Gelehrten stammen und somit keineswegs als die Position des Islams insgesamt begriffen werden können.

Ist Sex schmutzig?

Muslime dürfen bestimmte rituelle Handlungen wie das Gebet oder den Koranvortrag nur durchführen, wenn sie im Zustand der rituellen Reinheit sind. Diese Reinheit verliert man unter anderem durch die Penetration des Penis in die Vagina oder durch einen Orgasmus, sei es im Wachzustand oder während eines feuchten Traumes, sowohl bei Männern als auch bei Frauen. Daraus könnte man schließen, dass der sexuelle Kontakt bei den Muslimen etwas Unreines oder Schmutziges sei.

Nicht selten wird als Gegenteil der rituellen Reinheit die rituelle Unreinheit verstanden. Diese Beschreibung entspricht allerdings nicht dem Begriff, den die Muslime verwenden. Ist eine Person nicht im Zustand der rituellen Reinheit, dann wird sie als *dschunub* bezeichnet. Dieses Wort hat aber nicht die Bedeutung von unrein, sondern meint «jemand, der sich von etwas entfernt». In einem religiösen Kontext entfernt sich der Gläubige vom Gebet, der Moschee oder dem Koran.[1] Die *dschanāba*, also das Entferntsein, ist ein ritueller Zustand ohne materielle Wirklichkeit. Manche Sufis erklären diese Entfernung mit dem Orgasmus.[2] Allerdings ist der Orgasmus nur der Höhepunkt des Aktes. Eine mögliche mystische Deutung läge darin, dass der Mensch während des Geschlechtsverkehrs bzw. des Orgasmus für einen kurzen Moment das gesamte Sein vergisst und sich gegenüber der Welt in völliger Unachtsamkeit befindet. Darum darf er die göttliche Gegenwart in Form eines Rituals erst symbolisch betreten, wenn er seinen Körper mit reinem Wasser gewaschen hat. Die Symbolik des Wassers als reinigende Substanz, die sogar die Kraft besitzt, die Vergangenheit abzuwaschen und einen Neubeginn zu kennzeichnen, kennen wir aus anderen Traditionen, beispielsweise der christlichen Taufe oder der jüdischen Mikwe.

Der Sex ist vielleicht deswegen ein Akt, der die rituelle Waschung bricht, weil er eine starke Ambiguität aufweist. Er ist zwar etwas, was wir mit den Tieren gemeinsam haben, aber dem muslimischen Glauben nach ist er auch ein Genuss aus dem Paradies. Und für die Sufis kann er sowohl die irdischen Genüsse als auch einen Weg zur Gotteserkenntnis verkörpern. Der Sex ist in der muslimischen Theologie also schwer zu kategorisieren. Die Waschung mit reinem Wasser nach dem Geschlechtsverkehr oder nach einem Orgasmus kann auch der Waschung nach einer Reise gleichen, einer Reise durch Raum und Zeit, bei der das Göttliche und Irdische sich vermischen und der Mensch ein *fanāʾ* erleben kann, die muslimische Entsprechung des Nirvanas.

Körperflüssigkeiten

Zwar hat kein muslimischer Gelehrter den Geschlechtsverkehr als etwas Unreines oder als etwas, das man vermeiden soll, dargestellt, doch waren die Körperflüssigkeiten, die aus den Geschlechtsteilen austreten, Gegenstand einer normativen Bewertung. Es ging um die Reinheit bzw. die Unreinheit von Substanzen wie dem Präejakulat, dem Sperma oder der Lubrikation. So dürfen unreine Substanzen während des Gebetes nicht am Körper oder an der Kleidung haften, und der Ort, auf dem man sich beim Gebet niederwirft, soll gleichermaßen frei davon sein. Auch in diesem Zusammenhang finden wir, wie es in der muslimischen Normenlehre zumeist der Fall ist, eine Vielfalt an Positionen, die von Schule zu Schule variieren. Aus diesem Grund kann man über keine der drei oben erwähnten Substanzen sagen, ob sie bei allen Muslimen generell als rein oder unrein gilt.

Zu erwarten wäre jedoch, dass diejenigen, die manche Substanzen als unrein kategorisieren, den Oralsex verbieten, da man «Unreinheiten» nicht schlucken darf. In der *mālikītischen* Schule wurde die Lubrikation im Gegensatz zu den anderen Traditionen als unrein betrachtet.[3] Der Cunnilingus ist hingegen erlaubt.[4] Und obwohl das Präejakulat als unrein gilt, ist in der *hanafītischen* Schule die Fellatio erlaubt.[5] Eine Minderheit sah sie als etwas Unerwünschtes, aber nicht Verbotenes an, wobei die Begründungen, die für das Unerwünschtsein angeführt wurden, eher subjektiver Natur waren.[6]

Der Sex in der muslimischen Gesellschaft war indes nicht nur von den Normen der Gelehrten bestimmt. Denken wir wieder an die zuvor erwähnten drei Ebenen. Wenn zum Beispiel manche Gelehrte den Oralsex als verpönt einstuften, so hieß dies nicht automatisch, dass die Menschen ihn nicht praktizierten. Diese Vorstellung ist deswegen ahistorisch, weil die Quellen uns ein anderes Bild zeichnen. So stellten die Normen eher das dar, was die Gelehrten als «Ideal» betrachteten. Doch zwischen den Idealen und der Wirklichkeit gab es immer einen erheblichen Unterschied. Mit großer Wahrscheinlichkeit waren alle Praktiken in den muslimischen Gesellschaften bekannt bzw. verbreitet. Al-Isfahānī, der Autor des *Kitāb al-Aghānī (Buch der Lieder)*, erzählt die folgende Geschichte:

> Einmal verbrachten Yahyā ibn Ziyād (gest. um 776) und Mūtīʿ ibn Iyās (gest. um 783) mit ihren Trinkgenossen mehrere Tage mit Trinken. In einer Nacht, als sie betrunken waren, sagte ihnen Yahyā: ‹Wehe euch, wir haben seit drei Tagen nicht ge-

> betet. Lasst uns mal beten.› Sie bejahten seinen Vorschlag. So stand Mutīʿ auf und rief zum Gebet. Zuerst waren sie uneinig, wer das Gebet leiten sollte, bis Mutīʿ zu einer Sängerin sagte: ‹Gehe du nach vorne und leite das Gebet.› Sie hatte ein parfümiertes durchsichtiges Hauskleid an, unter dem sie keine Hose trug. Als sie sich niederwarf, stach ihre Vulva unter dem Kleid hervor. So eilte Mutīʿ zu ihr, enthüllte ihre Vulva, küsste sie und unterbrach sein Gebet. Darauf dichtete er improvisierend: ‹Als ich ihre Vulva aus Versehen sah / Starr und glatt wie ein Glatzköpfiger / Warf ich mich vor ihr nieder und küsste sie / Genauso wie ein frommer Betender es tut.› Infolgedessen unterbrachen die Anwesenden ihr Gebet, fingen an zu lachen und kehrten zum Trinken zurück.[7]

Obwohl die beiden Protagonisten dieser Geschichte bekannte Häretiker waren, zeigt uns die Anekdote die andere Seite der Gesellschaft, den Alltag der Menschen. Eine Vulva zu küssen oder einen Penis in den Mund zu nehmen war den Menschen in den muslimischen Gesellschaften nicht fremd. Der Literat und Philosoph Abū Hāyyān at-Tawhīdī (gest. 1023) erzählt uns in seinem Werk *al-Basāʾir wa dh-dhachāʾir* sogar von Personen, die urophil oder koprophil waren. Der Urophile liebte es, Wein auf den Bauch seiner Geliebten zu gießen, die Vulva mit dem Mund zu nehmen und dann zu warten, bis der Wein nach unten floss, sodass er ihn in dieser Stellung trinken konnte. Es gefiel ihm auch, den Urin seiner Geliebten während ihrer Tage zu trinken.[8] Der türkische General Zayrak, der unter al-Mutawakkil (gest. 861) diente, soll den Anus seiner Geliebten stimuliert haben, um daraufhin ihren Kot mit der Spitze seiner Zunge zu lecken. Dabei soll er gesagt haben: «Dieser Weinnektar ist mir lieber als Äpfel.»[9] Abū Hischām ar-Rifāʿī (gest. 862) wiederum, ein Richter und Gelehrter der Koranwissenschaften, genoss den Schweiß und die Blähungen seiner dunkelhäutigen Dienerin.[10]

Die religiösen Normen haben gewiss eine Rolle im Alltagsleben der Menschen gespielt, aber der Drang, sie eins zu eins anzuwenden, schien zumindest in der Vormoderne nicht zu existieren.

Menstruation und Sex

Eindeutiger war die Position der Gelehrten bezüglich des Geschlechtsverkehrs während der Menstruation. Konsens besteht unter allen Muslimen darüber, dass der Sex im Sinne der Penetration der Vagina in der Zeit, in der die Frau ihre Periode hat, verboten ist. Das Verbot beruht zwar auf einer expliziten Koranstelle, doch herrschte keine Einigkeit unter den Gelehrten darüber, welche sexuellen Handlungen – mit Ausnahme der Penetration – während der Menstruation erlaubt waren.

Die Schafiʿīten und manche Mālikīten sind der Ansicht, dass der Mann den Bereich zwischen dem Bauchnabel und den Knien nicht berühren darf.[11] Die Hanafīten wiederum vertreten die Meinung, dass der Mann die Frau über einem Stoff anfassen darf. In diesem Fall kann der Mann beispielsweise die Vulva über dem Slip berühren und stimulieren. Nach Ansicht der Hanbalīten und eines großen Teils der Mālikīten sind Mann und Frau während der Menstruation bis auf die Penetration alle sexuellen Handlungen erlaubt.[12] Diese Position vertreten auch die Imamīten unter den Schiiten. Sie sind im Gegensatz zu den sunnitischen Schulen der Meinung, dass der Analverkehr – der bei den meisten Sunniten verboten ist – während der Menstruation erlaubt ist.[13]

Für die Hanbalīten sind darüber hinaus jene Männer vom Verbot ausgeschlossen, die wir heute als sexsüchtig bezeichnen würden, da sie ohne Geschlechtsverkehr gesundheitliche Beeinträchtigungen erleiden könnten. In diesem Fall ist – nach Ansicht der Hanbalīten – der Sex samt Penetration während der Menstruation erlaubt.[14]

Wie schon erwähnt ist der normative Diskurs von Männern dominiert. Deshalb ist es nicht verwunderlich, dass die Normen oft aus der Perspektive der Männer gefasst sind und die männliche Lust zwischen den Zeilen schwebt, wenn es um das Verständnis einer koranischen Stelle bezüglich des Geschlechtsverkehrs geht.

Darüber hinaus verführte die zentrale Bedeutung des Sexes die Gelehrten dazu, den Rahmen des koranischen Textes zu verlassen und Fragen zu behandeln, die in dieser Form weder im Koran noch in der Praxis des Propheten vorkommen. Das zeigt auch eine gewisse Dynamik. Betrachtet man die oben erwähnten Regelungen im Lichte der kulturellen Vorstellungen der Spätantike, die vom Judentum oder Zoroastrismus geprägt waren, dann erscheinen diese Ansichten im historischen Kontext ziemlich progressiv, da die menstruierende Frau nicht als etwas Unreines, nicht zu Berührendes betrachtet wurde. Diese Haltung könnte die folgende Überlieferung vom Propheten zusammenfassen:

> Einmal bat der Prophet seine Frau Aischa, ihm eine Gebetsmatte zu bringen. Sie erwiderte: «Aber ich habe meine Tage!» So antwortete er: «Um Gottes willen, Aisha, deine Menstruation liegt nicht in deiner Hand.»[15]

9. Schönheitsideale bei Mann und Frau

Es ist kaum möglich, von muslimischen Schönheitsidealen zu sprechen, denn der muslimische Glaube ist Bestandteil sehr unterschiedlicher Kulturen. Zudem ändern sich Schönheitsideale mit der Zeit, und die Geschichte der Muslime erstreckt sich über fünfzehn Jahrhunderte. Heute hat die Bevölkerung weltweit Zugang zu den gleichen Bildern von Stars oder Models. Die modernen visuellen Medien, etwa eine globale Filmindustrie und auf allen Kontinenten erscheinende Zeitschriften, haben bei der Entstehung einheitlicher Schönheitsideale eine wesentliche Rolle gespielt. In der Vergangenheit dagegen gab es muslimische Kulturen, die kaum visuelle Porträts von Menschen hinterlassen haben. Untersuchen wir die Texte, die uns heute vorliegen, dann konstatieren wir, dass die Schönheitsideale sich von Region zu Region und von Zeit zu Zeit stark unterscheiden. Außerdem existierten bisweilen in der gleichen Gesellschaft mehrere Schönheitsideale parallel nebeneinander.

Um den Rahmen nicht zu sprengen, wird der Fokus hier jedoch lediglich auf diejenigen Schönheitsideale gerichtet, die in den erotischen Werken porträtiert wurden. Das soll uns ein ungefähres Bild von den Vorstellungen der Menschen damals vermitteln. Die hier untersuchten Texte reflektieren Schönheitsideale, die zwischen dem 12. und dem 16. Jahrhundert im Raum zwischen Nordafrika und dem Irak vorherrschten. Verfasst wurden sie von Dschalāl ad-Dīn asch-Schaizarī (gest. um 1193), einem Rechtsgelehrten und Richter der Stadt Tiberias, von ʿAbd Allāh at-

Tidschānī (gest. 1321), einem Sekretär der damaligen Herrscher des heutigen Tunesien, sowie von Ibn Kamāl Pascha (gest. 1534), einem Obermufti des Osmanischen Reiches. Interessanterweise handelte es sich bei den Autoren der hier behandelten Werke der Erotologie gleichzeitig um Gelehrte, die im Bereich der religiösen Wissenschaften einen gewissen Bekanntheitsgrad besaßen. So lässt sich auch hier die These bestätigen, dass es keinen Widerspruch zwischen den sexuellen Genüssen und der Gläubigkeit gab.

In diesem Zusammenhang ist zudem von Bedeutung, dass die Verfasser eher an den weiblichen Schönheitsidealen interessiert waren; die Frau war also das Objekt der Untersuchung. Wenn es um den Mann ging, standen eher dessen Potenz, Penis und interessanterweise sein Verhalten gegenüber der Partnerin im Vordergrund. Es ging nämlich darum, welche Art von Männern die Frauen bevorzugten, und die Antworten beinhalteten Charaktereigenschaften und Handlungen. Abgesehen vom Phallus war die äußerliche Schönheit des Mannes in diesen Texten zweitrangig. In der Dichtung wird man allerdings fündig, denn dort erscheinen Vorstellungen sowohl von männlicher als auch von weiblicher Schönheit. Die Schönheit des Mannes indes wurde in den meisten Fällen von anderen Männern in homoerotischen Texten beschrieben, auf die noch einzugehen ist.

Die «perfekte» Frau

Der osmanische Autor Ibn Kamāl Pascha übernahm in seinem Werk im Großen und Ganzen den Text von asch-Schaizarī. Allerdings änderte er manche Stellen bzw. ließ bestimmte Details weg. Das könnte bedeuten, dass in der Zeit von Ibn Kamāl die weggelassenen Merkmale nicht mehr zum Schönheitsideal gehörten. Die Abweichungen könnten aber auch auf die unterschiedlichen Kulturen, aus denen die beiden stammten, zurückzuführen sein.

Denn während Ibn Kamāl türkischer Herkunft war, kam asch-Schaizarī aus Nordsyrien.

Die Beschreibung der idealen Frau, die wir bei asch-Schaizarī finden, besteht aus neun Punkten: den Farben schwarz, weiß und rot sowie den Formen rund, lang, breit, eng, klein und groß. Er beginnt erst einmal mit drei Farben. Jeder Farbe ordnet er vier Körperteile zu. So ist schwarz schön an den Haaren, Wimpern, Augenbrauen und Pupillen. Weiß wiederum macht sich gut an Haut, Augen, Zähnen und Scheitel. Zunge, Zahnfleisch, Lippen und Wangen schließlich sollen rot sein.[1] Danach folgen die Formen, denen er ebenfalls vier Körperteile zuordnet. Asch-Schaizarī zufolge ist eine Frau schön, wenn Gesicht, Kopf, Knöchel und Gesäß rund sind. Lang sollen Hals, Körper, Haare und Finger sein, breit passt zu Stirn, Augen, Brust und Hüften, während bei Nasenlöchern, Ohren, Nabel und Vagina eng schöner ist. Mund, Hände, Brüste und Füße sind schön, wenn sie klein sind, und Hintern, Vulva, Kopf und Pobacken sollen groß sein.[2]

Rund vier Jahrhunderte später ersetzt Ibn Kamāl Pascha die Röte des Zahnfleisches durch die der Pobacken. Sowohl die vier runden als auch vier großen Körperteile kommen bei Ibn Kamāl Pascha nicht vor. Ob das ein Hinweis darauf ist, dass die Korpulenz unter der türkischen Bevölkerung im Osmanischen Reich nicht als Schönheitsideal galt, ist schwer zu sagen. Darüber hinaus ist für ihn die Enge nur im Falle der Vagina schön. Was die Länge angeht, ersetzt er die Finger durch die Wimpern, und bei der Breite tauscht er die Hüften gegen die Rundheit des Gesichtes.[3]

At-Tidschānī schließlich verwendet eine andere Gliederung. Er geht nicht von bestimmten Merkmalen aus, sondern untersucht jeden Körperteil separat, und zwar ausführlicher als die anderen Autoren. Selten liefert er nur eine einzige Beschreibung, vielmehr stellt er mehrere Meinungen und Vorstellungen dar, was realistischer erscheint, da die Schönheitsideale sich auch innerhalb einer Gesellschaft durchaus unterscheiden. Das stellt man etwa bei der Frage der Hautfarbe fest. Während die ersten beiden Autoren eindeutig die weiße Haut als Ideal nennen, berichtet uns at-Tidschānī, obwohl er selbst zu weißen Frauen neigt, dass es darüber unterschiedliche Meinungen gab. Er verweist in diesem Zusammenhang auf eine Liste von Gedichten, die die Schönheit schwarzer Frauen beschreiben. Auf jeden Fall spielte die Hautfarbe eine Rolle im gesellschaftlichen Diskurs. Nicht ohne Grund verfasste al-Dschāhīẓ (gest. 868) ein Traktat über die Vorzüge der Schwarzen und as-Suyūtī (gest. 1505) ein Gedicht, in dem die Schönheit von weißen, braunen und schwarzen Menschen verglichen wird.

Trotz der Ausdifferenzierung wiederholen sich bei at-Tidschānī viele Merkmale, die wir schon bei den anderen Autoren finden. Das deutet darauf hin, dass bestimmte Ideale für mehrere Jahrhunderte existierten und auch in verschiedenen muslimischen Gesellschaften gleich waren. So sollten die Haare schwarz und lang sein, die Stirn leicht breit und glatt, die Augenbrauen fein, lang und das ganze Auge umfassen, die Augen schwarz und groß mit langen Wimpern und von Natur aus müde aussehend, die Nase spitz, die Wangen leicht dick und rot, die Lippen ein wenig braun und fein, die Zähne mit einem Diastema und glänzend, der Hals lang und gerade. Als schön galt, wenn Oberarme und Beine zart und leicht füllig waren, die Fingerspitzen mit Henna bemalt und Hintern sowie Bauch dick.[4] Das Buch at-Tidschānīs ist deswegen interessant, weil er zu jedem Körperteil zahlreiche Gedichte und Anekdoten aus unterschiedlichen Epochen überliefert und damit zeigt, dass die angeführten Ideale – zumindest in einem Teil der damaligen Gesellschaft – auch wirklich von Bedeutung waren.

Den untersuchten Quellen zufolge scheint allgemein eine gewisse Körperfülle als Schönheitsideal verbreitet gewesen zu sein. Für die Frau galt der Brauch – und gilt bis heute in manchen

Gebieten Westafrikas –, einem Ernährungsplan zu folgen und Kräuter und Präparate zu benutzen, um dicker zu werden.[5] Der Spruch «Das Gesäß ist das schönere Gesicht»,[6] den man auf den Sohn des zweiten Kalifen ʿAbd Allāh ibn ʿUmar zurückführt, zeigt uns, dass das Aussehen und die Größe des Gesäßes eine besondere Rolle in der Schönheitsvorstellung der Menschen damals spielten. Seitdem hat sich nicht viel verändert.

Verbreitet war überdies das Phänomen, dass das gleiche Schönheitsideal sowohl auf Frauen als auch auf junge Männer projiziert wurde, die von anderen Männern sexuell begehrt wurden. Durchaus üblich war es, die Schönheit einer jungen Frau mit derjenigen eines jungen Mannes zu vergleichen. In einem Traktat über eine fiktive Debatte zwischen einem Mann, der Frauen begehrt, und einem, der Männer bevorzugt, berichtet al-Dschāhīz von dem Brauch, eine schöne Frau mit den Worten zu beschreiben: «Sie ist schön wie ein Bursche.»[7] Dieses Phänomen blieb bis zum 19. Jahrhundert, zumindest in weiten Teilen der muslimisch geprägten Länder, verbreitet. Die Historikerin Afsaneh Najmabadi stellt in ihrer Studie *Women with Mustaches and Men without Beards – Gender and Sexual Anxieties of Iranian Modernity* fest:

> Im frühen kadscharischen Iran (1785–1925) waren die Vorstellungen von Schönheit nach Geschlecht weitgehend undifferenziert, das heißt, schöne Männer und Frauen wurden mit sehr ähnlichen Gesichtszügen und Körpermerkmalen dargestellt. Manchmal unterscheidet nur der Stil der Kopfbedeckung männlich und weiblich in visuellen Darstellungen. [...] In schriftlichen Quellen wurden die gleichen Adjektive verwendet, um männliche und weibliche Schönheit zu beschreiben. Zum Beispiel beschreibt Rustam al-Hukama die jungen Männer, denen Tahmasp Mirza (Safavi) sexuell zugeneigt war: ‹Junge bartlose Männer, rosengesichtig, silberfarbig,

wie Zypressen gestaltet, narzissenäugig, kokett, mit Zuckerlippen, Weinträger mit Tulpenbäckchen, mondgesichtig, venusförmig, mit sichelförmigen Augenbrauen, magischen Augen, schwarz duftenden Haaren und kristallinen Kinnfalten, voll von Spiel und Koketterie.› Adjektive, die heute eher weibliche Schönheit beschreiben, waren im neunzehnten Jahrhundert gleichermaßen auf Männer und Frauen anwendbar.[8]

Dass manchmal die begehrte Frau als ein junger Mann angesprochen und beschrieben wird und umgekehrt, ist eine Besonderheit, die wir bis zum 19. Jahrhundert durchgängig sowohl in der arabischen als auch in der persischen Literatur finden. Oft wissen wir nicht genau, ob die beschriebene Person eine Frau oder ein Mann ist. Dieses Spiel mit der Sprache, das einem bestimmten Blick auf die Welt und die Geschlechter entspringt, drang durch den arabischen und persischen Einfluss in die meisten vormodernen muslimischen Kulturen ein, sodass wir entsprechende Phänomene auch im Osmanischen und im Mogulreich finden.

Was Frauen wollen

Die vormodernen Handbücher über die Erotik oder die Liebe stammen alle von Männern und stellen deshalb die männliche Sichtweise dar. Zwar sind dort auch Ansichten von einigen Frauen wiedergegeben, aber im Vergleich zu männlichen Stimmen bilden sie eher die Ausnahme. In den zahlreichen Traktaten über die Ehe, in den Rechtsbüchern sowie in anderen Texten finden wir oft eine Skizzierung des weiblichen Schönheitsideals. Die männliche Schönheit indes bleibt unsichtbar. Die einzige Ausnahme bildet die homoerotische Dichtung, wobei es sich auch hier um eine männliche Sichtweise auf die männliche Schönheit handelt. Daher bleibt die Frage offen: Wie haben sich die Frauen in den muslimisch geprägten Gesellschaften die männliche Schönheit vorgestellt, und welche Ideale waren vorherrschend? Die Antwort auf diese Frage erscheint deswegen als schwierig, weil die Dichtung, die einzig vorhandene Quelle, die die weibliche Perspektive darstellt, uns kaum Informationen darüber gibt. Bei der Untersuchung zahlreicher Gedichte von bekannten arabischen Dichterinnen zeigt sich, dass darin eher über die Handlungen und Charaktereigenschaften der Männer als über ihre Schönheit berichtet wird. Wenn überhaupt vom äußeren Erscheinungsbild die Rede war, handelte es sich um die Beschreibung von Gesicht oder Augen. Ansonsten wurde über «seine Schönheit» nur in einem allgemeinen Sinne ohne Details gesprochen.

Somit ist man gezwungen, in von Männern verfassten Texten zu suchen, um entsprechende Hinweise zu finden. Ein Porträt des idealen Mannes aus weiblicher Perspektive liefert uns al-Kātib (10. Jahrhundert) in seinem Buch *Dschawāmiʿ al-Laddha*. Zwar zitiert er in seinem Werk Aussagen, die auch von Frauen tradiert wurden, aber in dem Kapitel über die Eigenschaften, welche diese bei Männern mögen, weiß man nicht recht, was tatsächlich von Frauen stammt und was von ihm als weibliche Meinung vorgestellt wird.

Tapfer, großzügig, treu, spaßig, vertrauenswürdig und sanftmütig, das sind die Eigenschaften, die al-Kātib zufolge Frauen bei Männern mögen.[9] Darüber hinaus, so merkt er an, achteten Frauen darauf, dass Hände und Füße des Mannes gepflegt sind und seine Kleidung sauber ist. Wichtige Eigenschaften scheinen zudem Intelligenz und Höflichkeit gewesen zu sein.[10] Ferner erwähnt er, dass Frauen den wohlhabenden Männern, die keinen Geiz zeigten, zugetan seien. Sie empfänden eine Abneigung gegenüber demjenigen, der übertrieben eifersüchtig und unbarmherzig sei oder schnell zornig werde.[11] Natürlich sind diese Darstellungen verallgemeinernd, aber sie zeigen uns, wie die Geschlechter in einer Gesellschaft, in der die Frau sozial und finanziell vom Mann abhängig war, gedacht wurden. Sehr wahrscheinlich haben diese Eigenschaften eine wichtige Rolle gespielt.

Interessanterweise schätzen al-Kātib zufolge Frauen bei einem Mann am meisten, wenn er Kenntnis über ihre Bedürfnisse hat. Dazu lesen wir im ersten Kapitel seines Werkes:

> Wisse, dass der beliebteste Mann bei den Frauen derjenige ist, der sich in der Umgangsform mit ihnen auskennt und ihren [Wünschen] entspricht. Wenn der Mann wunderschön und sehr reich ist, aber ahnungslos bezüglich der Angelegenheiten der Frauen, so entfernen sie sich von ihm und werden ihn nicht lieben. Wenn er hässlich und arm ist und ihm sogar die schönen Charaktereigenschaften abgehen, er jedoch ihre Angelegenheiten kennt und geduldig mit ihnen ist, so werden sie ihn lieben.[12]

Später erfahren wir, dass mit «Angelegenheit» die weibliche Lust gemeint ist. Nach damaliger Vorstellung kann eine Frau sogar die schlechten Eigenschaften des Mannes ertragen, wenn sie sexuell befriedigt ist. Ist das nicht der Fall, vermögen es auch materielle Dinge oder äußerliche Schönheit nicht, ihre Zuneigung zu gewinnen. Aus diesem Grund, so glaubt al-Kātib, ist die wichtigste Eigenschaft, die ein Mann besitzen soll, das Wissen über die weibliche Lust und wie man sie befriedigen kann. Nicht ohne Grund ist der oben zitierte Absatz auf der ersten Seite seines Buches über die Erotik zu finden.

Nicht selten heißt es heute, dass der Mann lustgesteuert sei. Interessanterweise begegnen wir der gegenteiligen Vorstellung, was die vormodernen Muslime angeht, nicht nur bei al-Kātib, sondern auch bei anderen Autoren wie beispielsweise Ibn Kamāl Pascha oder as-Suyūṭī. Die weibliche Lust wurde nicht ignoriert. Man spürt die Sorge, die die Autoren umtreibt. Der «ideale» Mann ist für sie jener, der die Lust der Frau ernst nimmt und sie befriedigt. Es ging nicht nur um die männliche Lust. Schon der Prophet wies darauf hin, die Lust der Frau zu berücksichtigen, wie wir noch sehen werden. Dass die Frau genauso Lust empfindet und ein Recht auf Befriedigung hat, darf nicht als Selbstverständlichkeit verstanden werden. Im Christentum galt der Sex lange Zeit nur als Mittel zur Fortpflanzung. Lustempfinden und Vergnügen waren hier nicht positiv konnotiert. Im muslimischen Kontext finden wir fast das gegenteilige Bild. Wenn wir das Klischee, dass die Frau nicht mehr als die sexuelle Befriedigung verlangt,[13] einmal beiseitelassen, ist die Haltung von Männern wie al-Kātib und anderen doch beachtlich. Denn die herrschende Vorstellung von der lüsternen Frau hat sie nicht dazu gebracht, ihre Lust zu verteufeln, sondern vielmehr dazu, sich Gedanken zu machen, wie die weibliche Lust zu befriedigen ist. Für viele heutige Muslime klingt die Haltung eines Kātib oder Ibn Kamāl fremd.

Erotische Physiognomik

Die klassische Physiognomik ist die Lehre, die versucht, die Charaktereigenschaften eines Menschen aufgrund der äußerlichen Merkmale des Körpers herauszufinden. Ihre Wurzeln reichen bis in die Antike und wahrscheinlich weiter zurück. Ab dem 19. Jahrhundert wurde die Physiognomik dann in verschiedenen Rassenlehren missbraucht und gilt heute als eine Pseudowissenschaft. Allerdings ist die Vorstellung, dass man aus äußerlichen Merkmalen auf innere Züge des Menschen schließen kann, auch heute weit verbreitet.

In der erotischen Physiognomik wiederum wird versucht, aus den physiologischen Merkmalen mancher Körperteile Informationen über die Lust, die sexuellen Neigungen, aber auch über die Form der primären Geschlechtsorgane abzuleiten. Einige muslimische Autoren, die Texte über die Erotik verfassten, haben sich damit beschäftigt. Asch-Schayzarī etwa scheint entweder antike Primärquellen benutzt zu haben oder kannte andere arabische Werke über die Erotik, in denen das antike Wissen rezipiert wurde. Um einen Überblick über die gängigen Vorstellungen zu bieten, werden im Folgenden die wichtigsten von asch-Schayzarī genannten Punkte, die Ibn Kamāl Pascha später teilweise übernehmen sollte, in Form einer Liste dargestellt. Steht ein Satz bei beiden Autoren, weise ich darauf mit der Abkürzung (B) hin, ist er nur bei einem der beiden zu finden, vermerke ich das mit dem Buchstaben (S) für asch-Schayzarī und (K) für Ibn Kamāl.[14]

- Ist die Haut einer Frau warm, ihr Mund klein und warm und sind ihre Brüste fest, dann weist das darauf hin, dass ihre Vagina eng und warm ist und sie den Sex liebt. (B)
- Wenn der Mund einer Frau breit ist, dann ist ihre Vagina weit. (B)
- Ist ihr Mund klein, dann ist ihre Vagina eng. (B)
- Wenn ihre beiden Lippen dick sind, dann sind ihre Venuslippen dick. (B)
- Wenn ihre Oberlippe fein ist, dann sind ihre Venuslippen schmal. (B)
- Wenn ihre Unterlippe fein ist, dann ist ihre Vagina trocken. (S)
- Hat sie einen Schnurrbart, dann sind ihre Venuslippen haarig. (K)
- Wenn nur die Oberlippe dick ist, dann sind ihre Venuslippen schmal. (K)
- Wenn ihre Zunge stark rot ist, dann ist ihre Vagina trocken. (K)
- Wenn ihre Zunge nicht spitz ist, dann ist ihre Vagina sehr feucht. (B)
- Wenn sie breite Nasenlöcher hat, dann ist ihre Vagina tief. (B)

- Wenn sie stupsnasig ist, dann liebt sie es, nicht vollständig penetriert zu werden. (K)
- Wenn ihre Nase gekrümmt ist, dann hat sie ein starkes Verlangen nach Sex. (K)
- Wenn ihre Nase gekrümmt ist, dann ist ihr Verlangen schwach. (S)
- Wenn ihre Zunge kurz ist, dann ist ihre Vagina heiß. (K)
- Wenn der Ohrkranz deutlich ist, dann ist ihre Lust schwach. (K)
- Wenn ihre Augen blau sind und ihr Kinn lang ist, dann ist ihre Vulva üppig und wenig behaart. (B, bei asch-Schayzarī werden die blauen Augen nicht erwähnt)
- Wenn ihr Kinn kurz ist, dann ist ihre Vagina tiefliegend. (B)
- Wenn sie ein breites Gesicht und einen dicken Hals hat, dann ist ihre Vulva groß und ihre Vagina eng. (B)
- Wenn ihre Beine fest und dick sind, dann ist ihr Verlangen nach dem Sex übergroß. (K)
- Weiße Frauen mit blauen Augen oder Frauen mit schwarzen großen Augen haben großes Verlangen nach Sex. (B)
- Lange und dicke Finger bei einem Mann weisen darauf hin, dass sein Penis groß ist. (K)
- Wenn die Nasenspitze eines Mannes hoch ist, dann bedeutet das, dass sein Penis krumm ist und er schlecht beim Sex ist. (K)

In dieser Aufstellung ist oft von Körperteilen die Rede, die sichtbar sind. Eine mögliche Erklärung liegt darin, dass sich damals die meisten muslimischen Frauen, zumindest die in der städtischen Gesellschaft lebenden, komplett verhüllten. Nur das Gesicht war frei, in manchen Fällen sogar nur die Augen. Möglicherweise stellte die erotische Physiognomik eine Art kollektive Fantasie dar, mit der versucht wurde, die Verschleierung zu überwinden, ja das Unsichtbare sichtbar zu machen.

Die oben erwähnten Vorstellungen waren zumindest unter

den Gesellschaftsschichten geläufig, die – wie Gelehrte und Notabeln – Zugang zu Werken der Erotologie hatten. Auch denjenigen, die mit Sklavenhandel, Prostitution oder Ehevermittlung zu tun hatten, waren sie bekannt. Da asch-Schayzarī in seinen Texten zudem zahlreiche medizinische Werke zitiert und auch antike Philosophen und Ärzte nennt, ist denkbar, dass die erotische Physiognomik zum damaligen medizinischen Wissen gehörte.

Wieder sind es allein Männer, die darüber geschrieben haben. Vielleicht steckten in den Gedanken über den weiblichen Körper und die weibliche Lust eher verborgene männliche Wünsche. Eine weitere Erklärung für die erotische Physiognomik könnte im Sklavenhandel zu finden sein. Möglicherweise handelt es sich bei den entsprechenden Texten um eine Art Werbung, denn über Frauen aus fernen Ländern wurden gern Mythen verbreitet, da die Exotisierung beim Verkauf eine wesentliche Rolle spielte.

10. Die Aphrodisiaka

In den meisten Handbüchern zu Erotologie und Sex muslimischer Autoren finden wir auch Abschnitte über die Medizin, wobei überwiegend Fragen der sexuellen Heilkunde erörtert werden. Vereinzelt wird auch die Anatomie der Geschlechtsteile thematisiert. Im Bereich der Heilkunde wurden Pflanzen, Salben und Präparate dargestellt, denen man nachsagte, die Libido, die Potenz, die Fruchtbarkeit oder den sexuellen Genuss positiv zu beeinflussen. Dieses Wissen findet sich in den meisten medizinischen Enzyklopädien der damaligen Zeit. Die arabischen medizinischen Texte, die von Muslimen sowie Christen und Juden verfasst waren, fußten auf mehreren Quellen, darunter Werke griechischer und indischer Autoren. Zwischen dem 9. und 11. Jahrhundert wurden viele Schriften aus dem Griechischen, Syrischen, Altpersischen und Sanskrit übersetzt. Darunter waren bekannte Namen wie Rufus von Ephesos (gest. 150), Galen (gest. um 205), Aristoteles (gest. 322 v. Chr.) und Hippokrates (gest. um 460 v. Chr).[1] Das übersetzte und systematisierte Wissen wurde nicht nur, wie manchmal behauptet, von den arabisch sprechenden Autoren weitertradiert, sondern vielmehr mit zahlreichen neuen Erkenntnissen bereichert.

Das Wissen über Aphrodisiaka war durchaus nicht nur der Elite vorbehalten. Neben den Ärzten hatten Heilkräuterhändler, Heiler und Hebammen solide Kenntnisse in diesem Bereich. Die Wirkung mancher Pflanzen, Wurzeln und Harze zu kennen, gehörte sogar zum Allgemeinwissen.

In den Werken von as-Samawʾal al-Maghibī, dem Verfasser einer der ausführlichsten arabischen Sexualhandbücher, oder

Nasīr ad-Dīn at-Tūsī (gest. 1274), dem berühmten persischen Universalgelehrten, sowie in den Texten von al-Kātib und Ibn Kamāl Pascha wird eine Reihe von Pflanzen, Harzen und Wurzeln genannt, denen man aphrodisierende Wirkungen zuschrieb. Die folgende Liste fasst die pflanzlichen und tierischen Zutaten, die am häufigsten in den besagten Werken vorkommen, zusammen: Kichererbsen, Ackerbohnen, Bohnen, Samen von der großen Brennnessel, der Garten-Senfrauke, der Minze, des Rapses, des Grünkohls, des Spargels, des Rettichs, der Luzerne, der Wassermelone, des Selleries und der Gartenkresse; ebenfalls Kardamom, Pfeffer, langer Pfeffer, Safran, Nelke, Paradieskörner, Saat-Lein, Sesam, Erdmandel, Granatapfel, Bockshornklee, Zimt, Muskatnuss, Erd-Burzeldorn, Tragant, Asant, die Wurzel des Aronstabes, Kurkuma, Costus, Schmetterlings-Knabenkraut, Gemüsespargel, Artischocke, Pastinake, Ingwer, mehrjähriger Bertram, Erd-Burzeldornwurzel, Myrte, Zwiebeln, kleines Knabenkraut, Trauben, gegrillte Blausterne, Zeitlose (Wurzel), Revalenta arabica, Herbstzeitlose, Pinienkerne, Manna-Esche, Pistazien, Palästina-Pistazien, Haselnüsse, Rosinengetränke, Eier, Fischeier, Wachteleier, Taubeneier, Hirne aller Art und Kamelmilch.[2]

Darüber hinaus fanden auch Mineralien, verschiedene Arten von Wasser sowie andere Substanzen als Aphrodisiaka bzw. als Zutaten für entsprechende Rezepte Verwendung. Diese Mittelchen wurden nicht nur in Form von Speisen oder Getränken hergestellt, sondern waren auch als Salben, Räuchermischungen, Schnupfpulver, Umschläge, Cremes oder Suppositorien in der damaligen Medizin bekannt.[3]

Fündig wurden die Verfasser der erotischen Handbücher in den verschiedenen etablierten Werken der Medizin und Heilkunde wie etwa jenen von Avicenna (gest. 1037), Rhazes (gest. 925) oder Ibn al-Baitar (gest. 1248).[4] Diese folgten bei ihrer Herangehensweise einer gewissen Wissenschaftlichkeit, das heißt, es wurde Wert auf Experimente gelegt, sodass es nicht nur bei bloßer Theorie blieb. Sexuelle Heilkunde konzentrierte sich nicht nur auf die Geschlechtsorgane, vielmehr wurde sie mit anderen Zweigen der Medizin verknüpft. Bei Impotenz zum Beispiel suchte man die Ursachen nicht nur in den Geschlechtsorganen, sondern vor allem auch im Gehirn, im Herzen oder in der Leber. Und je nachdem, welches Organ schwach war, wurden Präparate zu dessen Stärkung empfohlen, um so die Nebenwirkung, in diesem Fall die Impotenz, zu beseitigen.[5]

Es wurden in diesen Texten jedoch nicht nur Rezepte zur Steigerung der Lust erörtert, sondern auch Arzneien zur Anregung der Samenproduktion, zur Stärkung der Erektion, zur Verlängerung und Stärkung des Penis oder zur Verengung der Vagina genannt. Im Zentrum standen allerdings der Penis sowie die männliche Lust und Potenz. Genau wie die hellenische war auch die muslimische Tradition phallozentrisch, da die aktive männliche Penetration Priorität hatte. Das Interesse an der weiblichen Lust war zwar vorhanden und es gab auch Präparate für die Frau, die die weibliche Lust steigern oder die Vagina verengen sollten, aber das Weibliche war dem Penis untergeordnet. Von einer engen Vagina wird am Ende der männliche Penis profitieren, so der Gedanke, der sich hinter dem Interesse an diesen Rezepten verbarg. Trotz dieser Unterordnung war die muslimische Sexologie und Erotologie Daniel L. Newman zufolge von dem revolutionären Gedanken durchdrungen, dass der weibliche Orgasmus und die weibliche Lust nicht vom Orgasmus des Mannes abhängen, sondern vielmehr die Stimulierung der weiblichen Sexualorgane für das weibliche Vergnügen notwendig ist.[6] Der Mann soll die Lust der Frau extra berücksichtigen, wie Avicenna konstatiert, sonst könnte die Frau es vorziehen, mit einer anderen Frau zu schlafen.[7] Dass der Mann sich um die weibliche Lust kümmern soll, damit die Frau den Höhepunkt erreicht, ist eine Idee, die in der griechischen und römischen Kultur fehlte.[8] Durch die Übersetzung arabischer Werke sollten später europäische Ärzte diesem Gedanken begegnen. Dazu schreibt Newman:

> Die neuen Ideen über sexuelle Positionen und vor allem über die Lust am Sex – die meisten von ihnen wurden in Ibn Sinās Kanon weitergegeben – flossen sehr früh in europäische Schriften, darunter literarische Texte, Troubadour-Poesie und Capellanus' *De Amore*, ein. Der Fokus auf die Bedeutung des weiblichen Genusses beim Koitus und die Vorteile des Küssens standen im Mittelpunkt einer weiteren Innovation, die auf die arabische Tradition zurückzuführen ist: das Vorspiel.[9]

Wie bereits erwähnt, sollte der Mann in der Lage sein, die Frau zu befriedigen. Dieser Punkt, der auch in der arabisch-muslimischen Medizin hervorgehoben wurde, fand seine Resonanz in dem Wissen über die Aphrodisiaka. Dies kann eine mögliche Erklärung für die verschiedenen Präparate und Rezepte sein, die sich entweder für Männer und Frauen eigneten oder, wie es manchmal der Fall war, nur für Frauen gedacht waren.

Heute wissen wir, dass vielen Substanzen, die in den alten Schriften zu finden sind, keine aphrodisierende Wirkung zugeschrieben werden kann. Die damaligen Autoren waren indes bemüht, die Informationen über die Aphrodisiaka entsprechend dem Wissensstand ihrer Zeit zu liefern. Manche waren allerdings schon damals skeptisch und verwendeten relativierende Aussagen wie beispielsweise: «Man behauptet, dass das Gummi dieses Baumes beim Beischlaf nützlich sei.»[10] Neben dieser wissenschaftlichen Tradition gab es jedoch noch eine okkulte, die durch Zauberei den erhofften Erfolg im Bett versprach. Okkulte Rezepte finden wir nur in den erotischen Handbüchern oder in Büchern über Hexerei. In den naturwissenschaftlichen Werken der Medizin und Pharmakologie wurden sie nicht ernst genommen.

Was die Zauberei betrifft, so finden wir verschiedene Anweisungen für die Herstellung von Amuletten, die man beim Sex beispielsweise im Mund oder im Stirnband trägt. Bei manchen Rezepten handelt es sich um Salben, auf die Zauberformeln gelesen werden, mit denen man dann den Penis eincremt. Die Substanzen, aus denen die Amulette oder die «magischen» Salben hergestellt wurden, waren oft alles andere als gewöhnlich. Hier gab es die fantasievollsten Zusammensetzungen.[11] Darüber hinaus wurden erotische Geschichten als ein Mittel zur Erregung verstanden und empfohlen.[12]

11. Lobpreis von Phallus und Vulva

Die muslimische Tradition war und ist immer noch, wie bereits angemerkt, phallozentrisch. Vor diesem Hintergrund scheint es selbstverständlich, dass bestimmte Ideale und sogar Mythen um das männliche Glied entstanden. Das Interesse am Penis manifestiert sich schon in der arabischen Sprache. So listet as-Suyūṭī allein für den Penis 114 Bezeichnungen auf.[1] Dazu kommen über 97 Begriffe für die verschiedenen Teile des Penis und für die Hoden.[2] Allerdings führt er auch für das weibliche Geschlechtsteil 99 Namen auf, zudem 70 für Teile der Vagina und Vulva, von denen 28 nur für die Klitoris bestimmt sind.[3] Bei der Vielzahl von Bezeichnungen handelt es sich nicht nur um Synonyme, vielmehr werden verschiedene Formen und Merkmale der Geschlechtsteile beschrieben. Dieser sprachlichen Diversität scheint also eine vielfältige Wahrnehmung zugrunde zu liegen.

Nicht nur die Vielzahl der arabischen Begriffe ist interessant, ihre semantische Bedeutung beschert uns zudem einen Einblick in das nicht Gesagte und Unbewusste, das diese Bezeichnungen begleitet. Das zentrale und meistverwendete Wort für Penis auf Arabisch ist *dhakar.* Die dazugehörige Wurzel *dh-k-r* weist in ihrer Grundbedeutung auf das Erinnern oder Erwähnen hin. Aus der gleichen Wurzel stammen beispielsweise Termini wie *dhikr*, was die Erwähnung oder das Gedenken bedeutet. Eine weise Erinnerung *(dhikr ḥakīm)* ist beispielsweise ein Name des Korans. Somit liegt eine subtile Verbindung zwischen *dhakar* (Penis) und *dhikr* (Erwähnung/Erinnerung) vor, mit der möglicherweise die Erektion gemeint ist,[4] da der Penis sich verändert, wenn der Mann an etwas Erregendes denkt. Die Veränderung durch Vorstellungskraft zeigt sich am stärksten im Phallus. Es ist, als ob er eine Materialisierung der Vorstellung wäre. Eine andere Deutung könnte darin liegen, dass der Penis (*dhakar*) als ein Glied gedacht wurde, das uns auf etwas Anderes hinweisen will. Hier bleibt die Frage nach dem «Worauf» offen.

Außerdem bezeichnet *dhakar* nicht nur den Penis, sondern auch das Maskuline. Das könnte also bedeuten, dass der Mann maskulin ist, wenn er einen Penis besitzt. Im arabischen Sprachgebrauch wird zwischen Männlichkeit und Maskulinität unterschieden. Maskulinität (*dhukūra*) kann nur ein «Penisbesitzer» haben, aber Männlichkeit (*rudschūla*) bzw. die Rolle eines Mannes kann auch eine Frau innehaben.

Faradsch, die arabische Bezeichnung für Vagina, ist aus der Wurzel *f-r-ğ* gebildet, was nicht nur Öffnung bedeutet, sondern auch Erlösung, wobei der Begriff sowohl für das weibliche als auch das männliche Geschlechtsteil verwendet werden kann. Er wird aber mehrheitlich für die Vagina benutzt.[5] Eine in der erotischen Literatur gängigere Bezeichnung der Vulva ist *al-hirr.* Dies ist einzigartig, weil eine Wurzel zugrunde liegt (*h-r-h*), aus der nur dieser Terminus abgeleitet wurde.[6] Allerdings weist diese Wurzel eine Nähe zu weiteren Begriffen wie *harr* (Hitze) oder *hurr* (frei) auf. Und dies kann interessante Konnotationen hervorrufen.

Weder das männliche noch das weibliche Geschlechtsteil war in den muslimischen Traditionen im Laufe der Geschichte Gegenstand einer Bewertung. Die Vagina als Schimpfwort beispielsweise ist in den meisten muslimischen Kulturen trotz ihrer sprachlichen Diversität unbekannt, mit Ausnahme der Kombination mit anderen Wörtern wie etwa «derjenige, der die Vagina seiner Mutter fickt». Hier ist allerdings die Handlung Gegenstand der Abwertung und nicht das Geschlechtsteil an sich. Ein Phänomen wie Vulva-Shaming ist daher in diesem Kontext unbekannt. Im Gegenteil: In der klassischen Literatur wurde die Vulva in zahlreichen Gedichten und Anekdoten positiv erwähnt. Bei den Autoren dieser Texte handelte es sich allerdings nicht immer um Männer. In der Tat gibt es einige Gedichte von Frauen. Hier wäre zum Beispiel die Dichterin ʿAmra bint al-Hamāris (7. Jahrhundert) zu erwähnen, von der einige Verse über ihren eigenen Körper und ihre Vulva überliefert sind. In einem Gedicht heißt es:

> Lust auf eine glatte Vulva,
> nach Safran duftend!
> So eng wie eine Tülle, so voll wie Höcker,
> dass ein Penis darin ersticken würde.
> Ja, süßer als Honig ist sie für den Genießer.[7]

In einer Anekdote, tradiert von al-Kātib, trifft der berühmte Dichter Abū Nuwās (gest. 815) vier Palastdienerinnen, die ihn darum bitten, seinen Penis in einem Gedicht zu beschreiben. Er beharrt allerdings darauf, dass sie zuerst über ihre Vulven erzählen. So trägt jede ein Gedicht vor:

> Die Erste:
> Meine Vulva schäme ich mich nicht zu beschreiben:
> Seidig wie eine Bullenstirn, prall und leicht erregbar,
> geschmückt mit Rasur und Amberduft.
> Ja, sie ist das Schönste, das man je sah!
> Der Glückliche, der in ihr ruht,
> spürt an ihren beiden Seiten die Glut.
> Die Zweite:
> Meine Vulva ist üppig und verzaubernd
> und durch Form und Enge verschönert.
> Du würdest denken, darin ist ein Brand.
> Sauber, parfümiert und rasiert,
> wohlriechend, dufttropfend und gespalten.
> Wer sie nicht fickt, ist der wahre Unglückliche.

Die Dritte:
Meine Vulva ist üppig und entzückend.
Ihre Venuslippen sind wie gefaltete Seile.
In ihr glüht ein verborgenes Feuer.
Wer sie nicht fickt, ist der Elende,
der Erfolglose, der Ertrunkene, der Wertlose.
Wer sie aber fickt, ist der Herr,
der Fürst, der Nahe, der Freund.
Die Vierte:
Meine Vulva ist üppig und glatt,
perfekt, mit Moschus und Safran parfümiert,
leicht erregbar und mit Venushügel geschmückt.
Sie ist so, als ob in ihr ein Feuermeer brennt.
Zwischen ihren Seiten ist ein rotes Hemd
wie ein geöffneter Granatapfel!
Wer sie nicht einmal gefickt hat, ist wirklich ein Verlierer.[8]

Solche Gedichte vermitteln uns die Vorstellungen, die man von der Vulva hatte. Denn die Schönheitsideale bezogen sich nicht nur auf die Form des Körpers oder des Gesichtes, sondern schlossen die Vulva und den Penis mit ein. Trotz der regionalen und epochalen Unterschiede der Schönheitsideale scheinen auch hier einige Merkmale weit verbreitet gewesen zu sein. Als schön galt unter den Arabern beispielsweise eine üppige Vulva mit großen, prächtigen Schamlippen. Darüber hinaus galt: Je enger die Vagina, desto begehrter war sie.[9] Ibn Kamāl Pascha fügte noch hinzu, dass die Vagina nicht allzu feucht sein durfte. Die übermäßige Feuchtigkeit galt als ein Makel.[10]

Überdies sollte die Vulva rasiert und sauber gehalten sein. Diese zwei Punkte galten auch für den Penis und haben eine religiöse Grundlage. Jede Muslima und jeder Muslim ist nämlich verpflichtet, das Geschlechtsteil nach dem Urinieren zu säubern, empfohlen wird dabei eine gründliche Reinigung mit Wasser.[11]

Zur Pflege der Geschlechtsteile gehört auch die Entfernung der Schamhaare, welche in der muslimischen Normenlehre nachdrücklich empfohlen ist. Als verpönt gilt es, wenn die Schamhaare länger als vierzig Tage nicht rasiert bzw. gekürzt werden.[12] Dazu dienen neben den hierfür geeigneten Rasierklingen und Scheren auch Enthaarungspasten. Die gepflegte Vulva bzw. der gepflegte Penis sind somit nicht nur Bestandteil der Schönheitsideale, sondern gehören auch zu den religiösen Vorschriften der Muslime, die sich allgemein etabliert haben. Darüber hinaus konnte die Vulva auch parfümiert und mit Salben gepflegt werden. Wie wir schon aus den oben zitierten Gedichten erfahren haben, waren unter anderem Safran, Moschus und Amber beliebte natürliche Mittel, um die Vagina zu parfümieren. Eine gängige Praxis bestand auch darin, den Körper und die Geschlechtsteile durch das Räuchern von Adlerholz oder Kampfer zu parfümieren.[13]

Im antiken Griechenland galten große Penisse als grob und hässlich. Sie wurden eher in die Sphäre der Abstraktion oder Karikatur verbannt und als eine Eigenschaft der Barbaren wahrgenommen.[14] Die Araber hingegen sowie andere muslimische Völker haben die Größe des Penis idealisiert. In den zahlreichen Gedichten und Anekdoten, die den Penis thematisieren, wird er für seine Größe, seinen Umfang und seine Härte gelobt. Ein schöner Penis war prächtig und Furcht einflößend. Der frivole Dichter Ibn ar-Rūmī (gest. 896), der häufig mit dem Sufi-Dichter Rūmī (gest. 1273) verwechselt wird, beschrieb seinen Penis so:

> Ein Penisschaft, der Rippen und Wirbelsäule besaß.
> Er stillt ihren Durst durch das Bohren.
> Ein Penisschaft, mit verflochtenen Adern.
> Er hat zwei Ohren. Ja er kann sehen und hören![15]

Bei dem Dichter Dschahschawayh (9. Jahrhundert) heißt es:

Er ist ein glühender Penisschaft,
als ob er brennt.
Er verzaubert dich, weil er schön ist,
und weil er glänzt.[16]

Von einer gewissen Dschamīla al-ʿAnbariyya zitiert as-Suyutī die folgenden Verse, in denen sie den Penis ihres Mannes beschreibt:

Einen prallen Schaft und starken Pfeil hat er,
als ob er ein gesatteltes Pferd wäre.
Reite ich ihn, so ist es,
als ob ich aus einer Kanzel predige.[17]

Oft wurde der Penis mit Tieren wie Pferden, Kamelen, Löwen oder Hyänen verglichen, manchmal auch zu einem selbstagierenden Subjekt gemacht. Neben der Größe und Härte galten bei den frühen Arabern auch die sichtbaren Adern – wie oben in den Gedichten erwähnt – als ein Schönheitsmerkmal des Penis. Die Beschreibung der durchscheinenden Adern, die stark hervortreten und wie verflochten aussehen, taucht in mehreren Texten auf.[18] Es ist daher nicht verwunderlich, dass man sich auch Gedanken über medizinische Präparate und Salben machte, die für die Penisvergrößerung geeignet waren. Fast in jedem Handbuch über Erotik wurde dieser Punkt thematisiert. So praktizierten Araber zum Beispiel bestimmte Lingam-Massagen mit dem Ziel, dem Phallus mehr Volumen und Größe zu verleihen.[19]

Dass der Penis mit Eigenschaften wie Stärke, Größe, Majestät assoziiert wurde, darf uns nicht zu dem Gedanken verleiten, dass die Vulva mit den gegenteiligen Eigenschaften geschmückt wurde. Eine Verniedlichung der Vulva ist uns in der klassisch-arabischen Literatur nicht bekannt. Vielmehr wurde sie genauso mit Eigenschaften der Stärke beschrieben. Ein Gedicht einer Frau namens Umm al-Ward, das uns durch al-Kātib überliefert ist, veranschaulicht diese Tatsache näher. Darin beschreibt sie ihre Vulva folgendermaßen:

> Halt an! Du triffst auf einen reifen Löwen,
> fest, glatt und mit Safran parfümiert.
> Wen er angreift, lässt er zurück
> als Verlierer, als Gebrochenen, als Verängstigten.
> Vor ihm wird im ganzen Lande weggerannt,
> als ob der rote Tod geblickt wurde,
> als ob er ein angriffslustiger, tapferer Löwe wäre.[20]

Sprache schafft Wirklichkeiten. Es macht definitiv einen großen Unterschied, wenn die Vulva als ein angriffslustiger aktiver Löwe beschrieben wird. Solche Texte können nicht nur für den heutigen muslimischen Diskurs, der seiner eigenen Tradition fremd geworden ist, von Bedeutung sein, sondern allgemein für die weibliche Emanzipation, die immer noch sehr stark eurozentriert ist. Dieser und andere Texte zeigen uns, dass es Kulturen gab, in denen die Vulva nicht als niedliches «Kätzchen», ja als «Pussy» dargestellt wurde, sondern auch als etwas Aktives und Majestätisches. Allerdings bedeutet das nicht, dass die Frau gleichberechtigt war und auf einer Stufe mit dem Mann agierte. Außerdem können wir solche Bilder über die Vulva nicht für die gesamte muslimische Geschichte rekonstruieren. Fakt ist indes, dass es solche Sprachbilder und diese Wahrnehmung der weiblichen Sexualität gab, zumindest unter arabischen Beduinen und in den Großstädten der Abbasiden. Fragmente aus anderen Epochen sind zusätzlich vorhanden in Form von Anekdoten. Hier bilden die vielen Geschichten aus Tausendundeiner Nacht eine reiche Quelle an Informationen. Zumindest im Bereich des Sexes galt die Frau nicht als der schwache Teil der Mann-Frau-Konstellation. Die Stereotypen in Bezug auf die vermeintlich schwache muslimische Frau sollten deswegen mit Vorsicht betrachtet werden.

Den muslimischen Autoren scheint darüber hinaus das indische Kamasutra bekannt gewesen zu sein. Zwar kennen wir keine alte Übersetzung ins Arabische, aber es ist nicht auszuschließen, dass es eine gab, die verloren ging, oder dass Teile des Kamasutra über andere indische Texte, die ihren Weg ins Arabische fanden, rezipiert wurden. Einiges spricht für die zweite Möglichkeit, da in den muslimischen Quellen häufig von einem namenlosen «Inder» (al-Hindī) die Rede ist oder *hukamā' al-hind*, den Weisen Indiens, bestimmte Informationen zugeschrieben werden. Das stärkere Argument bleibt allerdings die wortwörtliche Übernahme von Kategorien und manchmal von Abschnitten, die wir aus dem Kamasutra kennen. So findet sich beispielsweise die Einteilung der Geschlechtsteile in die drei Kategorien groß, mittel und klein. Jeder Größe wurde ein Tiername gegeben. Der große Penis und die breite Vagina wurden Elefant bzw. Elefantenkuh genannt, die mittelgroßen Geschlechtsteile Hengst bzw. Stute. Was den kleinen Penis angeht, so wurde er als Schaf, und die enge Vagina als Mutterschaf bezeichnet. Im indischen Text hingegen erschienen die Ausdrücke Hengst, Stier, Hase, Gazelle, Stute und Elefantenkuh.[21] Man hat hier wahrscheinlich die Tiernamen kulturell angepasst, ansonsten entsprechen die Konstellationen, die aus den sechs Tieren entstehen, genau dem, was wir im Kamasutra finden. In einem nächsten Schritt wurden die Geschlechtsteile nach drei Stufen des Lustempfindens gepaart: hohe, mittlere und gar keine Lust bzw. eher Schmerzen. Hier ging es also um die Frage, welcher Penis zu welcher Vagina passt. Die folgende Tabelle, die auf den Werken von asch-Schayzarī und Ibn Kamāl Pascha basiert,[22] soll das veranschaulichen:

	Der Elefant	**Der Hengst**	**Das Schaf**
Die Elefantenkuh	hohe Lust	mittlere Lust	keine Lust
Die Stute	mittlere Lust	hohe Lust	mittlere Lust
Das Mutterschaf	keine Lust	keine Lust	hohe Lust

Neben der Größe spielte auch die Form der Vulva und die Dauer, die eine Frau bis zum Orgasmus braucht, eine Rolle bei der Bestimmung der idealen Sexpartner. Ibn Kamāl listet beispielsweise für jede Kategorie von Frauen die passenden Penisse und Techniken auf, damit sie den sexuellen Akt genießen können.[23]

12. Geschlechtsverkehr und Genuss

Nachdem der Geschlechtsverkehr bisher in unterschiedlichem Zusammenhang erwähnt wurde, soll im Folgenden auf den Liebesakt im engeren Sinne eingegangen werden. Insbesondere den normativen Diskurs wollen wir hier genauer unter die Lupe nehmen. Wie bereits angemerkt, ist die sexuelle Beziehung zwischen Mann und Frau im Rahmen eines *nikāh*, also eines Ehe- bzw. Beischlafvertrags, positiv besetzt. So ist den Muslimen der Gedanke, den sexuellen Akt vor dem Gottesdienst als Hindernis anzusehen, fremd. As-Sarachsī (gest. 1090), einer der wichtigsten hanafītischen Gelehrten, schrieb dazu in seinem Werk *al-Mabsūt*:

> Das natürliche Ziel des *nikāh* ist die Befriedigung der Lust und der normative Zweck ist die Nachkommenschaft.[1]

Ahmad an-Nafrāwī (gest. 1714), einer der renommierten mālikītischen Rechtsgelehrten, erklärte in diesem Zusammenhang:

> Er *(der nikāh)* hat mehrere Vorteile. Der größte Vorteil ist die Abwendung des von der Lust verursachten Drucks. An zweiter Stelle ist der nikāh auch der Grund für [das Aufrechterhalten] zweier Leben, nämlich eines vergänglichen Lebens, in dem man sich fortpflanzt, und eines ewigen Lebens. Denn der Geschlechtsverkehr weist auf den jenseitigen Genuss hin. Kostet man die Sexwonne, so wird man ermutigt, Gutes zu tun, sodass man dadurch die jenseitige Wonne erreicht, die gewaltiger ist.[2]

Es geht somit beim Geschlechtsverkehr nicht nur um die Fortpflanzung und die Nachkommenschaft, sondern auch um die menschliche Lust, sowohl um die vergängliche als auch um die jenseitige Lust. Sex und Lust wurden in der klassisch-muslimischen Vorstellung als Teil der menschlichen Natur verstanden. Zwar soll dies in einem bestimmten Rahmen vor sich gehen, aber der Akt an sich gilt als eine Handlung wie jede andere. Nach dieser *Natürlichkeit* des Sexes wurde auch in der Koranexegese gesucht. Über die Stelle «Unser Herr ist Der, Der jeder Sache Gestalt gab, sodann rechtleitete»[3] sagte Ibn ʿAbbās, der Cousin des Propheten, dass mit der Rechtleitung in diesem Zusammenhang der Geschlechtsverkehr gemeint sei.[4] Und «Zuneigung» im Vers «Und es gehört zu Seinen Zeichen, dass Er für euch aus euch selbst Partner erschaffen hat, sodass ihr bei ihnen Ruhe findet; und Er hat Zuneigung und Barmherzigkeit zwischen euch gesetzt»[5] wurde mit Sex erklärt.[6] Es gehört also zu den Gnaden Gottes, dass er die Lust und das Begehren in den Menschen erschaffen hat. Wenn nun die sexuelle Vereinigung eine von Gott gewollte Handlung ist, dann kann sie, theologisch gesehen, nicht mit negativen Eigenschaften besetzt werden. Diese Haltung spiegelte sich in der gesamten muslimischen Tradition wider, und zwar nicht nur in der Normenlehre, sondern in allen Bereichen der Kultur und des Lebens.

Der Geschlechtsverkehr wurde nicht nur positiv betrachtet, sondern vielmehr als eine gottesdienstliche Handlung eingestuft, die Gott belohnt, falls sie in einem normativ erlaubten Rahmen stattfindet. Mehrere Prophetenaussagen sind überliefert, in denen er seinen Gefährten erklärt, dass der Geschlechtsverkehr eine Wohltat sei, die man sich selbst und seiner Partnerin erweise.[7] Das erklärt auch, warum der Sex in der muslimischen Normenlehre nicht nur qualitativ, sondern auch quantitativ zu begrüßen ist.[8] Dazu wird vom Kalifen ʿUmar in Anspielung auf das Mönchtum überliefert: «Es gibt keine Übertreibung, was den [Geschlechtsverkehr] mit Frauen betrifft. Sich der Frauen zu enthalten ist weder ein Gottesdienst noch eine Form der Askese.»[9]

Die Lust wurde bei muslimischen Gelehrten als bedeutsam eingestuft, war ihnen doch die Wirkung der unbefriedigten sexuellen Lust bewusst. Allerdings forderten sie nicht, das Verlangen zu unterdrücken oder mit Anbetung und Askese zu überwinden. Fasten oder Enthaltsamkeit wurden als temporäre Lösungen betrachtet. Ansonsten ist die Lust im Rahmen des sexuellen Aktes zu befriedigen. Die Sorge um die unbefriedigte Lust schlug sich auch in der Koranexegese nieder. Unter dem Begriff «das Unerträgliche» in der Stelle «Unser Herr, bürde uns nichts auf, was wir nicht ertragen können»[10] verstand der Exeget Mudschāhid (gest. 722) die Lust. In einer weiteren Auslegung aus dem 8. Jahrhundert von Makhūl (gest. um 730) wird der Begriff als das Junggesellenleben, die Lust und Erektion gedeutet.[11] Das Bild über den Geschlechtsverkehr, das wir im Koran finden und dem wir später in weiteren Texten begegnen, hat etwas von der Unkompliziertheit, mit der die vorislamischen Araber mit dem Thema umgingen.

Foucault schreibt, dass sich im Viktorianischen Zeitalter das Schweigen um den Sex ausgebreitet habe. «Was nicht auf Zeugung gerichtet oder von ihr überformt ist, hat weder Heimat noch Gesetz. Und auch kein Wort.»[12] Fast ein gegenteiliges Bild zum Schweigen zeichnet die vormoderne muslimische Haltung gegenüber dem Sex aus. Insbesondere eine Untersuchung der Sprache bringt einige vergessene Schichten ans Tageslicht. Denn das Interesse einer Kultur an Sex zeigt sich am deutlichsten in der Sprache. Allein für den Geschlechtsverkehr listet as-Suyutī in der arabischen Sprache, die weitere Sprachen beeinflusst hat, über vierhundert Wörter auf.[13] Ihm zufolge sammelte Ibn al-Qattāʿ (gest. 1121), ein weiterer Linguist, in diesem Zusammenhang eintausend Wörter.[14] Die Verben und Substantive, die wir in as-

Suyūṭīs Liste finden, beschreiben unterschiedliche Formen des Geschlechtsverkehrs. Beispielsweise vermitteln sie Details, was die Position angeht, oder geben Hinweise auf die ästhetische bzw. poetische Beschreibung des Aktes. Die Verben, die in der arabischen Sprache für die aktive Sexhandlung in Gebrauch sind, werden in der Hochsprache üblicherweise nicht als vulgär empfunden, und man begegnet ihnen sowohl in der Normenlehre oder Koranexegese als auch im Bereich der Literatur, wie wir später noch sehen werden. Jedoch fand der Diskurs um den Geschlechtsverkehr auf mindestens zwei Ebenen statt, die sich stark voneinander unterscheiden: auf der normativen und der gesellschaftlich-praktischen. Jede dieser Ebenen war wiederum untergliedert. Der Rechtsgelehrte ist in erster Linie an der Regulierung und Kategorisierung interessiert. Aus diesem Grund finden wir in den Werken der Normenlehre die Diskussion über das, was beim Sex verpflichtend, empfohlen, erlaubt, verpönt oder verboten ist.

Das Recht auf Sex

Die Normen um den Sex wurden aus einer männlichen Perspektive gefasst. Am deutlichsten erkennbar ist das bei der Frage nach dem Recht auf Sex. Konsens besteht unter den klassischen Gelehrten, dass der Mann das Recht auf Geschlechtsverkehr mit seiner Frau hat, wann immer er das will und solange keine Hindernisse vorliegen wie etwa die Menstruation.[15] Manche Gelehrte sahen es als eine große Sünde an, wenn die Frau ohne Grund sich weigerte, mit dem Mann zu schlafen. Diese Position wurde durch einige Aussagen des Propheten untermauert, in denen er die Frauen vor dem Zorn Gottes warnt, wenn sie den Ruf ihrer Männer nicht erwiderten.[16] Hierbei spielte die Vorstellung, die die damaligen Gelehrten von der menschlichen Sexualität hatten, eine entscheidende Rolle. Die Menschen gingen nämlich von einer passiven Rolle der Frau aus, die deswegen körperlich immer bereit sein müsse, den Mann als das aktive Subjekt zu empfangen. Der ungleichen Behandlung der Geschlechter, was das Recht auf Sex betrifft, liegt psychoanalytisch eine Angst des Mannes um sich selbst zugrunde, ja eine männliche Zerbrechlichkeit. Nach Meinung der klassischen Gelehrten darf die Frau nicht das gleiche Recht haben, weil der Mann nicht immer zum Akt in der Lage ist, das heißt nicht immer potent ist, nicht immer eine Erektion haben kann. Dieses Hindernis sei bei der Frau nicht vorhanden. Die damaligen Gelehrten wussten aber mit Sicherheit, dass die Frau auch ohne Penis zu befriedigen ist. Diese Angst vor der eigenen Schwäche lesen wir beispielsweise in der folgenden Erklärung des andalusischen Gelehrten al-Qurtubī:

> Der Mann ist nicht in jedem Moment, in dem die Frau ihn verlangt, körperlich bereit und in der Lage, eine Erektion zu bekommen, im Gegensatz zu der Frau.[17]

Die männliche Dominanz des Diskurses zeigt sich darin, dass über die weibliche Lust gesprochen wurde, ohne die Sichtweise der Frau mit einzubeziehen. Der Mann hat im Lichte seines eigenen Selbstverständnisses die Lust und die Bedürfnisse des anderen Geschlechtes bestimmt. Dieses Phänomen ist nicht etwas typisch Muslimisches, sind doch auch in westlichen Gesellschaften bis heute die männlichen Stimmen dominierend. Beispielsweise wurde die Vergewaltigung in der Ehe erst 1997 in den Vergewaltigungsbegriff der deutschen Gesetzgebung aufgenommen.

Der Blick auf das Sexleben der Frauen war von einer Mischung aus damaligen medizinischen Erkenntnissen und Mythen bestimmt, was die Normenfindung der muslimischen Gelehrten entscheidend beeinflusste. Heute gibt es jedoch zahlreiche Stimmen, die das unbedingte männliche Recht auf Sex relativieren. Während die frühen Gelehrten nur über körperliche oder rituelle Hindernisse sprachen, werden heute unter Muslimen auch psychologische Gründe für die Ablehnung des Sexes mit dem Mann genannt. Diese wird allerdings nach wie vor unterschwellig als etwas Verbotenes bzw. Verpöntes angesehen. Dass man jetzt neue Hindernisse in Betracht zieht, geht indes an der eigentlichen Frage vorbei, die in der muslimischen Theologie gestellt werden muss: Warum benötigt das weibliche Nein stets eine Begründung, und warum ist das unbegründete Nein weiterhin ein männliches Privileg? Abgesehen von einzelnen Ausnahmen kennen die Rechtsgelehrten – sowohl früher als auch heute – die Idee des gleichberechtigten weiblichen Subjektes nicht. Der Frau wurde zwar auf der einen Seite in vielen Bereichen Mündigkeit und Selbstbestimmung zugestanden, auf der anderen Seite jedoch hat sich ihr Wille zumeist dem männlichen unterzuordnen. Inzwischen gibt es jedoch eine Bewegung von Gelehrten, die dazu aufrufen, die Entwicklungen und die neuen Erkenntnisse der Medizin, Psychologie, Anthropologie sowie der Sozial- und Kulturwissenschaften in die Normenlehre zu integrieren, um das alte Bild zu überwinden.

In der Geschichte der muslimischen Normenlehre wurde überdies eine interessante Diskussion um das Recht der Frau auf Sex geführt, in der vor allem gefragt wurde, welches Mindestmaß an Sex der Frau zusteht. Dabei ging es nicht um eine reine Empfehlung, sondern um eine Norm, die – zumindest theoretisch – rechtliche Konsequenzen nach sich ziehen könnte, falls sie nicht eingehalten wird. Hält der Mann sich nicht daran, dann handelt er unrechtmäßig, weshalb die Frau in manchen Fällen das Recht hat, die Scheidung zu verlangen.

Nach Ansicht der Hanafiten ist der Mann, rechtlich betrachtet, nur einmal im Leben zum Sex mit seiner Frau verpflichtet. Alles, was darüber hinausgeht, ist kein Muss, sondern gehört zum guten Umgang. Die Schāfiʿīten wiederum vertreten sogar die Meinung, dass der Mann gar nicht mit seiner Frau schlafen muss und kein Richter ihn dazu zwingen darf, es also keine Sünde sei, den Sex mit seiner Frau zu unterlassen. Ethisch gesehen, so betonen sie allerdings, sei es besser, wenn der Mann mit seiner Frau Sex hat.[18] Nach dieser misogynen Argumentation darf ein Mindestmaß an Sex nicht rechtlich geregelt werden, weil Sex von der Lust und Zuneigung abhängt, die nicht künstlich aufrechterhalten werden können. Allerdings stellt sich hier die Frage, warum die schāfiʿītischen Gelehrten dies nur für die Männer so sehen. Warum sollen Lust und Zuneigung keine Rolle spielen, wenn die Frau sich dem Sex entzieht?

Den Hanbalīten zufolge muss der Mann mindestens einmal in vier Monaten mit seiner Frau schlafen, um seine eheliche Pflicht zu erfüllen. Daneben existiert eine Minderheitsmeinung, nach der es hier kein rechtliches Mindestmaß gibt, sich dieses vielmehr von Fall zu Fall unterscheidet und es in diesem Zusammenhang das Wichtigste ist, die Frau sexuell zu befriedigen.[19]

Die Mālikīten schließlich vertreten die Ansicht, dass der regelmäßige Sex eine Pflicht des Mannes ist. Empfohlen ist er mindestens einmal in vier Tagen. Hält der Mann dies nicht ein, dann darf die Frau ihn anklagen. In diesem Fall muss der Richter dem Mann befehlen, mit der Frau mindestens alle drei oder vier Tage zu schlafen.[20]

Diese Regelungen waren allerdings eher theoretischer Natur und standen in Rechtsbüchern, die mehr für Rechtsgelehrte und Richter gedacht waren. Die Richter brauchten handfeste Leitlinien, anhand welcher sie urteilen konnten. Daher ist es äußerst unwahrscheinlich, dass das Sexleben der Muslime im Laufe der Geschichte von diesen starren Normen geregelt war. Die gesellschaftliche Praxis war mehr von der Kultur und ihrem Kontext als von rechtlichen Normen geprägt. Die Frage nach dem Mindestmaß an Sex ist eine theoretische Frage, die nur vor dem

Richter bei einem ehelichen Streit Relevanz hatte. Lust, Zuneigung, Potenz, körperliche und geistige Verfassung, familiärer und gesellschaftlicher Hintergrund der beiden Partner sind die Variablen, die das Sexleben der Menschen damals und heute bestimmen.

Genuss und Orgasmus

Die oben erwähnten Auffassungen lesen sich so, als ob die Rechtsgelehrten den Sex nur als eine eheliche Pflicht ansahen, die einfach zu erfüllen war. Dieser Schein trügt. Vielmehr wurde das Thema von den gleichen Rechtsgelehrten auch jenseits der juristischen Ebene erörtert. Nicht selten finden wir in den Werken zur Normenlehre Kapitel über die Gepflogenheiten beim Sex, also eine Art Sexratgeber. Der Sex wird dort als eine Handlung beschrieben, die genussvoll sein und die Lust beider Partner berücksichtigen soll. Ibn al-Hāddsch (gest. 1336), ein Gelehrter, der eher für seine Ernsthaftigkeit und Strenge bekannt ist, behandelte auf mehreren Seiten die Etikette beim Geschlechtsverkehr. Das, was er schilderte, kann für die gesamte muslimische Tradition stehen. Zum Beispiel betont er die Wichtigkeit des Vorspiels:

> Man soll nicht wie die Unwissenden handeln, die die Frau ohne jeden Übergang penetrieren. Vielmehr soll man mit der Frau spielen und in einer erlaubten Weise mit ihr kokettieren, durch Berührungen, Küsse und Ähnliches. Erst wenn man merkt, dass sie sich wohlfühlt und für den Akt bereit ist, erst dann kann man mit ihr Geschlechtsverkehr haben.[21]

Ein weiterer Autor, Ibn Qudāma al-Maqdisī (gest. 1223), hebt das Gleiche hervor:

> Es ist empfohlen, dass der Mann mit seiner Frau zuerst kokettiert, sodass er ihre Lust erweckt und damit sie dasselbe Vergnügen beim Sex wie der Mann spürt.[22]

Diese Empfehlungen gehen auf den Propheten zurück. In einer Aussage von ihm lesen wir: «Schlafe mit der Frau erst, wenn sie die gleiche Lust wie du empfindet.»[23] An anderer Stelle wird von ihm überliefert: «Ihr sollt über eure Frauen nicht wie Vieh herfallen, sondern lasst einen Botschafter zwischen euch sein.» Seine Gefährten fragten ihn nach diesem Botschafter. Er erwiderte: «Das Küssen und Reden».[24]

Wir haben in diesem Zusammenhang bereits Daniel L. Newman zitiert. In Anlehnung an die Studien von Danielle Jacquart und Claude Thomasset stellt er fest, dass das Vorspiel und seine Rolle beim Sex sowie die Vorzüge des Küssens erst durch die arabischen Werke im mittelalterlichen Europa ins Bewusstsein traten.[25] Diese Praktiken scheinen damals keine große Rolle in der christlichen Tradition gespielt zu haben. Der Position der Muslime zufolge dient der Sex nicht nur der Fortpflanzung, sondern auch dem Genuss. Daher kamen die Bemühungen, das Vergnügen durch die verschiedenen Mittel und Praktiken zu maximieren.

Im Gegensatz zur formalrechtlichen Perspektive wird hier der Sex in einer menschenfreundlichen Form geschildert. Der Geschlechtsverkehr soll nicht nur der männlichen Lust dienen, sondern gleichzeitig auch die sexuellen Bedürfnisse der Frau erfüllen. So schreibt Ibn al-Hāddsch: «Findet der Sex ohne Vorspiel statt, dann kann es sein, dass sie unbefriedigt bleibt, und das kann sie bedrücken.»[26] Und vom Propheten wird Folgendes berichtet: «Wenn ein Mann mit seiner Frau schläft, so soll er mit ihr vorher spielen, und falls er seine Lust stillt, so soll er nicht voreilig sein, bis die Frau auch ihre Lust stillt.»[27] Ibn Qudāma, einer der bedeutendsten Vertreter der hanbalītischen Schule, kommentiert diese prophetische Aussage in seinem Werk al-Mughnī folgendermaßen:

> Es ist verpönt, dass, wenn der Mann seinen Höhepunkt erlangt, er seinen [Penis] herauszieht, bevor die Frau ihre Lust stillt. Denn dies [das heißt die unbefriedigte Lust] schadet der Frau. Darüber hinaus hindert [das Aufhören] sie, ihre Lust zu befriedigen.[28]

Ibn al-Hāddsch spricht in Bezug auf den Sex von einem Recht, das auch der Frau zustehe.[29] Wir dürfen hier nicht vergessen, dass dieser Autor der mālikītischen Schule angehörte, die, wie wir gesehen haben, eine eher frauenfreundliche Position hinsichtlich des Sexes vertritt. Ferner geht es nicht nur um das Recht auf Sex und Befriedigung, sondern auch um die Sorge, dass eine Frau, deren Bedürfnisse nicht gestillt wurden, Sehnsucht nach einem anderen Mann verspüren könnte.[30] Den Blick auf die Frau als ein Wesen, dessen Lust unkontrollierbar ist, ja ein Wesen, das ausschweifen kann, falls es unbefriedigt bleibt, finden wir bei verschiedenen muslimischen Autoren der Vormoderne. Bei der Interpretation des Korans oder der Aussagen des Propheten haben die Gelehrten die Spuren ihrer Sozialisierung und ihres Frauenbildes hinterlassen.

Wie auch immer die Begründung für die Befriedigung der Frau aussah, Fakt ist, dass die weibliche Lust von diesen muslimischen Gelehrten ernst genommen wurde. Davon zeugen die damaligen Sexratgeber und erotologischen Werke. Al-Kātib beispielsweise untersucht in einer langen Ausführung den weiblichen Orgasmus und fasst die Ansichten der Inder und antiken Griechen zusammen – ohne Bewertungen, die man sonst aus den normativen Büchern kennt.

Ibn Kamāl betont die Bedeutung des Vorspiels und des Gesprächs vor dem Sex, aber auch danach. Das Schweigen nach dem

Sex könne von der Partnerin negativ empfunden werden und gehöre nicht zum guten Charakter.[31] Darüber hinaus tauchen in den meisten erotologischen Werken die gleichen Empfehlungen auf. In der muslimischen Erotik, wenn wir uns die Benutzung eines solchen Begriffes erlauben, nimmt die Hygiene eine zentrale Stellung ein. So ist es empfehlenswert, wenn Mann und Frau gepflegt aussehen. An-Nafzāwī (16. Jahrhundert), ein Hofgelehrter aus dem heutigen Tunesien, merkte in seinem Buch *ar-rawd al-ʿātir* an, dass Frauen ungepflegte und schmutzige Männer abstoßend fänden. Daher empfiehlt er:

> Wenn du vorhast, Sex zu haben, dann parfümiere dich, besser wäre noch, wenn ihr euch beide parfümiert. Danach küsse, beiße und liebkose sie [...] bis du die Lust in ihren Augen siehst, erst dann legst du dich zwischen ihre Beine und führst deinen Penis in sie ein. [...] [Vor der Penetration ist empfehlenswert, wenn] du ihren Mund, Hals, Brust, Bauch und Seiten, rechts und links, so lange küsst und liebkost, bis sie in deinen Händen schmilzt.[32]

Parfums und schöne Düfte wurden in der muslimischen Tradition mit der Erotik in Verbindung gebracht, aus diesem Grund ist zum Beispiel die Benutzung von Duftölen oder anderen Duftstoffen während der Pilgerfahrt in Mekka untersagt. Die Rechtsgelehrten haben dieses Verbot damit begründet, dass Düfte die sexuellen Begierden erwecken können.[33] Der schöne und anziehende Geruch ist allerdings nur ein Teil des Genusses. Der sexuelle Akt wurde ganzheitlich gedacht, deshalb ging es nicht nur um die Penetration allein. Guter Sex soll laut al-Kātib alle Sinne befriedigen:

> Jeder Sinn ist beim Sex mit dem jeweiligen Genuss beschäftigt. Das Auge genießt den Anblick, der Mund das Küssen,

> die Nase den Duft. Aus diesem Grund soll das Ohr auch erregende Wörter hören, insbesondere wenn sie das Herz entzücken. [...] So vervollständigt sich der Genuss. Denn der Genießer vereint all diese Wonnen in einer einzigen Person.[34]

Die Kluft zwischen normativem Denken und Praxis zeigt sich insbesondere, wenn es um Stöhnen und Reden während des Liebesakts geht. Denn in der Normenlehre wurde empfohlen, den Sex diskret und leise zu praktizieren, hingegen schien dies die Menschen und sogar manche Gelehrte selbst nicht zu interessieren. Vielmehr wird das laute Stöhnen und das Liebesgeflüster in fast allen hier untersuchten erotologischen Werken gelobt und empfohlen.

Al-Kātib überliefert beispielsweise, dass Aischa bint Talhā (gest. um 729), die Tochter eines der bekanntesten Prophetengefährten, berühmt gewesen sei für ihr lautes Stöhnen.[35] Und Saʿīd ibn al-Musayyib (gest. 715) und al-Qāsim ibn Muhammad (gest. 730), zwei der angesehensten Gelehrten aus dem Medina des 8. Jahrhunderts, sollen im lauten Stöhnen nichts Verwerfliches gesehen haben.[36] Diese und andere Überlieferungen wurden unter anderem deswegen in den erotologischen Werken zitiert, um indirekt den normativistischen Diskurs zu dekonstruieren. Ohne die Norm offen zu kritisieren, wurden subtile Gegenargumente gegen jene Rechtsgelehrten angeführt, die der Meinung waren, dass die Diskretion beim Sex erwünscht sei. Indem man Autoritäten im Bereich der Normenlehre zitierte, die eine freiere Position vertraten, stellte man die strengen Normen infrage. Dabei galt die Regel: Je früher die zitierten Personen gelebt hatten, desto mehr Gewicht hatten ihre Aussagen, weil sie der Lebenszeit des Propheten näher waren.

Manche Frauen wurden sogar dahingehend ausgebildet, dass sie stilvoll stöhnten und beim Sex frivole Verse sprachen.[37] Allgemein gehörte es zu den lobenswerten Eigenschaften einer Frau, wenn sie gut und laut stöhnen konnte. Viele Autoren erotologischer Werke zitierten Hubbā, eine Frau, die im 7. Jahrhundert in Medina lebte und die Frauen in der Liebeskunst unterrichtete. Nach ihrem Tod wurde sie in vielen Gedichten erwähnt, und Anekdoten über sie und Aussagen von ihr sind in unterschiedlichen Texten zu finden. Schenkt man dem Überlieferten Glauben, dann war sie eine sexuell sehr aktive Frau. Hubā war vermutlich die erste muslimische Frau, die als Expertin in der Liebeskunst galt. Als sie gefragt wurde, was für die Frau beim Sex empfehlenswert sei, soll sie über das Stöhnen gesagt haben: «Die Vagina muss quietschen, die Stimme schnarchen und die Nase grunzen.» Damit ist eher eine bildliche Beschreibung des lauten Stöhnens und Schreiens gemeint. Geräusche beim Sex wurden als etwas Genussvolles empfunden. So lesen wir beispielsweise bei Ibn ar-Rūmī die folgenden Verse:

> Das Geräusch des starken Gliedes
> in der Vagina jener mit dem festen Gesäß
> gleicht dem Ton der Hände eines feuchten Teig Knetenden
> oder dem Klang der Füße eines im Matsch Tanzenden.[38]

Häufig kommt in den erotologischen Werken der Begriff *ghundsch* vor. Es ist ein weibliches Verhalten beim Sex, das als lobenswert gilt. *Ghundsch* wird üblicherweise mit Koketterie übersetzt, allerdings ist diese Übertragung mangelhaft und lässt zahlreiche Aspekte des Wortes außer Acht. *Ghundsch* ist eher ein Sammelbegriff, der der arabischen Erotik eigen ist, und drückt verschiedene erotische Handlungen aus, darunter die Verspieltheit, das Stöhnen, das Verführen und das, was wir heute Dirty Talk nennen.[39] Explizit über den Sex zu sprechen und Erotisches zu erzählen gehört laut as-Suyutī zum Vorspiel. Denn dies sowie die sexuellen Vorstellungen können die Lust am stärksten erregen.[40] Für manche Gelehrte galt der schamloseste Sex als der beste

Sex.[41] Dirty Talk im heutigen Sinne, dass die Frau beim Sex den Mann manchmal sogar beschimpft oder anschreit, war auch früher bekannt. So schreibt as-Suyuti auf den *ghundsch* bezogen, dass diese Praxis in seiner Zeit unter den jemenitischen Frauen verbreitet war.

Dem *ghundsch,* der eine rein weibliche Besonderheit ist, entspricht bei den Männern der *rahz.* Unter diesem Sammelbegriff verstand man die Bewegungen des Mannes während des Sexes sowie die Geräusche der Stöße. Diese wurden in den Sexratgebern beschrieben. Den Autoren war bewusst, dass jede Frau ihre Vorlieben hatte und nicht alle die gleiche Art der Penetration bevorzugten. Daher wurden, wie im Kamasutra, die verschiedenen Bewegungen und Positionen, die zu den jeweiligen Vorlieben der Frauen passen, aufgeführt. As-Suyuṭī beschreibt den perfekten Sex wie ein Musikstück, bei dem der *ghundsch* der Frau und die Stöße des Mannes harmonieren.

«Eure Frauen sind für euch ein Saatfeld»

Die sexuellen Positionen scheinen schon die erste Gemeinde der Muslime beschäftigt zu haben. Im Koran selbst heißt es dazu: «Eure Frauen sind für euch ein Saatfeld. So kommt zu eurem Saatfeld, [wann?] [wie?] [wo] ihr wollt.»[42] Die Präposition *annā,* die hier benutzt wurde, kann im Arabischen je nach Kontext wann, wie oder wo bedeuten. Zum Hintergrund dieser Stelle gibt es zwei Geschichten. Der ersten zufolge heirateten die Muslime, die aus Mekka nach Medina auswanderten, medinensische Frauen, die nur die Löffelstellung akzeptierten. Offenbar, so wird erzählt, folgten die Medinenser bei dieser Praxis den jüdischen Stämmen in Medina, welche in Bezug auf die Frau die Hündchenstellung wegen ihrer Analogie zur Tierwelt als unsittlich empfanden und deshalb die Löffelstellung bevorzugten. Außerdem war unter ihnen der Aberglaube verbreitet, dass im Falle einer vaginalen Penetration von hinten die Gefahr, ein behindertes Kind zu bekommen, gegeben sei. Vermutlich spielten jedoch nicht nur Differenzen zwischen mekkanischen Männern und medinensischen Frauen eine Rolle, sondern auch jüdische Kritik an den Muslimen aus Mekka. Die oben zitierte Passage aus dem Koran bezieht sich somit auf Fragen, die die damalige medinensische Gesellschaft beschäftigten. Vor diesem Hintergrund vertrat eine Reihe von Exegeten die Meinung, dass mit der Präposition *annā* das Wie bzw. die Richtung, aus der die vaginale Penetration erfolgt, gemeint sei.[43]

Das war jedoch nicht die einzige Deutung des Koranverses. Eine andere Partei nahm als Grundlage ihrer Interpretation die Geschichte eines Prophetengefährten, der seine Frau anal penetriert haben soll. Im Nachhinein fragte er den Propheten, ob seine Tat falsch gewesen sei. Daraufhin sei die Stelle «Eure Frauen sind für euch ein Saatfeld. So kommt zu eurem Saatfeld, [wann?] [wie?] [wo] ihr wollt» als Koranvers offenbart worden. Der Hauptvertreter dieser Deutung war der Prophetengefährte und Sohn des zweiten Kalifen Ibn ʿUmar (gest. 693).[44] Seine Position in Bezug auf die Zulässigkeit des Analverkehrs vertraten zahlreiche Gelehrte aus Medina, darunter Mālik, der Stifter der mālikītischen Tradition, sowie seine wichtigsten Schüler.[45] Allerdings versuchten die späteren Mālikīten diese Einschätzung zu revidieren. Sowohl Mālik als auch dem Prophetengefährten Ibn ʿUmar wurden posthum einige Aussagen in den Mund gelegt, die ein vermeintliches Verbot des Analverkehrs zum Inhalt haben. Diese Überlieferungen werden allerdings von den Experten als erfunden betrachtet.[46] Auch dem Propheten wurden Überlieferungen zugeschrieben, die den Analverkehr verbieten. Experten der prophetischen Tradition zufolge sind jedoch all die einzelnen prophetischen Überlieferungen, die das Verbot des Analverkehrs betreffen, nicht authentisch.[47]

Die vier sunnitischen Schulen vertreten trotzdem die Meinung, dass der Analverkehr verboten ist.[48] Entscheidend ist für sie die Quantität der Überlieferungen im Zusammenhang mit dem Verbot.[49] Denn nach bestimmten Regeln der Traditionskritik weist die Quantität des Überlieferten auf eine ursprünglich authentische Aussage hin. Diese Position wird allerdings vom zweiten Lager kritisiert, nach dessen Ansicht eine koranische Aussage nicht durch einzelne Überlieferungen außer Kraft gesetzt werden kann.[50] Zur Gruppe jener, die den Analverkehr erlauben, gehören die Imamiten unter den Schiiten sowie einzelne Gelehrte aus dem 7. und 8. Jahrhundert.[51] Dass der Analverkehr erlaubt ist, ist auch eine Randmeinung der Mālikīten. Historisch betrachtet war diese Randmeinung ursprünglich die Hauptposition, bevor sie von späteren Mālikīten revidiert wurde.

Nun war zwar den Hauptpositionen – zumindest der Sunniten – zufolge der Analverkehr nicht erlaubt, aber das heißt nicht, dass die Muslime ihn nicht praktizierten. Ibn al-Hāddsch, der in Ägypten im 14. Jahrhundert lebte, merkte etwa an, dass in seiner Zeit der Analverkehr durchgeführt wurde. Das soll uns nicht wundern, denn, wie wir noch sehen werden, war er selbst zwischen Männern verbreitet. Wenn dem – trotz Verbotes durch alle Schulen – so ist, dann wird der Analsex zwischen Männern und Frauen erst recht verbreitet gewesen sein. Noch dazu gab es, wie oben erwähnt, eine Randmeinung unter den Gelehrten, die diese Handlung erlaubt, und Randmeinungen bildeten immer eine Hintertür, um Praktiken stillschweigend in der Gesellschaft zu tolerieren bzw. um darüber zu schweigen.

Obwohl insbesondere nach dem 12. Jahrhundert die mālikītischen Gelehrten den Analsex kritisierten und die Meinung von Mālik infrage stellten, war der Analsex im Volk scherzhaft als *al-mālikiyya*, sprich: die mālikitische Handlung, bekannt. Ar-Rāghib al-Isfahānī erzählt uns darüber einige Anekdoten. In der Form eines Gedichtes ist in einer zu lesen:

Bei der Unterhaltung sehnte ich mich nach mehr,
und ich frage sie, ob sie an Mālik glaubt,
denn ich bin von der *mālikiyya* besessen.
Sie sagte: Ja mein Glaube ist sein Glaube.
Gerecht und überzeugend ist sein Weg nach meinem
Ermessen.
So verbrachten wir die ganze Nacht, für Mālik zu beten.
So verbrachten wir die ganze Nacht, seiner Meinung zu
folgen.[52]

Das Wort *al-mālikiyya* in dem Gedicht ist ein Wortspiel und kann sowohl als Anspielung auf den Analverkehr als auch auf die Schule des Imam Mālik verstanden werden. Die Verse schildern in einer subtil erotischen Weise, dass die beiden die Nacht miteinander verbrachten und dabei Analsex hatten. In einer anderen Anekdote heißt es von einem Mann, dessen Frau ihn vor einem Richter angeklagt hat, weil er mit ihr Analsex hatte, dass er dem Richter gesagt haben soll: «Ja ich ficke sie in den Hintern und ja, das ist mein Weg und der Weg von Mālik.» [53]

Schließlich wurde auch die Frage nach der Verhütung thematisiert.[54] Die Benutzung aller Verhütungsmittel ist der absoluten Mehrheit der Rechtsgelehrten zufolge erlaubt, solange sie nicht für die Gesundheit schädlich sind. Die Sterilisation ist jedoch nur in medizinischen Ausnahmefällen erlaubt.[55]

Zur Verhinderung einer Schwangerschaft wurden vor allem Arzneimittel benutzt und bestimmte Koitusvarianten, insbesondere der *Coitus interruptus*, angewendet. At-Tūsī erwähnt zudem eine Art Tampons aus Baumwolle, die, mit verschiedenen Präparaten durchtränkt, von der Frau in ihre Vagina eingeführt wurden, um Schwangerschaften zu verhindern.[56]

Was den *Coitus interruptus* und andere Formen der Verhütung angeht, so vertreten die meisten Gelehrten die Einstellung, dass der Mann sie nur mit der Erlaubnis seiner Frau praktizieren oder einsetzen darf, weil sie das Recht auf Schwangerschaft hat.[57] Heute spielen allerdings neben der Empfängnisverhütung auch der Schutz vor Krankheiten eine Rolle. In beiden Fällen ist die Verhütung akzeptiert.

13. Die erotische Literatur

Die Erotologie oder die erotische Literatur der muslimisch geprägten Gesellschaften ist ein weit gefächertes Gebiet, das sich über viele Jahrhunderte und Genres erstreckt. Die Schriften der Muslime über Liebe und Sex reichen von detaillierten Theorien der Liebe über die Theologie der Liebe bis hin zu Normen, die den Geschlechtsverkehr betreffen, zu Liebesgeschichten, Sexualhandbüchern und Pornografie. Entsprechende Texte wurden seit dem 8. und bis ca. zum 18. Jahrhundert kontinuierlich verfasst. Dabei spielten primär zwei Bereiche eine Rolle: zum einen die Belletristik (*adab*) im weitesten Sinne des Wortes, das heißt sowohl Dichtung als auch literarische Sammlungen, Prosaerzählungen und Anekdoten, zum anderen die explizit erotische Literatur, vor allem in Form von Sexualhandbüchern.

Diese Textgattung hat zum Beispiel die sexuelle Gesundheit, die Hygiene, unterschiedliche Störungen und Therapien, Aphrodisiaka, sexuelle Ratschläge, erotische Geschichten und Dichtung zum Inhalt. Als eigenständiges Genre tauchten die Sexualhandbücher zum ersten Mal im 9. Jahrhundert auf.[1] Davor wurde das Thema vereinzelt erörtert, insbesondere in medizinischen, aber auch in religiösen Werken. Wie oben schon erwähnt, waren der Sex und auch der sexuelle Genuss seit der Zeit des Propheten ein Thema. Die Hygiene oder Aspekte wie das Vorspiel hatten schon vor dem 9. Jahrhundert ihren Platz in den normativen Texten gefunden.

Die erotologischen Werke basierten unter anderem auf griechischen, persischen, arabischen und indischen Quellen. Ob die muslimischen Autoren die griechischen erotischen Handbücher kannten, ist allerdings ungewiss, war der griechische Einfluss doch eher im medizinischen Bereich wirksam. Die meisten Werke, die sexuelle Therapien behandeln, zitieren neben arabischen Autoren auch antike Mediziner und Philosophen.[2]

Was den indischen Einfluss auf die erotische Literatur angeht, so liegen, wie bereits erwähnt, keine alten Übersetzungen vom Kamasutra oder anderen erotologischen Werken ins Arabische oder Persische vor, was auch für eine indirekte Beeinflussung sprechen könnte. Im Bereich der Medizin wurden jedoch mit Sicherheit Bücher bzw. Teile von bekannten indischen Texten ins Persische oder Syrische übersetzt, die dann in der arabischen Literatur rezipiert wurden. Muslimische Gelehrte aus früher Zeit erwähnten indische Autoren und Bücher in ihren Schriften.[3] In Indien soll eine Frau gelebt haben, die als *al-alfiyya,* die Tausenderin, bekannt war, weil sie angeblich mit über tausend Männern Geschlechtsverkehr hatte. Ihr Wissen sei in einem Gespräch weitertradiert worden. Ihre Legende wird von einigen muslimischen Gelehrten, darunter al-Dschāhiz und at-Tīfāschī, zitiert.[4] Darüber hinaus zeigt sich der Einfluss des altindischen Wissens selbstverständlich in der mogulischen Literatur.

Als eines der frühesten arabischen Sexualhandbücher gilt das im 10. Jahrhundert verfasste *Dschawāmiᶜ al-ladhha* (Die Summe der Genüsse) von al-Kātib. In sechsundzwanzig Kapiteln werden darin unterschiedliche Themen wie Vorspiel, Geschlechtsverkehr, Schönheit, Aphrodisiaka, Sexpositionen, Hygiene und Medizin behandelt. Die zahlreichen arabischen und nichtarabischen Quellen, die er zitiert, deuten darauf hin, dass es zu seiner Zeit eine breite Auswahl an Literatur zum Thema Sex gab. Somit bildete seine Arbeit die Zusammenführung von verschiedenen Genres als Handbuch.

Nach dem Muster von *Dschawāmiᶜ al-laddha* entstand eine große Anzahl solcher Werke wie zum Beispiel das Buch *Nuzhat al-ashāb fī muᶜāscharat al-ahbāb* (Die Unterhaltung der Freunde über den Beischlaf mit den Geliebten), dessen Autor as-Samaw'al al-Maghribī ein Mediziner war. In diesem Buch wird beispielsweise auf die Frage eingegangen, warum manche Männer oder Frauen zum gleichgeschlechtlichen Sex tendieren. Ohne Polemik versucht der Autor rationale Begründungen für diese Neigungen zu geben.[5] Erstaunlicherweise wurden dieser Abschnitt sowie weitere Teile des Textes bei der modernen Edition der Handschrift komplett weggelassen.

Im Laufe der folgenden Jahrhunderte sollten noch viele Autoren folgen, die eine reiche erotische Literatur hinterlassen haben. Newman listete mehr als 125 vormoderne Werke auf, die sich mit dem Thema Sex, Erotik oder Sexualmedizin beschäftigen und zwischen dem 9. und 18. Jahrhundert verfasst wurden.[6] Die Liste beinhaltet lediglich arabische Werke, und da er nicht alle Kataloge untersuchen konnte und auch die persischen und osmanischen Schriften nicht berücksichtigte, könnte dies auf eine viel höhere Zahl von explizit erotischen Texten aus der Vormoderne schließen lassen.

Dazu kommt, dass viele Autoren der entsprechenden Schriften Gelehrte oder Richter waren, die eher in anderen Bereichen Bekanntheit erlangten. Dschalāl ad-Dīn as-Suyūtī beispielsweise gilt bis heute als einer der wichtigsten sunnitischen Autoritäten auf dem Feld der Koranexegese und Hadithwissenschaft. Neben Dschalāl ad-Dīn al-Mahallī (gest. 1459) als Co-Autor gab er einen der verbreitetsten Korankommentare (*Tafsīr al-dschalalyn*, Kommentar der beiden Dschalal) heraus, von dem fast in jeder Moschee ein Exemplar zu finden ist. Nur wenige Muslime wissen heute jedoch, dass er der Verfasser von über 23 Schriften über Erotik und Liebe war.

Neben den umfassenden Sexualhandbüchern liegt überdies noch eine Reihe von Subgenres vor. So finden sich beispielsweise Texte, die nur Aphrodisiaka oder Kosmetik zum Thema haben. Das *Kitāb az-zahr al-anīq fī al-būs wa t-taʿnīq* (Das Buch der zarten Blumen über den Kuss und die Umarmung) von Abū ʿAbd ar-Rahmān al-Baghdādī, der im 14. Jahrhundert in Ägypten wirkte, war dem Küssen und dem Vorspiel gewidmet. Ein anderer Autor aus dem gleichen Jahrhundert verfasste *Kaschf asrār al-muhtālīn wa an-nawāmīs al-hayyālīn* (Die Lüftung der Geheimnisse der Schwindler und Betrüger), ein Werk, in dem er unter anderem Geschichten über Frauenhelden erzählt. Außerdem finden wir Bücher über die Lesben, wie etwa das *Kitāb as-sahq wa l-bagghāʾīn* (Das Buch der Lesben und männlichen Prostituierten) von Muhammad as-Saymarī (gest. 888) oder das *Kitāb as-Sahq* (Das Buch des Lesbianismus) von Hasan ibn Muhammad an-Namlī (9. Jahrhundert). Sogar Schriften mit Titeln wie *al-Bighāʾ wa-laddhātuh* (Die Prostitution und ihre Genüsse) von ʿAlī ibn Muhammad az-Zāhirī wurden ungeniert verfasst.[7]

In osmanischer Sprache gibt es eine Reihe der sogenannten *bâhnâme*, also Bücher über den Sex. Das früheste derartige Werk aus osmanischer Zeit, das bisher entdeckt wurde, ist das *Bâhnâme-i padischâhî* (Das kaiserliche Buch über den Sex), das Sultan Murad II. dediziert wurde. Dabei handelt es sich um die Übersetzung eines persischen Textes, der von Nasīr ad-Dīn at-Tūsī stammt. Weitere Übersetzungen aus dem Persischen und Arabischen sollten folgen.

Einige osmanische Schriften waren weitgehend homoerotisch, wie etwa *Dâfiʿül-gumûm ve râfiʿü l-humûm* (Der Traurigkeit Abwendende und Sorgen Entferner) von Mehmed Gazâlî (gest. 1535) oder *Dellâknâme-i dilküschâ* (Das Freude spendende Buch des Masseurs) von Derviş İsmail (17. Jahrhundert). Beide Bücher konzentrieren sich, wie İrvin Cemil Schick konstatiert, auf Badehäuser als eine rein männliche Erotikwelt.[8] Anhand der Persönlichkeit von Mehmed Gazâlî ist die augenfällige Ambiguitätstoleranz auszumachen, die es in der Vormoderne gab. Der Autor war – um es in unseren Kategorien zu formulieren – sowohl ein Rechtsgelehrter als auch ein Pornograph. Mit den Lehren der

Scharia kannte er sich genauso gut aus wie mit den frivolsten Geschichten seiner Zeit. Er schrieb für den Prinzen Korkud (gest. 1512), einen Sohn von Bayezid II., sowohl ein gereimtes Lehrwerk über die rituelle Waschung und das Gebet als auch das *Dâfiʿül-gumûm*, eine Sammlung lokaler türkischer erotischer bzw. pornographischer Geschichten, die er mit anderen Erzählungen aus dem Persischen und Arabischen kombinierte.[9]

Die Übersetzungen vieler erotischer Schriften aus dem Arabischen oder Persischen wurden von Sultanen wie Selim I., Mehmed III. oder Murad III. selbst in Auftrag gegeben und von angesehenen Religionsgelehrten des Reiches ins Werk gesetzt. Meistens war das Ergebnis ziemlich frei, Passagen wurden hinzugefügt oder auch umgeschrieben.[10] So ein Unterfangen wäre heute unvorstellbar, was aber vor allem auf den drastischen Wandel hindeutet, der unter den Muslimen in Bezug auf ihren Umgang mit der Erotik stattgefunden hat. Um eine Vorstellung von den Geschichten zu erhalten, die in einigen erotologischen Werken erzählt werden, soll im Folgenden eine Stelle aus einem Buch vorgestellt werden, das vom Obermufti des Osmanischen Reiches Ibn Kamāl Pascha verfasst wurde. Die Geschichte stammt aus einer fiktiven Erzählung von einem König, der zehn Dienerinnen nach der weiblichen Lust fragte. In der deutschen Übersetzung finden sich mit Absicht für den heutigen Sprachgebrauch vulgäre Wörter. Nur so kann die Direktheit des ursprünglichen Textes wiedergegeben werden:

> Ich war eine anständige und reiche Frau. Ich liebte bartlose junge Männer. Reichtümer habe ich ihretwegen ausgegeben, da ich ihnen gern prachtvolle Anzüge kaufte. Eines Tages betrat meine Dienerin mein Zimmer und fand mich bekümmert, aufgrund eines Streites mit meinem Geliebten, der deswegen auf mich zornig war. Sie fragte mich nach meiner Trauer, und ich erzählte ihr den Grund meines Zustandes.

Daraufhin erwiderte sie: «Es geschieht dir recht, weil du die reifen starken Männer, die Ahnung von der Liebe und von der Liebeskunst haben, stehen lässt und stattdessen zu den unreifen neigst, die unkundig bezüglich der Liebe sind. Jene, die weder wissen, wie man Sex hat, noch wie man liebt oder gar streitet.» Ihre Worte berührten mich und ich sagte ihr: «Du weißt doch, dass ich eine Frau bin, die nicht ohne Sex leben kann. Was würdest du mir empfehlen?» Sie sagte: «Komm mich morgen besuchen, sodass ich dir zeige, was du nicht kennst.» Ihre Worte machten mich glücklich. Am nächsten Tag zog ich das Schönste, was ich hatte, an, parfümierte mich mit Räucherwerk und Duftölen und ging dann zu ihr. Sie hatte einen netten schönen Bruder. Zuvor schon hatte er versucht, mir näherzukommen. Allerdings hatte ich seine Avancen nicht erwidert, da ich damals meinen Körper noch keinem Mann zur Verfügung gestellt hatte. Als ich bei ihr ankam, empfing sie mich herzlich und behandelte mich ehrenvoll. Danach kam ihr Bruder herein. Er begrüßte mich, küsste meine Hände und Füße und sagte zu mir: «Das ist fürwahr ein gesegneter Tag.» Anschließend servierte seine Schwester das Essen. Nachdem wir gegessen und unsere Hände gewaschen hatten, brachte sie uns ein Tablett mit einer Weinflasche und fing an, uns einzuschenken. Währenddessen fing er an, mir einen Kuss nach dem anderen zu geben und mich zu sich zu ziehen. Als die Scham verging und ich leicht berauscht war, bekam ich Lust auf Sex, und er umso mehr. So fuhr seine Hand unter mein Kleid und fing an, meinen Körper zu berühren und mit meinem Nabel, meinen Hüften und meinem Venushügel zu spielen. Seine Schwester sagte ihm dann: «Wehe dir! Worauf wartest du? Sie kam nur hierher, um Sex zu haben.» Sodann verließ sie den Raum, machte die Tür zu und schrie hinter der Tür: «Diese Frau ist vom Sex mit den bartlosen jungen Männern enttäuscht. Und ich bin diejenige, die ihr die Begleitung reifer Männer empfahl, sie kam hierher, nur um dies zu prüfen, also bemühe dich. Ich will von dir, dass du sie befriedigst und dass sie deinetwegen jeden Burschen vergisst, den sie davor kennengelernt hat.» Er antwortete: «Deine Wünsche sind mir Befehle!» So entblößte er seinen Schwanz (*dhayl*), der an Größe und Pracht alles übertraf, was ich bis jetzt gesehen hatte. Er setzte sich dann zwischen meine Beine, befeuchtete seinen Penis mit viel Speichel und fing an, meine Venuslippen damit zu reiben. Nach mehreren Wiederholungen und sobald er bemerkt hatte, dass ich alles um mich herum vergaß und entspannt war, führte er ihn ein. Ich spürte dabei einen Genuss, den ich nie in meinem Leben erlebt hatte. Jedes Mal, wenn er kurz vor dem Spritzen war, zog er ihn heraus und legte ihn auf meinen Venushügel. Das ging eine Weile so. Dabei sagte er zu mir: «Wie findest du das im Vergleich zum Sex mit den Burschen?» Ich antwortete: «Mögen die Bartlosen vernichtet werden!» Daraufhin erwiderte er: «Ich verkünde dir eine frohe Botschaft. Ich lass dich jetzt etwas kosten, was du in deinem ganzen Leben nie gekostet hast.» So fing er an, wiederholt hart zu stoßen und dabei hielt er meine Schulter fest. Ohne Gnade hat er gestoßen, bis wir kurz davor waren, beide zu kommen. In diesem Moment zog er ihn heraus und kühlte ihn wieder ab. Danach fing er wieder von vorne an. Dabei umarmte er mich und küsste mich wild, bis wir beide kamen. Als er ihn aus mir herauszog, war es so, als ob er meine Seele mitgezogen habe. Er entfachte meine Lust und ließ mich jeden Burschen auf dieser Welt vergessen. Wir blieben zusammen, bis er eines Tages bei einem Eroberungszug mitmachte. Er kam davon nie zurück. Wie kostbar waren die Tage, ja die Stunden mit ihm.[11]

Eine solche Geschichte würde sich heute für eine pornographische Szene eignen. Und doch war es für muslimische Gelehrte in der Vormoderne kein Problem, so etwas zu schreiben. Interessanterweise wurden diese Geschichten, von denen es viele gibt, nicht normativ bewertet. Erotischen Erzählungen begegnet man nicht nur in Sexualhandbüchern, sondern vor allem in der *adab*-Literatur. Sowohl in der Dichtung als auch in der Kurzprosa wurden Sex und Erotik thematisiert. Wahrscheinlich ist *Tausendundeine Nacht* die bekannteste Sammlung von Geschichten, die Elemente aus verschiedenen muslimisch geprägten Gesellschaften vereint hat. Vom literarischen Inhalt her war *Tausendundeine Nacht* bis zum 19. Jahrhundert nie ein Erfolg. Die dialekthafte Sprache und der volkstümliche Inhalt ließ die Sammlung als zweitrangige Literatur erscheinen. Dennoch wurden durch sie viele Geschichten, die aus verschiedenen Kulturen und Epochen stammten und sonst nur mündlich tradiert wurden, erhalten.

Tausendundeine Nacht ist durch und durch erotisch. Denn schon die Hintergrundgeschichte, das heißt der Ehebruch, hat mit dem Sex zu tun. Schahriyār ist quasi sexuell traumatisiert, und Scheherazade nimmt die Rolle einer Therapeutin ein. Ihr Heilmittel ist die Erzählung und der Geschlechtsverkehr. Wie die Autoren der Arabian Nights Encyclopedia feststellen, lassen sich Erotik und Geschichtenerzählen in *Tausendundeiner Nacht* nicht trennen.[12]

14. Die Verschmelzung von Erotik und Mystik

Schon von Beginn der sufischen Tradition an gab es bestimmte Motive, die während der gesamten späteren Entwicklung erhalten blieben. Bereits im 8. Jahrhundert finden wir in der Dichtung und den Aussagen der berühmten Sufi-Meisterin Rābiʿa al-ʿAdawiyya (gest. 801) die Repräsentation Gottes als Geliebten, dessen Nähe und Liebe der Gottesdiener sucht. Es wird überliefert, dass sie nachts das folgende Gebet zu sprechen pflegte: «Mein Gott, es wurde still und jeder Liebende zog sich mit seinem Geliebten zurück. So ziehe ich mich mit Dir zurück, O Du Geliebter. Lasse bitte meine Zweisamkeit mit Dir eine Errettung von der Hölle sein.»[1] Ähnliches wurde auch von Habība al-ʿAdawiyya tradiert.[2] Das arabische Verb (*chalā*), das hier für den zweisamen Rückzug benutzt wurde, hat eine starke intime Konnotation. Im Laufe der Zeit haben die Sufis darüber hinaus eine Reihe von Symbolen und Fachtermini in ihre Dichtung eingeführt, die typisch für diese Gattung wurden. Die Sprache entwickelte sich weiter, und die erotische Symbolik nahm zu. Denn nachdem es vorher mehr Begrifflichkeiten für die platonische Liebe gegeben hatte, wurde die Sprache in der Sufi-Liebesdichtung immer erotischer und expliziter. Um das 12. Jahrhundert erreichte die Symbolik in der Sufi-Dichtung einen Höhepunkt, und das Repertoire der Begriffe vervollständigte sich, sodass in den darauf folgenden Jahrhunderten viele Motive und Sprachbilder in unterschiedlichen Formen wiederkehrten. Typisch und gleichermaßen bemerkenswert für die Sufi-Dichtung ist die Verwendung von Termini, die eigentlich aus der Weindichtung stammen, jenen Lobgedichten, die dem Wein gewidmet sind und die Trinkgesellschaft und die Salons der Trinker beschreiben. Der Wein, die Trunkenheit, die Trinkgesellen, die Taverne, die Weinpresse und ähnliche Begriffe wurden in die Sufi-Dichtung integriert und umgedeutet.

Eine weitere Thematik, aus der die Sufis ihre Begrifflichkeiten schöpften, waren die Liebesgedichte und insbesondere die Ghazelen, eine Gattung, bei welcher die Schönheit des oder der Geliebten beschrieben und gelobt wird. In diesen Gedichten, von denen es Abertausende gibt, mangelt es nicht an Erotik und sexuellem Vokabular.[3] Für manche Rechtsgelehrte grenzte die Verwendung des erotischen Sprachschatzes, wenn man über Gott redet, an Häresie.[4] Allerdings wurde ab dem 12. Jahrhundert dank zahlreicher Sufi-Dichter wie etwa Ibn al-Fārid (gest. 1234), asch-Schuschtarī (gest. 1269), ar-Rūmī (gest. 1273), Hafez (gest. 1390) oder Saadi (gest. 1292) und ihrer Gedichte, die nicht nur in Sufi-Kreisen rezipiert wurden, sondern eine weite Verbreitung unter dem Volk fanden, wieder in angemessener Art und Weise über Gott und die Liebe zu ihm gesprochen. In den Jahrhunderten danach folgten zahlreiche weitere Dichter, deren Verse sich zu verbreiteten Volksliedern entwickelten.[5]

Einer der bekanntesten Sufi-Dichter ist Ibn al-Fārid, dessen Gedichte bis heute in den Sitzungen der Sufis im ganzen arabischsprachigen Raum rezitiert werden. In einem von ihnen schrieb er beispielsweise:

> «Ach, welche Sehnsucht fasst mich, ihr Gesicht zu sehen,
> wie dürstet es mein Herz nach ihren roten Lippen.
> Von diesen und von ihren Blicken bin ich trunken.
> Wie wunderbar sind meine beiden Trunkenheiten!
> Vom Atem ihres Mundes ist der Wein gewürzt,
> verwundert neigt der Honig sich vor ihm.[6]
> […]

Mein Auge sah nie eine Schönere als dich,
und du erblicktest keinen, der dich tiefer liebt.»[7]

Wäre der Dichter und sein Hintergrund nicht bekannt, so würde man nie darauf kommen, dass die hier beschriebene Geliebte das Göttliche Selbst ist. Im Arabischen sind viele Wörter, die mit Gott zu tun haben, weiblich, wie etwa die zwei zentralen Begriffe «das göttliche Wesen» (*adh-dhāt*) und «die göttliche Wirklichkeit» (*al-haqīqa*). Die Tatsache, dass bei den Muslimen Gott nicht als Vater dargestellt wird und, theologisch gesehen, geschlechtslos ist, ermöglichte den Sufis eine Art Fluidität in der Sprache, mit der sie problemlos über das göttliche Wesen mit einer Symbolik, die aus der Liebesdichtung stammt, reden konnten. Die Symbolik der Sufi-Dichtung führte zu einer langen Tradition von Kommentaren, die sich ständig aktualisierte. Zu den wichtigen Kommentatoren der Gedichte Ibn al-Fārids gehörte der osmanische Gelehrte ʿAbd al-Ghaniyy an-Nābulusī (gest. 1731). Dieser hält sich nicht zurück und verknüpft die für den heutigen Leser vielleicht provokant erscheinenden Sprachbilder mit dem Koran selbst. So schreibt er beispielsweise zum ersten Vers, dass der Dichter damit seine Sehnsucht nach der Geliebten ausdrücke, die sich in den verschiedenen Formen der Welt versteckt. Gleich danach zitiert er den koranischen Vers: «Wohin ihr euch auch wendet, dort ist das Gesicht Gottes.»[8] Ihm zufolge symbolisieren die Lippen die intimen göttlichen Gespräche, die im Herzen der Sufis stattfinden. Mit allen anderen erotischen Symbolen in der Sufi-Dichtung wurde gleichermaßen umgegangen.[9] Oft unterscheidet sich die Interpretation von Gelehrtem zu Gelehrtem. Bemerkenswerterweise sahen viele von ihnen kein Problem darin, das für uns Sakrale und Profane spielerisch miteinander zu verbinden. Ein möglicher Grund könnte darin liegen, dass es diese Kategorien in ihrem Denken nicht gibt. Für sie kann vieles sowohl als rein weltlich als auch als göttlich verstanden und empfunden werden. Der säkulare Leser tut sich heutzutage allerdings etwas schwer damit, diese fluide Art, mit der Sprache umzugehen, nachzuvollziehen.

Darüber hinaus gab es nicht nur das Bild der weiblichen Geliebten in der Sufi-Sprache, sondern auch des männlichen Geliebten, der oft in Form eines verlockenden Jungen dargestellt wurde. Von Ibn al-Fārid lesen wir:

> Sein Liebreiz übertrifft den sanften Hauch des Ostwinds,
> die Haut ist zarter als ein Hemd aus feiner Seide.
> Die Weichheit seiner Wange klagt die Rosenblüte an,
> die Härte seines Herzens aber gleicht dem Stahl.
> [...]
> Kühl sind die dunkelroten Lippen, süß der Kuss am Morgen,
> noch vor der Reinigung der Zähne leiht er seinen Duft dem Moschus.
> Von seinem Mund und seinen Blicken bin ich trunken,
> mehr noch, ein Weinwirt ist mir jedes seiner Glieder.[10]

Diese Form der Homoerotik ist keine Seltenheit in der Sufi-Dichtung.[11] So ist der Übergang von Genus zu Genus in den Ghazelen nicht immer strikt geregelt. Es gibt Gedichte, in denen der Autor über eine Geliebte schreibt, sie allerdings mit einem männlichen Genus anspricht. Bei vielen Versen ist es sogar so, dass man nicht genau weiß, ob die geliebte Person ein Mann oder eine Frau ist. Ähnlich verhält es sich mit der göttlichen Schönheit. Je nach Kontext wurde sie einmal als eine weibliche Geliebte, einmal als ein männlicher Geliebter dargestellt.

Gedichte, wie sie Ibn al-Fārīd schrieb, finden wir auch bei weiteren Sufis, etwa bei Ibn al-ʿArabī. Von ihm liegt beispielsweise ein Band mit dem Titel «Übersetzer der Sehnsüchte» (*Turdschumān al-aschwāq*)[12] vor, der eine Sammlung von mystischen Liebesgedichten enthält, die seine Lehre in einer poetischen Art vermitteln. Dabei wurde er, wie er selbst im Vorwort sagt, von der

Schönheit der Tochter eines Gelehrten, den er in Mekka traf, inspiriert. Für ihn war die Schönheit dieser Frau ein Zugang zu der göttlichen Schönheit, die er in seinen Gedichten preist. Allerdings waren diese Gedichte schon zu seinen Lebzeiten wegen ihrer Sprache umstritten, sodass er sich verpflichtet sah, selber einen Kommentar dazu zu schreiben.[13] Vermutlich ist dies der Grund, warum es keine weiteren Kommentare zu dieser Sammlung gibt. Rezipiert wurden seine Gedichte jedoch genauso wie diejenigen von anderen Sufi-Gelehrten, und zwar sowohl von den Sufis selbst als auch von der Allgemeinheit, mit dem Ergebnis, dass viele zu Volksliedern avancierten. Die Provokation des Textes durch die starke erotische Note bringt Stefan Weidner, Autor einer der beiden auf Deutsch vorhandenen Übersetzungen, durch seine literarische Übertragung gut auf den Punkt. So lesen wir etwa im 29. und 46. Gedicht:

> Die geizig ihre hübschheit schützen
> und hab und gut voll grossmut geben
> die lächelnd lachen uns begeistern
> und schmackhaft sind wo wir sie küssen
> die ausgezogen weich und glatt
> und deren brüste voll und rund
> uns kostbarkeiten schenken
> die im gespräch mit allen wunderkünsten
> die ohren und die herzen bannen
> […]
> die aus ihrem tiefen ausschnitt
> solche monde aufgehen lassen
> die wenn sie voll sind
> nie mehr kleiner werden[14]
> *
> zwischen dem unterleib und
> den großen augen herrscht liebeskrieg

das herz dazwischen ist den beiden böse
dunkeln teints und dunkellippig
honigsüß wenn man sie küsst
bienen können das bezeugen
durch den honig den sie finden[15]

In diesem Zusammenhang ist zu betonen, dass die Sufis in ihren Texten nicht die körperliche Lust an sich verherrlichten, sondern die Göttliche Liebe, die sich ja in allen Formen der Liebe manifestiert. Bei Ibn al-ʿArabī kann man das sehr genau feststellen, da er für jede Symbolik, die er in seiner Sammlung benutzte, eine ausführliche Erklärung in seinem Kommentar gab. Die starke Symbolik der Sufi-Dichtung weist auf eine Erfahrung des Göttlichen und eine spirituelle Verwirklichung der Schönheit Gottes hin. Erotische oder gar homoerotische Motive dienten dazu, diese vollkommene Liebe zu verkörpern, in der der Gläubige sich selbst vergisst. Diese Liebe wird als eine tiefe, unersättliche Sehnsucht nach dem Geliebten symbolisiert.

Auf die Frage, warum die Sufis diese Sprachbilder benutzt haben, die nur in bestimmten Genres ihren Platz hatten, gibt es keine endgültige Antwort unter den Experten. Sowohl der gesellschaftliche Kontext als auch die damaligen literarischen Tendenzen scheinen eine Rolle dabei gespielt zu haben. Homoerotik, Knabenliebe und die Erotik allgemein waren, wie wir schon gesehen haben, in den urbanen Milieus keine unbekannten Phänomene. Man könnte meinen, die Sufis wollten durch ihre provokante Sprache die Neugier der Zuhörer und der Nicht-Initiierten wecken. Dass das allgemeine Volk die tiefen Bedeutungen der Sufi-Dichtung erfasste, ist jedoch nicht anzunehmen. Wahrscheinlicher ist es hingegen, dass die Schönheit der Gedichte und deren Themen die Menschen auf die Erfahrungen, die dahinter stecken, neugierig gemacht haben. Des Weiteren haben die Sufis diese Sprache vermutlich auch deswegen benutzt, weil sie eine Art

«Insider-Sprache» unter sich schaffen wollten. Diese Form der Liebesdichtung könnte als Ablenkung der Kritiker, die gegen manche Strömungen der Sufis waren, verstanden werden. Ihre Lehren verschleierten sie mit Begriffen, die für die Menschen eine starke weltliche Konnotation hatten. Auf diese Verschleierung der Sprache in der Dichtung wies al-Harrāq (gest. 1845) hin, ein Sufi aus dem 19. Jahrhundert, der in einem Gedicht schrieb:

> Er weist auf andere Frauen hin.
> In Wirklichkeit weist er hin nur auf sie.[16]

Das heißt, der Dichter weist in seiner Rede auf die Frauen der Welt hin, meint aber in Wirklichkeit nur die Eine, und zwar die göttliche Wesenheit.

15. Sex, Muslime und die Moderne

In seiner *Kurzen Geschichte der Menschheit* schreibt Yuval Noah Harari, dass um das Jahr 1770 die europäischen Mächte gegenüber den muslimischen Reichen oder China noch keinen nennenswerten technischen Vorsprung hatten.[1] In der Tat stellten um das Jahr 1600 die Osmanen, die Safawiden und die Mogulen drei der vier erfolgreichsten Dynastien der Welt dar. Allein die Kaiser der Ming-Dynastie in China herrschten über eine größere Bevölkerung und kontrollierten mehr Reichtum. Die europäischen Reisenden waren von der Vitalität und der Pracht von Städten wie Istanbul, Isfahan, Agra oder Delhi beeindruckt.[2] Allerdings waren nicht einmal ein Jahrhundert später die Safawiden untergegangen, hatte die Kontrolle der Mogulen über Indien abgenommen und hatten die Osmanen bittere Niederlagen einstecken müssen, von denen sie sich nie erholen sollten.[3] Ab dem letzten Drittel des 18. und insbesondere im Laufe des 19. Jahrhunderts wurde die Kluft zwischen den europäischen Mächten und dem Rest der Welt rasant größer. Die alten Reiche verloren an wirtschaftlicher und militärischer Macht. Viele Gründe haben hier eine Rolle gespielt. Sie alle hier aufzuzählen würde den Rahmen dieses Buches sprengen. Der Wissenstransfer von den muslimisch geprägten Ländern nach Europa zwischen dem 11. und 16. Jahrhundert, die Eroberung Amerikas, die Ausbeutung des neuen Kontinents, die Verkoppelung von Wissenschaft und Technologie sowie von Wissenschaft und Kapital und die industrielle Revolution sind einige der vielen Aspekte, die die Machtstellung Europas zwischen dem 17. und 20. Jahrhundert gestärkt haben. Auf der anderen Seite können die Schwächung der alten Handelsrouten, die veraltete Reichsverwaltung, die hohen Militärausgaben, die Trennung zwischen Wissenschaft, Kapital und Technologie sowie die innere Instabilität unter anderen als Ursachen für den Niedergang der muslimischen Reiche genannt werden.[4]

Kolonialismus und «Sexualität»

Die meisten muslimisch geprägten Länder wurden ab Mitte des 19. Jahrhunderts allmählich kolonialisiert oder befanden sich unter dem Protektorat einer europäischen Macht. Auf allen Ebenen führte die Kolonialherrschaft zu radikalen Veränderungen in den Gesellschaften. Die Kolonialmächte rechtfertigten ihren Imperialismus unter anderem mit der Behauptung, sie würden die anderen Völker zivilisieren.[5] Diese Politik, die auf die Modernisierung «der Barbaren» abzielte, benötigte allerdings den Begriff der «Kultur», und somit als Gegensatz jenen der «Unkultur». Aus einer großen Vielfalt erfanden die Kolonialmächte Begriffe wie etwa «islamische Kultur», die als etwas Statisches und Homogenes gedacht wurden. Die Menschen in den Ländern wurden von den Kolonialmächten definiert. Hier diente das Europäische als Maßstab, ja als das Normale. Die europäischen Wissenskategorien und allgemein die europäische Denk- und Lebensweise wurden kraft des Imperialismus universalisiert.[6] In diesem Zusammenhang spielten die Begriffe des Universellen und vor allem des «Natürlichen» zentrale Rollen.

Die Akteure im Zeitalter des Kolonialismus waren nicht nur an der Ausbeutung, sondern auch an der Veränderung der von ihnen beherrschten Länder und deren Einwohnern interessiert. Dafür wurden nicht selten die bestehenden Strukturen zerstört. So wurde beispielsweise durch die Einführung von Druckmaschinen im Jahr 1821 die bestehende Tradition der Handschriften, die für die vorhandenen Wissensstrukturen und die Lehrtradition von zentraler Bedeutung war, vernichtet. Die neuen Bücher schufen indes ein neues Leserpublikum: zumeist jene jungen Männer, die mit Bildungsstipendien nach Europa entsandt wurden und von der Einführung europäischer Bildungssysteme profitierten.[7]

Gegen Mitte des 19. Jahrhunderts entstand eine neue lokale Elite, die in den gleichen Kategorien, Konzepten und Sprachen wie die Kolonialherren dachte und deren Wissen reproduzierte. Gekennzeichnet war sie durch die Schockstarre, das Niedergangsgefühl, die Bewunderung sowie die gleichzeitige Verachtung der Kolonialmächte. Aus den Protagonisten dieser Zeit kristallisierten sich die meisten Strömungen heraus, welche die muslimische Welt bis heute prägen, seien es Sozialisten, Nationalisten oder Liberale. Auch die Muslimbrüder und die Salafisten haben ihren Ursprung in dieser Epoche und berufen sich auf Personen, die zu dieser von kolonialem Wissen beeinflussten Elite gehörten. Thomas Bauer zeigt in seiner Studie «Die Kultur der Ambiguität», wie die Muslime im Zuge des 19. und 20. Jahrhunderts die Ambiguitätstoleranz verlernten und seitdem mehr und mehr auf der Suche nach moderner Eindeutigkeit sind.[8] Allerdings war es dieser Eindeutigkeitswahn, der massiv zur Entstehung von Ideologien beitrug. Durch die Kolonialherrschaft kam es zu einem Traditionsbruch, von dem die Muslime sich bis heute noch nicht erholt haben.

Diese Elite, zu der Politiker, Islamgelehrte, Ärzte, Literaturwissenschaftler oder Künstler gehören, hat auch die Sexualmoral und insbesondere das europäische Konzept der Sexualität und all seine Kategorien rezipiert. Das Konzept der «Sexualität» an sich ist nach Foucault eine Erfindung aus dem 19. Jahrhundert, die Gestalt annahm, als das traditionelle moralische Wirken der Priester durch die Entwicklung von Diskursen der Demographie,

Biologie, Medizin, Psychiatrie, Psychologie, Moral, Pädagogik und politischen Kritik aufgegriffen und transformiert wurde.[9] Allerdings ist die Geschichte der Sexualität auch die Geschichte des Kolonialismus, wie Angela Willey feststellt. Denn es waren die Geschichten, Konzepte, Fantasien, die man auf den Nicht-Westeuropäer projizierte, welche es den Sexualforschern des 19. und des frühen 20. Jahrhunderts ermöglichten, ein «Wir» und eine eigene Selbstwahrnehmung, die zum Maßstab wurde, zu konzipieren.[10] Willey führt weiter aus, dass die Sexualwissenschaft, die zumindest in ihrer Entstehung tief mit Prozessen der Rassifizierung verwoben war, als Teil des kolonialen Projekts und der Fantasien seiner Experten über geografisch entfernte Andere konstitutiv war für ihr Wissen.[11]

Die Elite in Ägypten, Indien oder im Libanon übernahm den europäischen Diskurs um die Sexualität und insbesondere die sogenannte viktorianische Sexualmoral. Die viktorianischen Vorstellungen von angemessenem und beschämendem Sexualverhalten und seinen zivilisatorischen Dimensionen nahmen im Denken der neuen Elite einen hohen Stellenwert ein. Zuvor jedoch war im Zuge des 19. Jahrhunderts das Sexleben «der Muslime» mit großem Interesse von Orientalisten studiert worden, und es wurde in anderen Wissenschaften wie der Sexualwissenschaft rezipiert. Über die Muslime waren Jahrhunderte vor dem Imperialismus Gerüchte und Vorstellungen in Europa verbreitet, sexuell Abgeschweifte zu sein. Diese Vorstellung wurde dann im Laufe des 19. Jahrhunderts «verwissenschaftlicht». Bezeichnungen wie «anormal», «primitiv», «pervers» oder «barbarisch» dienten dazu, das sexuelle Leben in den muslimisch geprägten Gesellschaften zwischen dem 9. und 19. Jahrhundert zu beschreiben.[12] Das Konstrukt des Orients, obgleich ein «Gegenstand» vieler Bewertungen, galt weiterhin als eine Art Projektionsfläche zahlreicher Fantasien. Dazu schrieb Edward Said:

> Das Repertoire der [orientalischen Darstellungen] ist bekannt, nicht so sehr, weil es uns an Flauberts eigene Reisen und Obsessionen im Orient erinnert, sondern weil die Verbindung zwischen dem Orient und der Freiheit des zügellosen Sexes wieder einmal deutlich wird. Wir können ebenso gut erkennen, dass für das Europa des 19. Jahrhunderts mit seiner zunehmenden «Verbourgeoisierung» das Sexualleben in sehr hohem Maße institutionalisiert war. Auf der einen Seite gab es keinen «freien» Sex, und auf der anderen Seite war Sex in der Gesellschaft mit einem Netz von rechtlichen, moralischen, ja sogar politischen und wirtschaftlichen Verpflichtungen verbunden. Genauso wie die verschiedenen kolonialen Besitztümer. [...] Der Orient war ein Ort, an dem man nach sexuellen Erfahrungen suchen konnte, die in Europa unerreichbar waren. Kaum ein europäischer Schriftsteller, der in der Zeit nach 1800 über den Orient schrieb oder dorthin reiste, hat sich von dieser Suche befreit: Flaubert, Nerval, «Dirty Dick» Burton und Lane sind nur die berühmtesten.[13]

Viktorianischer Geist und Selbstverleugnung

Die Gesellschaft in den europäischen Kolonien, insbesondere die westlich geprägte Elite, war mit den Vorstellungen und Bildern über die Sexualität der früheren Muslime konfrontiert. Als Reaktion gingen viele Intellektuelle in die Defensive. Es begann eine Ära der Selbstverleugnung, die bis heute andauert. Das Sexualleben früherer Muslime wurde nun mit den Kategorien und Begriffen der viktorianischen Ethik beschrieben und auch verurteilt. Begriffe, mit denen jetzt die Geschichte bewertet wird, wie Degeneration, Dekadenz oder Abnormalität, sind beispielsweise alle Neologismen in der arabischen Sprache.[14] Auch die muslimische Tradition kennt natürlich ethische Bewertungen, und viele Phänomene wurden im Laufe der Geschichte von den Theologen, Rechtsgelehrten oder Sufis kritisiert. Allerdings wurde auf einer rein normativen Ebene bewertet, das heißt auf der Ebene des religiös Erlaubten oder Verwerflichen. Das Neue ist, wie bereits von Foucault zitiert, die Einbeziehung von rechtlichen, ökonomischen oder naturwissenschaftlichen Diskursen. Zum Beispiel war Sex zwischen zwei Männern in den muslimisch-normativen Texten als verboten angesehen. Aber zum einen bezeichnete niemand den Akt als anormal oder unnatürlich und zum anderen wurde er in der Gesellschaft praktiziert, ohne dass die Betroffenen als anormal bezeichnet worden wären. Die Kategorie des Natürlichen oder des Normalen war schlicht abwesend.

Überdies bewertete diese neue muslimische Elite nicht nur das Sexleben früherer Generationen, sondern bot zudem mögliche Erklärungen für die «Dekadenz» an. Intellektuelle aus dem arabisch-nationalistischen Lager unterstellten beispielsweise den Persern, für die Degeneration der muslimischen Gesellschaft im abbasidischen Reich verantwortlich gewesen zu sein, ein Vorwurf, der rein ideologisch motiviert ist und keine historische Grundlage hat. Denn wie wir schon im ersten Kapitel sahen, war das Sexleben der Araber vor dem Islam genauso bunt wie danach. Später begegnen uns weitere kommunistische, ethisch-religiöse oder literarische Erklärungen für die scheinbare Dekadenz. Diese Bewertungen führten auch dazu, dass viele Werke zensiert und die nun als «obszön» oder «pervers» empfundenen Stellen einfach entfernt wurden, wovon beispielsweise frühe Druckversionen von *Tausendundeine Nacht* oder von der Gedichtsammlung des Abu Nuwās zeugen.[15]

In Ländern wie etwa Ägypten sollten es jene ersten Generationen der europäisch geprägten Intellektuellen sein, die das Gesundheitswesen, das Schulsystem, die neu gegründeten Universitäten, die Gewerkschaften, die politischen Parteien und die entstehende Industrie kontrollierten. Im Bereich der Kunst, der

Literatur oder der Geisteswissenschaften waren fast ausschließlich Akteure aktiv, die – bewusst oder unbewusst – die europäische Kultur als Maßstab oder Ideal betrachteten. Sogar politisch-religiöse Bewegungen wie die Muslimbrüder waren in ihrem Wesen nicht nur modern, sondern reproduzierten ebenfalls europäische Narrative, wie Stefan Weidner gezeigt hat.[16] Es bedarf keiner langen Überlegung, um sich die Sexualmoral vorzustellen, die diese *orientalischen Viktorianer* vertraten. Nach nicht einmal einem Jahrhundert war die Gesellschaft neu strukturiert. Deshalb ist es nicht verwunderlich, dass die Diskrepanz in der Art und Weise, wie die Muslime mit Themenbereichen wie dem Sex und der Erotik umgingen, vor und nach dem 19. Jahrhundert so groß ist.

1879 publizierte der libanesische Arzt und arabische Nationalist Schākir Bek Chūrī (gest. 1913) ein Buch über die Sexualität in der Ehe, das für Jahrzehnte eines der bekanntesten und erfolgreichsten Werke im Bereich sexuelle Gesundheit und Ehe war. Das Buch verkörpert wie kein anderes den viktorianischen Geist der hier behandelten Epoche. Dass der Autor ein libanesischer Christ war, darf in diesem Zusammenhang keine Rolle spielen. Denn Chūrī steht hier nicht als Vertreter der Christen, sondern als arabischer Intellektueller, dessen muslimische Kollegen, bei denen er studiert hatte, die gleichen Ansichten vertraten. Dieser Text ist deswegen interessant, weil er sowohl als Beispiel für den damaligen Diskurs, der in den folgenden Jahrzehnten mehrere Generationen prägen sollte, stehen kann als auch für den Wissenstransfer der «Erkenntnisse» der europäischen Medizin und Psychologie in die Kolonien.

Interessant an Chūrīs Buch ist auch die recht züchtige Sprache. Zwar schreibt er auf Arabisch, aber die Begriffe, die er benutzt, zeigen deutlich, dass er sich auf anderen Grundlagen bewegt. So verwendet der Autor neben dem Begriff *dschīmāʿ* (Geschlechtsverkehr) einen Neologismus, und zwar *tanāsul*, was auf Deutsch

Fortpflanzung bedeutet.[17] Für Chūrī ist die Fortpflanzung der Grund, warum die Menschen Geschlechtsteile und überhaupt Sex haben.[18] Er beginnt sein Buch mit der Problematisierung der sexuellen Kraft. Wenn sexuelle Aktivitäten übermäßig seien, könnten sie sogar, wie im Fall des Römischen Reiches, dessen Bewohner ein zügelloses Sexleben gepflegt hätten, zum Zerfall führen.[19] Die Gefahr eines «ungesunden» Sexlebens und die Notwendigkeit, das Wissen über die eheliche Sexualität zu vermitteln, seien ein Grund gewesen, wie er selbst im Vorwort anführt, warum er das Buch geschrieben habe. Er sehe es als Pflicht an, für die Söhne seiner «Rasse» und Nation ein solches Buch zu verfassen.[20]

Chūrī geht davon aus, der Erste zu sein, der ein arabisches Buch über Sexualkunde verfasste.[21] Das zeigt uns, wie unkundig die damalige Elite war, was ihre eigene Tradition anging. Kein einziges arabisches Werk über Sex oder Erotik scheint ihm bekannt gewesen zu sein, obwohl es ja Dutzende Texte mit diesem Thema gab, die allerdings damals noch nicht in Druckform vorlagen, sondern lediglich als Handschriften erhältlich waren. Möglich wäre aber auch, dass Chūrī von einigen erotischen Schriften der arabischen Literatur wusste, sie jedoch nicht als erwähnenswert ansah, da sie erstens nicht seine Kriterien für Wissenschaft erfüllten und zweitens voller Obszönitäten waren.

Wie es damals in den entsprechenden europäischen Werken üblich war, behandelt er in den ersten Kapiteln mit Interesse die Pubertät und die sexuellen Merkmale der Geschlechtsreife sowie andere Phänomene wie die Menopause, die Pollution und die Selbstbefriedigung. All diese Themen wurden in vormodernen Texten dieser Richtung nicht behandelt. Vor allem seine Untersuchung der Selbstbefriedigung, die eigentlich eine Wiedergabe der viktorianischen Sexualmoral war, zeigt, wie ab dieser Zeit über den Sex gesprochen wurde. Vor dem 19. Jahrhundert hätte man höchstens das religiös-normative Urteil über die Selbstbefriedigung in den Schriften gefunden, mehr aber auch nicht. Bei Chūrī ist die Selbstbefriedigung ein medizinisches und moralisches Untersuchungsobjekt. Selbstbefriedigung führt nach Chūrī zu mehreren physiologischen wie auch psychologischen Krankheiten. Der Autor lässt sich die Gelegenheit nicht entgehen, in typisch viktorianischer Manier den Eltern und Erziehern Ratschläge zu erteilen, wie man am besten die Masturbation bei Kindern und Jugendlichen bekämpft. Wir haben es hier mit der Sexualität als bürgerlichem Phänomen des 19. Jahrhunderts in seiner reinsten Form zu tun. Denn Chūrī verknüpft die Masturbation oder die Verschwendung der sexuellen Kraft allgemein mit der körperlichen Beschäftigung, mit dem Nutzen für Heimat und Gesellschaft. Für ihn ist es deswegen wichtig, seine Prioritäten zu kennen. Ein bewusster Umgang mit der Sexualität ist wichtig nicht nur für die Person selbst, sondern auch für sie als Bürger mit Verantwortung gegenüber der eigenen Nation.[22]

In mehreren Kapiteln geht er darüber hinaus auf die Faktoren ein, die die Fortpflanzung beeinträchtigen. Hier tauchen Arbeit und Beschäftigung als Potenzförderung auf, während Nutzlosigkeit und Nichtbeschäftigung die Fortpflanzung negativ beeinflussten, die ja für ihn ein Synonym für Sex ist. Danach behandelt er die gesundheitlichen Gefahren, die bei übermäßiger sexueller Aktivität drohten. Die anderen Kapitel sind der Anatomie, zahlreichen Krankheiten, der Ehe, dem zivilisierten Eheleben sowie der Schwangerschaft und Erziehung gewidmet.

Im ersten Drittel des Buches gibt es ein aus einer knappen Seite bestehendes Kapitel über den Geschlechtsverkehr. Dort lesen wir den folgenden Satz: Wie man Geschlechtsverkehr vollzieht, ist klar und benötigt keine weitere Erklärung.[23]

Dieser Satz verkörpert wie kein anderer den Kontrast zwischen den alten Sexratgebern und den Büchern über die Sexualität, die in der Epoche zwischen dem 19. und der Mitte des 20. Jahrhunderts entstanden. Während Gelehrte wie as-Suyūtī, at-Tīfāschī, al-Kātib ganze Bücher über Genussmaximierung, Positionen, aphrodisierende Substanzen und erotische Geschichten verfassten, sehen Chūrī und seine Kollegen keine Notwendigkeit, über die Art und Weise, wie man den Geschlechtsverkehr vollzieht, zu schreiben, geschweige denn über den Genuss. Für Chūrī ist der Sex lediglich die Penetration, wie wir das in einem Kapitel davor lesen.[24] Vom Vorspiel oder Nachspiel ist kein Wort zu finden. Der sexuelle Genuss scheint in der Welt Chūrīs kaum eine Rolle zu spielen, vielmehr steht der Geschlechtsverkehr im Dienste der Ehe, der Familie und der Nation.

Neue Nationalstaaten und neue Repression

Im Laufe des 20. Jahrhunderts entstanden in fast allen muslimisch geprägten Ländern nationalistische Bewegungen. Entweder handelte es sich um direkte Reaktionen auf die kolonialisierenden Nationalstaaten, wie etwa in Pakistan und Ägypten, oder um eine indirekte Antwort auf die Auseinandersetzung mit den europäischen Mächten, wie zum Beispiel in der Türkei und im Iran. Zwei Merkmale teilen alle nationalen Bewegungen im muslimischen Kontext: Sie wurden von der neuen bürgerlichen Elite getragen und orientierten sich in ihren Konzepten von Nation, Staat und ziviler Gesellschaft an europäischen Vorbildern. Die Entstehung der europäischen Nationalstaaten war allerdings das Ergebnis einer langen Entwicklung, die man bis zum 15. Jahrhundert zurückverfolgen kann. Lange intellektuelle Debatten, mehrere Revolutionen und Kriege sowie Umstrukturierungen der Gesellschaft sind der Entstehung der Nationalstaaten in Europa vorausgegangen. Es war ein Prozess, den die Europäer selbst in die Hand genommen und gestaltet haben. Dagegen war in den muslimischen Gebieten die Entstehung des Nationalismus oder, genauer gesagt, die Einführung des Nationalismus als europäisches Konzept ein Ergebnis gewaltsamer Erfahrungen und nicht selbstbestimmt.

Das rasche Aufeinanderprallen mehrerer Ereignisse, sei es die Schwächung und der Zerfall der alten Reiche, der Kolonialismus oder die Unabhängigkeit und die Entstehung moderner Nationalstaaten, gab den Menschen in diesen Ländern keine Zeit, um selbst gedachte und genuine Lösungen für ihre Probleme zu suchen. Im Zuge des Unabhängigkeitsprozesses und der Entstehung der Nationalstaaten hat die Elite in den meisten Fällen die von den Kolonialmächten geschaffenen Strukturen übernommen. Der moderne Staat mit all seinen Institutionen und Machtapparaten war somit in jenen Ländern angekommen. Dies aber blieb nicht ohne Auswirkung.

Die muslimische Rechtstradition hatte immer pluralistische Züge, sowohl theoretisch in Form der Rechtsschulen als auch praktisch, da es mehrere Umsetzungsmodelle des Rechts gab. Seit dem 8. und bis zum 19. Jahrhundert war die Entwicklung des Rechts, die Bestimmung der Normen und die Rechtsprechung Aufgabe der Gelehrten, die wiederum Teil der Gesellschaft waren. Mit dem Aufkommen des modernen Staates verloren die Gelehrten dieses Privileg. Die Konzeptualisierung des Rechts war von nun an die Aufgabe des Staates. Dabei wird die Kodifizierung in den jungen muslimisch geprägten Nationalstaaten in der ersten Hälfte des 20. Jahrhunderts ironischerweise als eine positive Entwicklung verstanden. Jedoch darf dies uns nicht zu dem Gedanken verleiten, dass dadurch sexuelle Freiheiten garantiert worden wären. Im Grunde genommen hat die Gesetzgebung der meisten jungen Nationalstaaten weiterhin außerehelichen Sex sanktioniert und «abweichendes» Sexualverhalten bestraft. Wir dürfen nicht vergessen, dass die Elite, die an der Gründung der arabischen Nationalstaaten, der Türkei oder Pakistans beteiligt war, durch und durch von der europäischen Kultur geprägt war.

Die Gesetze der neuen Nationalstaaten waren somit nicht frei vom Einfluss der europäischen Rechtstradition, die bis Mitte des 20. Jahrhunderts weit entfernt von der sexuellen Revolution war, die das Ende der 1960er-Jahre bestimmen sollte. Zu diesem Hintergrund merkt Vanja Hamzić in einer Studie zu sexueller und geschlechtsspezifischer Vielfalt in den muslimisch geprägten Ländern an:

> Einerseits wurden in Großbritannien und seinen Kolonien strenge strafrechtliche Bestimmungen beibehalten und verbreitet, in der Hoffnung, durch die schiere Kraft des Gesetzes öffentliche Abschreckung zu erreichen. In Frankreich und seinen Kolonien hingegen wurde die Einhaltung der vorherrschenden Geschlechtsnormen durch Verwaltungsmaßnahmen der Polizei geregelt, die weitgehend außerhalb der Gerichtssäle und anderer öffentlicher Bereiche des Gesetzes durchgeführt wurden. Trotz des Aufstiegs des «Zeitalters der Vernunft» blieben beide Ansätze mit den (offenen oder verdeckten) mittelalterlichen Vorstellungen von christlicher Männlichkeit und «Erlösungsmission» gesättigt, die sie zu einem festen Bestandteil europäischer «zivilisatorischer» Projekte auf der ganzen Welt machten. Beide behielten auch eine völlige Verachtung gegenüber wahrgenommenen sexuellen/geschlechtlichen Übertretungen bei.[25]

Das bedeutet allerdings nicht, dass die Muslime vor der Kolonialherrschaft die Regulierung und Repression des Sexuellen nicht kannten. In der Tat finden wir in zahlreichen Schriften muslimischer Rechtsgelehrter die Sanktion von Beziehungen außerhalb des *nikāh* und der Sklaverei oder die Ablehnung des Analverkehrs zwischen Männern. Allerdings waren die Rechtsgelehrten im Gegensatz zu den christlichen Geistlichen nie in einer derartigen

Machtposition, die es ihnen ermöglicht hätte, die Gesellschaft nach ihrer Fasson zu gestalten.

Ferner hat der moderne Staat im Gegensatz zu früheren Herrschaftsformen ein Interesse an der Erziehung und Bildung seiner Bürger. Der Nationalstaat braucht Institutionen und Mythen. So stehen ihm beispielsweise Schulen, Universitäten, Psychiatrien, Gefängnisse und Behörden zur Verfügung, um eine bestimmte Ideologie zu propagieren und zu verfestigen. In der Zeit zwischen den 40er- und den 70er-Jahren des 20. Jahrhunderts suchten die neuen Staaten, ob Ägypten, Tunesien, Pakistan oder die Türkei, nach einer nationalen Identität. Die Distanzierung von der «dekadenten» Vergangenheit der früheren Reiche und Dynastien war bei diesem Prozess von beträchtlicher Bedeutung. Der Diskurs um Sex drehte sich, wenn er öffentlich stattfand, weiterhin, wenn nicht sogar in verstärkter Form, um Moral, Gesundheit und Kontrolle. Auf den ersten Blick könnte man denken, dass die muslimischen Gesellschaften in dieser Phase «offener» geworden seien, weil etwa Frauen – zumindest aus der bürgerlichen Schicht – im öffentlichen Raum der Großstädte wie Kairo, Casablanca, Teheran oder Kabul sichtbarer wurden, sich freizügiger anzogen und weil zudem romantische Geschichten in der damaligen Filmindustrie nach amerikanischem Muster produziert wurden. Allerdings ist auch hier Vorsicht geboten, damit keine falschen Schlüsse gezogen werden, denn diese Merkmale sind kaum maßgebliche Kriterien für sexuelle Offenheit oder für eine Verbesserung der rechtlichen Lage der Frau in einer Gesellschaft. Die Mehrheit der Staaten, die nach der Unabhängigkeit gegründet wurden, mutierten zu Diktaturen oder Scheindemokratien. Und wie es bei autoritären Systemen üblich ist, wurde die Bevölkerung durch verschiedene Mechanismen kontrolliert und in eine Richtung gelenkt. Das Sexleben der Menschen war von dieser Kontrolle nicht ausgenommen. Jedoch sollte sich die Gefährlichkeit des modernen Staates als Hüter einer bestimmten

Sexualmoral erst in den 1970er-Jahren zeigen, jener Epoche, in der die sogenannte Re-Islamisierung ihren Anfang nahm. Seit Ende der 70er- und vor allem in den 80er- und 90er-Jahren gab es einen Anstieg der islamistischen Strömungen. Dabei spielten verschiedene weltpolitische, ökonomische und soziale Faktoren eine Rolle.

Die Phase zwischen dem Ende des 19. und den 70er-Jahren des 20. Jahrhunderts war dadurch gekennzeichnet, dass die Intellektuellen aus den verschiedenen Lagern die sexuelle Geschichte der Muslime untersuchten und bewerteten. Hierbei war die Rezeption des europäischen Diskurses maßgeblich, und man arbeitete mit den epistemologischen Werkzeugen der Moderne. Allerdings sollte der Diskurs ab den 1970er-Jahren eine neue Wende nehmen, als der Fokus nicht nur auf die muslimische Geschichte, sondern auch auf den sogenannten Westen gerichtet wurde. Diese Entwicklung ist deswegen interessant, weil die Beobachter von gestern jetzt selber Gegenstand der Beobachtung und Bewertung wurden. Als Grundlage für diesen Prozess wurde das produzierte Wissen des Westens herangezogen. Genau das, was wir über den Sexualitätsdiskurs des 19. Jahrhunderts gesagt haben, können wir nun in den islamistischen Schriften über die westliche Sexualität oder über die Sexualität allgemein finden. Es kam ab den 1980ern ein bemerkenswertes Interesse an den sexuellen «Abweichungen» auf, und insbesondere die Homosexualität erweckte das Interesse der Islamisten. Bei manchen polemischen Autoren wird die Toleranz gegenüber der gleichgeschlechtlichen Liebe und ihrer Praxis als Zeichen für den Anfang vom Ende einer Zivilisation gesehen.[26] Das bedeutet, dass Homosexualität und gleichgeschlechtlicher Sex keine Privatangelegenheiten mehr sein dürfen, sondern kontrolliert und bekämpft werden müssen. Diese Denkweise erinnert an den evangelikalen Diskurs, wie Massad anmerkt:

> Für die Islamisten und andere sozial Konservative (ebenso wie für evangelikalische Christen und sozial Konservative im Westen) ist es nicht so, dass Ausschweifungen und Abweichungen keine relevanten Kategorien mehr sind, sie werden vielmehr bedrohlicher gemacht, indem sie in Sünden, Verbrechen und Krankheiten verwandelt werden, die zusammen zum geistigen und physischen Tod der Gesellschaft und Zivilisation führen, es sei denn, eine religiöse Erweckungsbewegung wirkt als Reinigungsprozess, der sie beseitigt.[27]

Die Gefahr der sexuellen «Abweichungen» dient somit als Legitimation der eigenen politischen Agenda. Dieser Mechanismus ist nicht neu, er nimmt hier nur eine andere Dimension an. Der islamistischen Logik zufolge lautet er jetzt: Wenn der Staat nicht gegen sexuelle Abschweifung vorgeht, ist dies ein Zeichen seiner moralischen Korruptheit. Das Sexualverhalten der Individuen wird als Maßstab für Kultiviertheit und Dekadenz benutzt. In der Tat führte der islamistische Druck ab den 1980er-Jahren zu einer Verschärfung des Strafrechts unter dem Deckmantel der «Einführung der Scharia». In verschiedenen Ländern – wie beispielsweise in Pakistan oder Indonesien – konnte man dann diese Tendenz beobachten.[28]

Genauer betrachtet, handelt es sich hier um einen Identitätsdiskurs. Manche Islamisten benutzen die Sexualität des «Anderen», um dann ein Bild von dem, was «normal» sein soll, genauer: vom Vorbildmuslim, zu konzipieren. Der Muslim wird in dieser Ideologie als Gegenstück zum «westlichen» Menschen dargestellt. Hier war der ideologische Voyeurismus fundamental. Statistiken über die Scheidungsrate, über die Prostitution oder über die Homosexuellen wurden und werden immer noch als apologetische Argumente für die eigene Position verwendet. «Schaut hin, wenn ihr nicht wie die westlichen Gesellschaften enden wollt, dann folgt uns», lautet die Kernbotschaft. «Der Westen» wurde nach der sogenannten sexuellen Revolution noch stärker als Ort der Dekadenz dargestellt. Bei der «Beobachtung» des Westens durch die islamistischen Protagonisten wurden Moral, Medizin, Soziologie und andere Disziplinen zu einem einzigen Diskurs um die Sexualität verwoben.[29]

Islamistische Autoren ignorieren gewöhnlich die Informationen über das sexuelle Verhalten der Menschen unter den Umayyaden und Abbasiden, den ersten muslimischen Reichen.[30] Und falls sie doch darauf eingehen, dann entweder in einer bewertenden Weise oder mit der Absicht, Abschweifungen herabzuwürdigen: als Kontrast zu einer illusionierten abweichungsfreien muslimischen Gesellschaft, wie es sie in den ersten Jahrzehnten nach dem Ableben des Propheten gegeben haben soll.

Wie nicht anders zu erwarten, haben die islamistischen Bewegungen zudem die Diskussion um bestimmte Krankheiten wie Aids für ihre Agenda benutzt. In diesem Zusammenhang wurde das, was sie unter Islam verstehen, als wirksame Medizin gegen all die sexuellen Krankheiten, die den menschlichen Körper sowie die Gesellschaft zerstören, dargeboten.[31] Mit dem Aufkommen des Internets Ende der 90er-Jahre und dem Auftreten anderer Herausforderungen wie dem wachsenden Konsum von Pornografie verschärften die Islamisten ihren Ton und forderten mehr Zensur, Kontrolle und Eingrenzung.[32]

In seinem Kern unterscheidet sich der islamistische Diskurs nicht von anderen postkolonialen nationalen Bewegungen, seien es jene mit einem nationalistischen, sozialistischen oder religiösen Hintergrund. Denn alle gingen und gehen davon aus, dass der Staat als politisches Wesen die Aufgabe hat, die Sexualmoral zu hüten und das Sexleben der Bürger zu kontrollieren, zu normieren und zu sanktionieren. Das Problem liegt somit nicht in einer bestimmten Sexualmoral, sondern vielmehr in der gesamten Konstellation der staatlichen Bevormundung und Kontrolle.

Traditionelle und moderne Normen

Der Machtdiskurs um die Sexualität wurde im Laufe des 20. Jahrhunderts durch den Aufstieg moderner Staatssysteme, durch westliche Intervention sowie verschiedene reformwillige und nationalistische Bewegungen geprägt. Allerdings haben diese komplexen Prozesse, wie es Bruce Dunne, der ehemalige stellvertretende Vorstandsvorsitzende von Middle East Research and Information Project, richtig feststellt, die patriarchalischen Strukturen, die der sexuellen Ordnung zugrunde liegen, nicht wesentlich infrage gestellt. Im Grunde genommen wurden diese durch die neue Ordnung nur verfestigt. Denn sowohl die Kolonialmächte als auch die bürgerlichen, nationalistischen oder islamistischen Bewegungen ließen die Pfeiler der bestehenden Geschlechterverhältnisse, die das Sexualleben maßgeblich beeinflussen, weitgehend intakt.[33] Jedoch kann man den Wandel im Umgang mit Sex und Erotik in den muslimisch geprägten Ländern nicht monokausal erklären. Diese Transformation ist nicht nur dem Kolonialismus und seinen Folgen geschuldet, sondern auch weiteren Faktoren.

Die relative Offenheit, mit der die Muslime in vormoderner Zeit im städtischen Leben mit dem Sexuellen umgingen, heißt nicht, dass ihre Gesellschaft egalitär gewesen wäre. Zwar war der Sex nicht aus dem öffentlichen Leben verbannt, gab es doch Räume wie zum Beispiel öffentliche Bäder, Parks, Cafés oder Tavernen, in denen Sex und Erotik präsent waren, doch wurde dies nicht immer kritiklos von allen Teilen der Gesellschaft hingenommen. Das Besondere war die Existenz mehrerer Meinungen, die in den meisten Fällen toleriert wurden. Zudem waren die Richter oder Statthalter, die für die öffentliche Ordnung zuständig waren, nicht daran interessiert, die Bevölkerung zu erziehen oder in eine bestimmte Richtung zu lenken. Die in den Büchern zum muslimischen Sexualstrafrecht vorgesehenen Körperstrafen fanden kaum Anwendung.[34] Nicht vergessen werden sollte jedoch, dass die politische und ökonomische Macht immer in der Hand von Männern lag, die die geltenden Normen bestimmten und das, was rechtmäßig war, definierten. Die verschiedenen Rechtssysteme mögen den muslimischen Gesellschaften für Jahrhunderte eine gewisse Stabilität verliehen haben und im Vergleich zu in der Vormoderne herrschenden Rechtsnormen systematischer und in manchen Fällen auch gerechter gewesen sein.[35] Für die Zeit ab dem 19. Jahrhundert aber kann das mit Sicherheit nicht gesagt werden.

Die Normen, die das Ehe-, Scheidungs- oder Sexualstrafrecht regeln, stammen alle aus der Zeit zwischen dem 8. und 12. Jahrhundert. Danach wurden sie nur minimal verändert bzw. an unterschiedliche Kontexte angepasst. Allgemein kennen die muslimischen Gelehrten der Vormoderne keine Kodifizierung des Rechts in unserem Sinne. Zwar gibt es Hunderte Werke über die Normenlehre und ihre Methodologie mit Dutzenden von Bänden. Diese beinhalten allerdings keine ausformulierten Gesetze, sondern eine Vielfalt von Normen, Interpretationen und Rechtsansichten. In der Praxis dienten sie allerdings nicht allein als Grundlage für die Rechtsprechung, vielmehr wurden auch lokale Rechtstraditionen und andere Quellen von den Richtern berücksichtigt. Die muslimische Rechtstradition könnte man vorsichtig mit dem in mehreren englischsprachigen Ländern verbreiteten Common Law vergleichen. Nach Entstehung der modernen Nationalstaaten hat man aus der hochambigen muslimischen Normenlehre eindeutige Vorschriften gemacht, indem eine Rechtsposition unter vielen favorisiert und zum einzig geltenden Gesetz erhoben wurde. Damit ist nicht nur eine problematische Eindeutigkeit hergestellt, sondern diese eine favorisierte Norm wurde auch zu einem Staatsgesetz, von den Institutionen behütet und durchgesetzt. Noch heikler ist freilich die Tatsache, dass die Gesetze der neuen Nationalstaaten – mit wenigen Ausnahmen – vorwiegend auf der muslimischen Normenlehre basieren, die jahrhundertealt ist und mit den meisten Phänomenen der Neuzeit nicht kompatibel.[36]

Die muslimische Normenlehre stammt aus einer Zeit, in der Phänomene wie die Kernfamilie oder alleinstehende Mütter nicht existierten, keine Lohnarbeit im heutigen Sinne, keine industrielle Produktion, keine schnellen Verkehrsmittel, keine elektronischen Kommunikationsmittel den Alltag bestimmten und Frauen in der Öffentlichkeit kaum sichtbar waren. Heute prägen all diese Phänomene nicht nur das Leben der Menschen insgesamt, sondern auch die Geschlechterbeziehung und das Sexualleben. Genauer betrachtet heißt das für die Gegenwart: Nicht die Normenlehre aus dem 14. oder die Gelehrten des 11. Jahrhunderts sind das Problem, sondern vielmehr der Glaube, dass ihre Ansichten, ohne hinterfragt zu werden, das Leben der Menschen auch heute bestimmen können. Diese Vorstellung ist noch allgegenwärtig unter den muslimischen Gelehrten.

Die im ersten Kapitel behandelte klassische *nikāḥ*-Beziehung sieht mancher Auffassung zufolge vor, dass zwei Personen Mann und Frau sind, wenn sie die *nikāḥ*-Formel, die ihre Zustimmung und Akzeptanz der Beziehung ausdrückt, vor zwei Zeugen aussprechen. Haben die beiden allerdings heute Sex, dann machen sie sich in vielen muslimisch geprägten Ländern strafbar, weil diese Beziehung keine Ehe im rechtlichen Sinne ist. In diesen Staaten werden heute nämlich nur staatlich registrierte Ehen anerkannt. Dies wird damit legitimiert, dass nur so die Frauen vor Missbrauch geschützt werden können.

Das ist aber nur eine Legitimation von staatlicher Kontrolle. Die Kriminalisierung von allen anderen Beziehungen, die nicht rechtmäßig anerkannt sind, ist auch eine Hintertür für den Missbrauch. In vielen muslimischen Ländern werden die Kinder, die nicht innerhalb einer staatlich registrierten Ehe zur Welt kommen, als uneheliche Kinder betrachtet, denen viele Rechte vorenthalten bleiben. Auch Vergewaltigungen und andere Formen des Missbrauches werden strukturell durch Gesetze gestärkt, die zwischen legitimen und illegitimen Beziehungen unterscheiden und für diese Unterscheidung jahrhundertealte Normen heranziehen. Den früheren Positionen der muslimischen Normenlehre liegt indes eine bestimmte Gesellschaftsstruktur zugrunde, die heute nicht mehr existiert. In der Vormoderne wurde deswegen viel Wert auf die Legitimation der Beziehung durch Zeugen und familiäres Einverständnis gelegt, weil dies der einzige Weg war, mit dem man – zumindest dem äußeren Anschein nach – die Kinder dem Vater zuordnen konnte. Diese Zuordnung spielte wiederum eine zentrale Rolle in Bereichen wie dem Erbrecht, der Bürgschaft oder der Vormundschaft.

Für diese Zuordnung gibt es heutzutage andere Methoden, auf die der Rechtsstaat zurückgreifen kann. Ob eine sexuelle Beziehung zwischen zwei Erwachsenen legitim ist oder nicht, darf nicht vom Staat bestimmt werden, und dies sollte auch keine Auswirkung auf die Gewährleistung der Rechte zwischen Mann und Frau, ob standesamtlich verheiratet oder nicht, haben. Die Frage der Sexualmoral sollte individuell bestimmt werden. Allerdings ist dies in den meisten muslimisch geprägten Ländern nicht der Fall. Der Staat bestimmt immer noch, wem Rechte zustehen und wer bestraft wird, und das aufgrund seiner Bewertung freiwilliger Beziehungen zwischen mündigen Bürgern. Wie schon erwähnt, haben der Missbrauch der Genussbeziehung (*mutʿa*) oder der einvernehmlichen Beziehungen und die damit verbundene Entrechtung der Frauen in einigen muslimischen Gesellschaften ihre Ursache in der Tatsache, dass die meisten Staaten diese Beziehungen nicht anerkennen. Eine zeitgemäße Lösung wäre nicht die Verschärfung der Kontrolle und der Sexualstrafgesetze, sondern eine staatliche Anerkennung der Rechte der Partner sowie der Kinder, aus welcher Art von Beziehung auch immer sie stammen.

Die neue Macht der Stammesgesellschaften

Ein weiterer Grund für die hier behandelte Transformation ist der Untergang des vormodernen städtischen Lebens. Im Vorwort wurde bereits erwähnt, dass die Geschichte im vorliegenden Buch primär als Geschichte der Städte zu verstehen ist. Die meisten Diskurse behandeln ausschließlich städtische Phänomene. Die Autoren, denen wir begegnet sind, stammten alle aus Städten, ob aus Bagdad, Istanbul oder Kairo. In einer Zeit, in der es staatsfreie Zonen gab, war der Kontrast zwischen städtischer und ländlicher Gesellschaft noch viel stärker, als wir es uns heute vorstellen können. So gab es früher keine einheitlichen Schulsysteme, keine Medien, die alle Menschen erreichten, keine Transportwege in die abgelegensten Gegenden. Auf dem Land gab es überhaupt keine Schulen, Lehrstätten oder ausgeprägten Netzwerke von Stiftungen. Darüber hinaus wurde die Rolle des Richters häufig von lokalen Größen – Schiedsrichtern, Dorfältesten oder dem Rat der Älteren – übernommen. Auf dem Land gab es kaum literarisches Schaffen, keine oder kaum theologische Debatten. Auch die kosmopolitische Atmosphäre von Städten wie Istanbul, Alexandria, Damaskus oder Delhi fehlte in den Dörfern. Diese sowie viele andere Phänomene beeinflussten die unterschiedlichen Lebensarten stark.

Vor der Industrialisierung machten die Bauern in den meisten Gesellschaften mehr als 90 Prozent der Bevölkerung aus.[37] Mit der Industrialisierung kam es zu einem demographischen Wandel. Die ursprüngliche Stadtbevölkerung, welche die dazugehörige Kultur trug, wurde zu einer Minderheit. Die Vorfahren der meisten heutigen Bewohner wanderten irgendwann zwischen dem Ende des 18. und des 20. Jahrhunderts in die Stadt. Diese Menschen brachten auch andere Vorstellungen über Moral und Sex mit.[38] Viele Probleme, die die Selbstbestimmung der jungen

Generation oder das Sexleben betreffen, haben ihre Ursache nicht nur in der patriarchalen Struktur der Gesellschaft, sondern auch in vielen Charakteristika der Stammesgesellschaft, die weiter fortbestehen. Dazu gehören beispielsweise die Vorstellungen, dass die Familie die potenziellen Ehepartner auswählt, dass das Sexleben der Frauen die Ehre der Familie beeinflusst, aber auch die vielen Erwartungen, die auf eine Ehe projiziert werden. Darüber hinaus hat die Einhaltung von Hierarchien, Moralvorstellungen und Bräuchen, die ihren Ursprung im ländlichen Leben haben, im Laufe des 20. Jahrhunderts die Überreste der vormodernen urbanen Kultur und die damit verbundenen Vorstellungen über den Sex verdrängt und in manchen Gesellschaften völlig beseitigt.

Die staatliche, familiäre und gesellschaftliche Kontrolle und Sanktionierung des Sexuellen sind Ursachen für eine Reihe von sozialen und psychischen Problemen, die insbesondere die junge Generation heute trifft. Beziehungen werden geheim gehalten, und die Prostitution, der Sextourismus, die Abtreibungen im Verborgenen aus Angst vor der Gesellschaft, die chirurgische Wiederherstellung der Jungfernhäutchen oder die Unkenntnis über viele sexuell übertragbare Krankheiten sind nur einige der sichtbaren Probleme.

Nachwort

Dieses Buch darf nicht als Vergleich einer blühenden Vergangenheit mit einer problemreichen Moderne verstanden werden. Die Darstellung des Kontrastes zwischen der Vormoderne und der Moderne in den muslimisch geprägten Gesellschaften ist jedoch wichtig, wird uns dadurch doch gezeigt, dass vieles von dem, was wir heute als «Islam» oder «muslimisch» begreifen, seinen Ursprung eher in der Moderne hat. Zudem macht uns der Kontrast auch deutlich, dass dieser Wandel aus verschiedenen Gründen eher ein Rückschlag als ein Fortschritt war. Freilich liegt die Lösung nicht in einem Traditionalismus, der versucht, eine wie auch immer verstandene Vergangenheit aufrechtzuerhalten oder vergangene Diskurse als Maßstab für unsere heutige Zeit zu setzen, sondern darin, die positiven Phänomene vergangener Jahrhunderte für uns heute weiterzudenken und fruchtbar zu machen.

Darüber hinaus hilft uns die Vergangenheit, gewisse Konstrukte wie «Islam» oder «islamische Geschichte» aufzulösen. Zum einen wird dadurch klar, dass Muslime im Laufe der Jahrhunderte verschiedene Zugänge zu ihrem Glauben hatten, eine wichtige Erkenntnis, die Muslime heute aus ihrer Geschichte mitnehmen können. Zu verstehen, dass, genauso wie früher, verschiedene, sogar widersprüchliche Positionen nebeneinander existieren können, hat eine enorme emanzipatorische und aufklärerische Kraft. Die teilweise gewaltsame Gleichschaltung und Vereinheitlichung der Gesellschaft ist vielleicht eines der wichtigsten Kernprobleme vieler muslimisch geprägter Gesellschaften. Auch für Muslime, die als Minderheit in Gesellschaften wie der deutschen leben, ist dies von Bedeutung. Zum anderen wird durch den Kontrast zwischen Vormoderne und Moderne deutlich, dass es keine «islamische Geschichte», in der sich ein vermeintlich reiner Islam manifestiert, gibt.

In diesem Buch kam das imaginierte Subjekt «Islam» nie zu Wort. Es waren stets Muslime, deren Ansichten hier gezeigt wurden, Menschen, die von ihrer Zeit und Welt geprägt waren und es immer noch sind.

Glossar

Ghazal: Eine Form der Liebeslyrik, bei der es oft um die Beschreibung der bzw. des Geliebten geht.

Hanbalīten: Anhänger der sunnitischen Schule, deren Begründer Aḥmad ibn Ḥanbal (gest. 855) war.

Hanafīten: Anhänger der sunnitischen Schule, deren Begründer Abū Ḥanīfa (gest. 767) war.

Imāmīten: Anhänger der größten schiitischen Strömung.

Liwāt: Analverkehr zwischen zwei Männern.

Lutī: Derjenige, der Analverkehr mit Männern praktiziert. Meistens ist damit die aktive Person gemeint.

Mālikīten: Anhänger der sunnitischen Schule, deren Begründer Mālik ibn Anas (gest. 795) war.

Nikāh: Eine einvernehmliche und einige weitere Kriterien erfüllende Beziehung zwischen einem Mann und einer Frau

Schāfiʿīten: Anhänger der sunnitischen Schule, deren Begründer aš-Šāfiʿī (gest. 820) war.

Sihāq: Hauptsächlich benutzt für den Geschlechtsverkehr zwischen zwei Frauen.

Sunna: Die prophetische Tradition in Form von Unterweisungen und Praxis.

Zāhirīten: Anhänger einer nicht mehr existierenden sunnitischen Schule, die den Analogieschluss in der Normenfindung ablehnt.

Anmerkungen

Motto

1 Fatḥallāh, ʿAbd-al-Laṭīf: *Dīwān al-muftī ʿAbd-al-Laṭīf Fatḥallāh*, Bd. 2/ S. 697.

Vorwort

1 Bauer, Thomas: *Warum es kein islamisches Mittelalter gab: Das Erbe der Antike und der Orient*, Kapitel 1.2.

1. Der historische Kontext vor dem Islam

1 Vgl. Caseau, Béatrice: *Marriage, Byzantine*, S. 4316 f.
2 Vgl. Kazhdan (Hrsg.): *The Oxford Dictionary of Byzantium*, Bd. 1/ S. 25.
3 Vgl. Caseau: *Marriage, Byzantine*, S. 4316.
4 Vgl. Meyendorff, John: *Christian Marriage in Byzantium: The Canonical and Liturgical Tradition*, S. 100.
5 Vgl. Kazhdan (Hrsg.): *The Oxford Dictionary of Byzantium*, Bd. 2/ S. 1302 f.; Caseau: *Marriage, Byzantine*, S. 4316.
6 Vgl. Kazhdan (Hrsg.): *The Oxford Dictionary of Byzantium*, Bd. 2/ S. 1305.
7 Vgl. ebd., Bd. 1/ S. 640.
8 Vgl. ebd.
9 Vgl. Meyendorff: *Christian Marriage in Byzantium: The Canonical and Liturgical Tradition*, S. 101.
10 Vgl. Parrinder, Geoffrey: *Sexualität in den Religionen der Welt*, S. 267.
11 Vgl. Kazhdan (Hrsg.): *The Oxford Dictionary of Byzantium*, Bd. 3/ S. 1885.
12 Vgl. ebd.

13 Vgl. Meyendorff: *Christian Marriage in Byzantium: The Canonical and Liturgical Tradition*, S. 99.

14 Vgl. Kazhdan (Hrsg.): *The Oxford Dictionary of Byzantium*, Bd. 3/ S. 1885; Meyendorff: *Christian Marriage in Byzantium: The Canonical and Liturgical Tradition*, S. 99.

15 *Sacred and Profane Love: Thoughts on Byzantine Gender*, hier: S. 8.

16 Vgl. Kiel, Yishai: *Dynamics of Sexual Desire: Babylonian Rabbinic Culture at the Crossroads of Christian and Zoroastrian Ethics*, S. 394 ff.

17 Vgl. Mir-Hosseini, Ziba, Mansour Shaki und Jeanette Wakin: *Family Law*.

18 Ebd.

19 Ebd.

20 Vgl. aš-Šāfiʿī, Muḥammad b. Idrīs: *al-Umm*, Bd. 5/ S. 18; as-Saraḫsī, Šams ad-Dīn: *al-Mabsūt*, Bd. 5/ S. 39.

21 Skjærvø, Prods Oktor: *Homosexuality in Zoroastrianism*.

22 Vgl. ʿAlī, Ǧawād: *al-Mufaṣṣal fī tārīḫ al-ʿarab qabl al-islām*, Bd. 5/ S. 530.

23 Vgl. Ibn Fāris, Abū al-Ḥusayn: *Maqāyīs al-luġa*, Bd. 1/ S. 264.

24 Vgl. Walls, Neal H.: *Baal*, S. 723 ff.

25 Vgl. ʿAlī: *al-Mufaṣṣal fī tārīḫ al-ʿarab qabl al-islām*, Bd. 5/ S. 528.

26 Vgl. ebd., Bd. 5/ S. 529.

27 Vgl. ebd., Bd. 5/ S. 533.

28 Vgl. at-Tarmanīnī, ʿAbd as-Salām: *az-Zawāǧ ʿind al-ʿarab fī al-ǧāhiliyya wa l-islām*, S. 26 f.

29 Vgl. ʿAlī: *al-Mufaṣṣal fī tārīḫ al-ʿarab qabl al-islām*, Bd. 5/ S. 535.

30 Quran 4:19 (Übers. Khoury). Vgl. ʿAlī: *al-Mufaṣṣal fī tārīḫ al-ʿarab qabl al-islām*, Bd. 5/ S. 535.

31 «*Der Brauch des Levirats im Rahmen des jüdischen Eherechts bricht als Notlösung das Inzesttabu des Heiligkeitsgesetzes Lev 18,16 und 20,21 für Schwager und Schwägerin. Mit der Leviratspflicht ‹wird eine Heirat per Gesetz verordnet, die eigentlich verboten ist› (David Volgger). In der Leviratsehe […] muss der gleichzeitig im Familienverband lebende Bruder […] die Witwe seines ohne einen männlichen Nachkommen verstorbenen Bruders, seine Schwägerin ([…], heiraten […], um de jure einen fiktiven Sohn des Verstorbenen zu zeugen.*» Kellermann, Ulrich: *Eheschließungen im frühen Judentum: Studien zur Rezeption der Leviratstora, zu den Eheschließungsritualen im Tobitbuch und zu den Ehen der Samaritanerin in Johannes 4*, S. 3.

32 Vgl. at-Tarmanīnī: *az-Zawāğ ʿind al-ʿarab fī al-ğāhiliyya wa l-islām*, S. 27.

33 ʿAlī: *al-Mufaṣṣal fī tārīḫ al-ʿarab qabl al-islām*, Bd. 5/ S. 538.

34 Vgl. at-Tarmanīnī: *az-Zawāğ ʿind al-ʿarab fī al-ğāhiliyya wa l-islām*, S. 18.

35 Vgl. ʿAlī: *al-Mufaṣṣal fī tārīḫ al-ʿarab qabl al-islām*, Bd. 5/ S. 559.

36 Ebd., Bd. 5/ S. 560.

37 Vgl. ebd., Bd. 5/ S. 539.

38 Vgl. ebd., Bd. 5/ S. 541.

39 at-Tarmanīnī: *az-Zawāğ ʿind al-ʿarab fī al-ğāhiliyya wa l-islām*, S. 23.

40 Koran 24:33 (Übers. Khoury).

41 Vgl. Heller, Erdmute und Hassouna Mosbahi: *Hinter den Schleiern des Islam*, S. 25.

42 Vgl. Abū Faḫr, Ṣaqr: *al-Ğins ʿind al-ʿarab*, S. 244.

43 al-Iṣfahānī, ar-Rāġib: *Muḥāḍarāt al-udabā' wa-muḥāwarāt aš-šuʿarā'*, Bd. 3/ S. 274.

44 Vgl. Kadr, George: *Saqīfat Ḥubbā*, S. 107 ff.

2. Die Beziehung: Geschlechtsverkehr oder Ehe?

1 Vgl. az-Zarqānī, ʿAbd al-Bāqī: *Šarḥ az-Zarqānī ʿalā muḫtaṣar Ḫalīl*, Bd. 3/ S. 287; al-Mardāwī, ʿAlā' ad-Dīn: *al-Inṣāf fī maʿrifat ar-rāğiḥ min al-ḫilāf*, Bd. 8/ S. 3 f.

2 Vgl. az-Zarqānī: *Šarḥ az-Zarqānī ʿalā muḫtaṣar Ḫalīl*, Bd. 3/ S. 287.

3 Vgl. Ibn ʿĀbidīn, Muḥammad Amīn: *Ḥāšiyat radd al-muḫtār*, Bd. 3/ S. 62 f.

4 Vgl. ar-Ramlī, Šams ad-Dīn: *Nihāyat al-muḥtāğ ilā šarḥ al-minhāğ*, Bd. 6/ S. 176 f.

5 Vgl. al-Mardāwī: *al-Inṣāf fī maʿrifat ar-rāğiḥ min al-ḫilāf*, Bd. 8/ S. 6.

6 Vgl. Ibn ʿAbd al-Barr, Abū ʿUmar: *al-Istiḏkār*, Bd. 16/ S. 197.

7 Vgl. Ibn ʿĀbidīn: *Ḥāšiyat radd al-muḫtār*, Bd. 4/ S. 62. Zur Position der Imāmīten siehe an-Naǧafī, Muḥammad Ḥasan: *Ğawāhir al-kalām fī šarḥ šarāʾiʿ al-islām*, Bd. 29/ S. 387. Zur Ansicht der Ḥanbalīten siehe al-Mardāwī: *al-Inṣāf fī maʿrifat ar-rāğiḥ min al-ḫilāf*, Bd. 8/ S. 118.

8 Vgl. Ibn ʿĀbidīn: *Ḥāšiyat radd al-muḫtār*, Bd. 4/ S. 59 f.

9 Vgl. aṣ-Ṣāwī, Aḥmad: *Bulġat as-sālik li-aqrab al-masālik*, Bd. 2/ S. 212.

10 Vgl. al-Mardāwī: *al-Inṣāf fī maʿrifat ar-rāğiḥ min al-ḫilāf*, Bd. 8/ S. 6.

11 Vgl. ar-Ramlī: *Nihāyat al-muḥtāğ ilā šarḥ al-minhāğ*, Bd. 6/ S. 176.

12 Allein die Šāfiʿīten vertreten hier die problematische Position, dass die Frau gegenüber ihrem Mann keine sexuellen Rechte habe. Hier geht es vor allem um die Frage, ob die Frau vor einem Richter die Scheidung verlangen kann, wenn sie keine sexuelle Befriedigung erlangt bzw. wenn ihr Mann mit ihr keinen sexuellen Kontakt pflegt. Siehe Wizārat al-awqāf: *al-Mawsūʿa al-fiqhiyya*, Bd. 39/ S. 36.

13 Vgl. ebd., Bd. 41/ S. 233.

14 Allerdings waren sich die meisten Gelehrten darüber einig, dass die Bekanntmachung des Vertrages vor mindestens zwei Zeugen stattzufinden hatte, bevor das Paar intim miteinander wurde. Vgl. ebd., Bd. 41/ S. 294 f.

15 Vgl. ebd., Bd. 41/ S. 247 ff.

16 Vgl. al-Fāsī, Ibn al-Qaṭṭān: *al-Iqnāʿ fī masāʾil al-iğmāʿ*, Bd. 2/ S. 8.

17 Vgl. as-Suyūṭī, Ǧalāl ad-Dīn: *al-Wišāḥ fī fawāʾid an-nikāḥ*, S. 52 f.

18 al-Muttaqī al-Hindī, ʿAlāʾ ad-Dīn: *Kanz al-ʿummāl*, Nr. 5311/ Buḫārī.

19 Ghandour, Ali: *Fiqh: Einführung in die islamische Normenlehre*, S. 71 ff.

20 Vgl. Wizārat al-awqāf: *al-Mawsūʿa al-fiqhiyya*, Bd. 41/ S. 209 ff.

21 Vgl. ebd., S. 217 ff.

22 Diese Position hat er noch in keinem Buch behandelt, allerdings erwähnte er sie auf mehreren öffentlichen Plattformen.

3. Formen der Polygamie

1 Willey, Angela: *Undoing Monogamy: The Politics of Science and the Possibilities of Biology*, S. 26.

2 Krafft-Ebing, Richard: *Psychopathia sexualis, mit besonderer Berücksichtigung der conträren Sexualempfindung. Eine klinischforensische Studie*, S. 4 f.

3 Vgl. ebd., S. 32.

4 Vgl. ebd.

5 Vgl. ebd., S. 33.

6 Brandon, Marianne: *Monogamy: The Untold Story*, S. 3.

7 Vgl. Fuentes, Agustin: *Race, Monogamy, and Other Lies They Told You*, S. 190.

8 Vgl. Barash, David P.: *Out of Eden: The Surprising Consequences of Polygamy*, S. 11.

9 Ebd.

10 Vgl. ebd., S. 3 f.

11 Vgl. ebd., S. 4.
12 Vgl. ar-Rīsūnī, Aḥmad: *al-Fikr al-maqāṣidi qawāʿiduh wa-fawāʾiduh*, S. 43 ff.
13 Siehe z. B.: al-Qarāfī, Šihāb ad-Dīn: *aḏ-Ḏaḫīra*, Bd. 4/S. 193; Ibn ʿĀbidīn: *Ḥāšiyat radd al-muḥtār*, Bd. 5/ S. 24.
14 Vgl. Wizārat al-awqāf: *al-Mawsūʿa al-fiqhiyya*, Bd. 33/ S. 184 ff.

4. Die Genussbeziehung

1 Siehe dazu: al-Anǧarī, Muḥammad b. al-Azraq: *Zawāǧ al-mutʿa.*
2 Ebd., S. 68 f.
3 aṭ-Ṭabarī, Abū Ǧaʿfar: *Tafsīr aṭ-Ṭabarī*, Bd. 6/ S. 587; as-Suyūṭī, Ǧalāl ad-Dīn: *ad-Durr al-manṯūr*, Bd. 4/ S. 328. Imam al-Ḥākim und Imam aḏ-Ḏahabī bestätigten, dass diese Überlieferung authentisch ist und dass sie die Kriterien, die Imam Muslim voraussetzt, erfüllt. Siehe al-Ḥākim an-Nīsāpūrī, Muḥammad b. ʿAbdillāh: *al-Mustadrak ʿalā aṣ-ṣaḥīḥayn*, Bd. 2/ S. 334.
4 Vgl. aṣ-Ṣanʿānī, ʿAbd ar-Razzāq: *al-Muṣannaf*, Bd. 7/ S. 498.
5 Vgl. al-Anǧarī: *Zawāǧ al-mutʿa*, S. 70.
6 Wie z. B. ʿAli b. al-Hussain (gest. 713), sein Sohn Abū Ġaʿfar al-Bāqir (gest. um 732) und dessen Sohn Ǧaʿfar aṣ-Ṣādiq (gest. 765) sowie Saʿīd b. Ǧubayr (gest. 714). Siehe Ibn ʿAbd al-Barr, Abū ʿUmar: *at-Tamhīd*, Bd. 10/ S. 113. Es gibt drei Wege, wie man mit solchen Lesarten, die nicht mehrfach überliefert sind und dem Textkorpus des heutigen Korans nicht entsprechen, umgeht. Der erste Weg ist, solche Lesarten als Koran, der uns zwar in dieser Form nicht mehrfach (*tawātur*) erreicht hat, aber dessen Inhalt noch relevant ist, zu lesen. Das heißt, man kann sie zwar nicht als Koran für Rituale wie das Gebet rezitieren, aber sie werden in der Normenlehre berücksichtigt. Der zweite Weg ist, solche Lesarten als Überlieferungen des Propheten zu handhaben. Dass man die unregelmäßigen Lesarten als prophetische Überlieferungen verwenden kann bzw. soll, ist die Position mehrerer Gelehrter wie Abū Ḥanīfa, Abū al-Ḥusayn al-Baṣrī, as-Saraḫsī, Ibn Qudāma, aṭ-Ṭūfī oder Ibn al-Laḥḥām. Es ist auch die Hauptposition der Ḥanafīten, Ḥanbalīten und zahlreicher Šāfiʿīten, wird aber zudem von Imam aš-Šāfiʿī und Imam Mālik überliefert. Vgl. Farrūḫ, Maḥmūd Ṣalāḥ: *al-Qirāʾa aš-šāḏa ʿind al-ūṣūliyyīn wa-aṯaruhā fī iḫtilāf al-fuqahāʾ*, S. 56 ff. Ibn ʿAbd al-Barr spricht sogar von einem Konsens unter den Gelehrten, dass man solche

Lesarten als prophetische Überlieferung verwenden kann. Vgl. Ibn ʿAbd al-Barr: *at-Tamhīd*, Bd. 4/ S. 278 f. Der dritte Weg ist, sie als Erklärungen der Gefährten des Propheten zu verwenden. Dies ist beispielsweise die Position des berühmten Korankommentators al-Qurṭūbī. Vgl. al-Qurṭubī, Abū ʿAbdillāh: *al-Ǧāmiʿ li-aḥkām al-qurʾān*, Bd. 1/ S. 80.

7 Unter diesen Gelehrten findet man Ibn ʿAbbās, Ibn Ǧubayr, Muǧāhid (gest. 722), Qatāda (gest. 735), as-Suddī (gest. 745), al-Ḥakam (gest. 115) und ʿAtāʾ. Diese Persönlichkeiten gehören zu den Hauptkommentatoren des Korans in der Frühzeit des Islams.

8 Vgl. aṭ-Ṭabarī: *Tafsīr aṭ-Ṭabarī*, S. 6, 586 ff.; as-Suyūṭī: *ad-Durr al-manṯūr*, Bd. 4/ S. 326.

9 Vgl. al-Qurṭubī: *al-Ǧāmiʿ li-aḥkām al-qurʾān*, Bd. 6/ S. 215. Man könnte aber meinen, dass ar-Rāzī in seinem Kommentar der Mehrheit der Gelehrten eine andere Meinung zuschrieb, nämlich dass diese Stelle eher den ersten Geschlechtsverkehr in der Ehe, der die Brautgabe zur Pflicht macht, behandelt. Allerdings zu behaupten, dass diese Interpretation immer die der Mehrheit war, ist nicht richtig, denn in den frühen Kommentaren und aus der Frühzeit des Islams war nur die Erklärung mit der Genussbeziehung bekannt. Ar-Razī meint also hier bestimmt die Gelehrten seiner Zeit, jener Zeit, in welcher sich die vier Rechtsschulen längst etabliert hatten.

10 Vgl. al-Anǧarī: *Zawāǧ al-mutʿa*, S. 98.

11 *Kanz*, Nr. 45730 /Ṣaḥīḥ Muslim.

12 Vgl. al-Anǧarī: *Zawāǧ al-mutʿa*, S. 390 ff.

13 Vgl. ebd., S. 390.

14 Vgl. an-Naǧafī: *Ǧawāhir al-kalām fī šarḥ šarāʾiʿ al-islām*, Bd. 30/ S. 153.

15 Vgl. Bailey, Martha und Amy J. Kaufman: *Polygamy in the Monogamous World: Multicultural Challenges for Western Law and Policy*, S. 11.

16 Kinder, die im Rahmen einer Genussbeziehung geboren werden, sind erbberechtigt.

17 Vgl. Wizārat al-awqāf: *al-Mawsūʿa al-fiqhiyya*, Bd. 41/ S. 341.

18 Vgl. ebd., Bd. 41/ S. 342.

19 Vgl. Deeb, Lara und Mona Harb: *Sanctioned Pleasures: Youth, Piety and Leisure in Beirut*, S. 15 f.

20 Vgl. ebd., S. 16.

21 Vgl. Shmuluvitz, Shoshana: *Temporary Marriage in Islam: Exploitative or Liberating?*, S. 3 f.

22 Ali, Kecia: *Sexual Ethics and Islam: Feminist Reflections on Qur'an, Hadith, and Jurisprudence*, S. 58.

5. Der Sex und die Sklaverei

1 Vgl. Benson, Sonia G.: *Slavery Throughout History Reference Library: Almanac*, S. 2.
2 Für eine detaillierte Geschichte der Sklaverei siehe: Heuman und Burnard (Hrsg.): *The Routledge History of Slavery*.
3 Siehe auch Koran: 4:92; 5:89; 58:3.
4 Vgl. Gordon, Murray: *Slavery in the Arab World*, S. 19.
5 Vgl. ebd., S. 79.
6 Vgl. ebd., S. 83 f.
7 Vgl. aṭ-Ṭabbūbī, Laylā: *al-Qiyān wa l-adab fī l-ʿaṣr al-ʿabbāsī al-awwal*, S. 29.
8 Vgl. ebd., S. 29 f.
9 Vgl. Gordon: *Slavery in the Arab World*, S. 80.
10 Vgl. ebd., S. 82.
11 Vgl. Ibn Buṭlān, Abū al-Ḥasan: *Risāla fī širāʾ ar-raqīq wa-taqlīb al-ʿabīd*, S. 252 f.
12 Vgl. ebd., S. 352.
13 Ebd., S. 377.
14 Vgl. Gordon: *Slavery in the Arab World*, S. 86.
15 Ibn Buṭlān: *Risāla fī širāʾ ar-raqīq wa-taqlīb al-ʿabīd*, S. 358.
16 Vgl. aṭ-Ṭabbūbī: *al-Qiyān wa l-adab fī l-ʿaṣr al-ʿabbāsī al-awwal*, S. 33.
17 Vgl. aṣ-Ṣāwī: *Bulġat as-sālik li-aqrab al-masālik*, Bd. 1/ S. 192; al-Mardāwī: *al-Inṣāf fī maʿrifat ar-rāğiḥ min al-ḫilāf*, Bd. 1/ S. 449 f.; Ibn ʿAbd al-Barr: *al-Istiḏkār*, Bd. 27/ S. 290; ar-Ramlī: *Nihāyat al-muḥtāğ ilā šarḥ al-minhāğ*, S. 2/ S. 7.
18 Vgl. Wizārat al-awqāf: *al-Mawsūʿa al-fiqhiyya*, Bd. 4/ S. 164 ff.
19 Vgl. El Hamel, Chouki: *Surviving Slavery: Sexuality and Female Agency in Late Nineteenth and Early Twentieth-Century Morocco*, S. 85.
20 Vgl. al-Ğāḥiẓ, Abū ʿUṯmān: *an-Nisāʾ*, S. 147.
21 Vgl. ebd.
22 Vgl. Gordon: *Slavery in the Arab World*, S. 81.
23 Siehe Empey, Heather J.: *The Mothers of the Caliph's Sons*; Gordon, Matthew S.: *Concubines and Courtesans: Women and Slavery in Islamic History*; İpşirli Argıt, Betül: *A Queen Mother and the Ottoman Imperial Harem*.
24 Vgl. aṭ-Ṭabbūbī: *al-Qiyān wa l-adab fī l-ʿaṣr al-ʿabbāsī al-awwal*, S. 44 f.

25 Vgl. Massad, Joseph A.: *Desiring Arabs*, S. 107.
26 Caswell, F. Matthew: *The Slave Girls of Baghdad: The Qiyan in the Early Abbasid Era*, S. 265; siehe auch Reynolds, Betül: *The Qiyan of al-Andalus*.
27 Vgl. aṭ-Ṭabbūbī: *al-Qiyān wa l-adab fī l-ʿaṣr al-ʿabbāsī al-awwal*, S. 45 ff.
28 Vgl. al-Ǧāḥiẓ, Abū ʿUṯmān: *al-Qiyān*, S. 171 ff.
29 Ein Viertel in Bagdad.
30 al-Iṣfahānī, Abū al-Faraǧ: *al-Aġānī*, Bd. 10/ S. 174 f.
31 al-Ǧāḥiẓ: *al-Qiyān*, S. 68.

6. Prostitution und Zuhälterei

1 Koran 24:33.
2 Vgl. Wizārat al-awqāf: *al-Mawsūʿa al-fiqhiyya*, Bd. 24/ S. 37 ff.
3 Siehe die folgenden Studien: Baldwin, James E.: *Prostitution, Islamic Law and Ottoman Societies*; Sariyannis, Marinos: *Prostitution in Ottoman Istanbul, Late Sixteenth – Early Eighteenth Century;* Semerdjian, Elyse: *«Off the Straight Path»: Illicit Sex, Law, and Community in Ottoman Aleppo*; Ze'evi, D. P.: *Producing Desire: Changing Sexual Discourse in the Ottoman Middle East, 1500–1900*.
4 Vgl. Ibn al-Humām, Kamāl ad-Dīn: *Fatḥ al-qadīr*, Bd. 5/ S. 249.
5 Vgl. aṣ-Ṣāwī: *Bulġat as-sālik li-aqrab al-masālik*, Bd. 3/ S. 207.
6 Vgl. al-Maqrīzī, Taqiyy ad-Dīn Aḥmad: *Kitāb as-sulūk li-maʿrifat duwal al-mulūk (IV-1)*, S. 498.
7 Vgl. Saʿd, Fahmī: *al-ʿĀmma fī baġdād fī l-qarn aṯ-ṯāliṯ wa rābiʿ li-l-hiǧra*, S. 428.
8 Vgl. at-Tanūḫī, al-Muḥsin b. ʿAlī: *Nišwār al-muḥāḍara*, Bd. 2/ S. 172 ff.
9 Vgl. at-Tīfāšī, Aḥmad b. Yusuf: *Nuzhat al-albāb fīmā lā yūǧad fī kitāb*, S. 66.
10 Vgl. ebd., S. 67.
11 Vgl. ebd.
12 Vgl. ebd., S. 75 ff.
13 Leiser, Gary: *Prostitution in the Eastern Mediterranean World: Sex for Sale in the Late Antique and Medieval Middle East (Kindle)*, Excursus: Prostitution as an Incentive to Long-Distance Trade.
14 Ebd., Kap. 3: The Fāṭimid period.
15 Ebd., Kap. Summary.
16 Ebd.

17 Ebd.

18 Ebd.

19 Siehe: Semerdjian, Elyse: *«Off the Straight Path»: Illicit Sex, Law, and Community in Ottoman Aleppo.*

7. Die gleichgeschlechtliche Beziehung

1 El-Rouayheb, Khaled: *Before Homosexuality in the Arab-Islamic World, 1500–1800*, S. 5.

2 Foucault, Michel: *Die Hauptwerke*, übers. von Ulrich Köppen, Ulrich Raulff und Walter Seitter, S. 1061.

3 Vgl. Schmitt, Arno: *Liwāṭ im fiqh: Männliche Homosexualität*, S. 51.

4 Siehe: al-Qurṭubī: *al-Ǧāmiʿ li-aḥkām al-qur'ān*, Bd. 6/ S. 143 f.

5 Vgl. ebd., S. 6/ S. 142.

6 Vgl. Schmitt: *Liwāṭ im fiqh: Männliche Homosexualität*, S. 63.

7 Vgl. El-Rouayheb: *Before Homosexuality in the Arab-Islamic World, 1500–1800*, S. 17.

8 Siehe Ibn Ḥazm, ʿAlī: *Al-Muḥallā*, Bd. 11/ S. 380 ff. sowie: al-ʿAsqalānī, Ibn Ḥaǧar: *Talḫīṣ al-ḥabīr fī taḫrīǧ aḥādīṯ ar-rāfiʿī al-kabīr*, Bd. 4/ S. 102 f.

9 Vgl. az-Zarqānī: *Šarḥ az-Zarqānī ʿalā muḫtaṣar Ḫalīl*, Bd. 8/ S. 140.

10 Vgl. al-Mardāwī: *al-Inṣāf fī maʿrifat ar-rāǧiḥ min al-ḫilāf*, Bd. 10/ S. 176 f.

11 Vgl. aš-Širbīnī, Šams ad-Dīn al-Ḫaṭīb: *Muġnī al-muḥtaǧ ilā maʿrifat maʿānī alfāẓ al-minhāǧ*, Bd. 5/ S. 443.

12 El-Rouayheb: *Before Homosexuality in the Arab-Islamic World, 1500–1800*, S. 118 ff.

13 Vgl. Ibn Rušd, Abū al-Walīd: *Bidāyat al-muǧtahid wa-nihāyat al-muqtaṣid*, Bd. 2/ S. 437.

14 Vgl. al-Ḫaṭṭābī, Abū Sulaymān: *Maʿālim as-sunan*, Bd. 3/ S. 333.

15 Schmitt: *Liwāṭ im fiqh: Männliche Homosexualität*, S. 79–81, 83 f.

16 Vgl. Ǧumʿa, ʿAlī: *al-Bayān limā yašġal al-aḏhān*, S. 71.

17 Vgl. El-Rouayheb: *Before Homosexuality in the Arab-Islamic World, 1500–1800*, S. 123.

18 Vgl. Ibn Qudāma, Muwaffaq ad-Dīn: *al-Muġnī*, Bd. 14/ S. 192.

19 Vgl. El-Rouayheb: *Before Homosexuality in the Arab-Islamic World, 1500–1800*, S. 123.

20 Siehe Kugle, Scott Siraj al-Haqq: *Homosexuality in Islam: Critical*

Reflection on Gay, Lesbian, and Transgender Muslims; Mohr, Andreas Ismail: *Islam und Homosexualität – eine differenzierte Betrachtung.*

21 Bauer: *Warum es kein islamisches Mittelalter gab*, S. 45 ff., sowie Schmidtke, Sabine: *Die westliche Konstruktion Marokkos als Landschaft freier Homoerotik*, S. 13.

22 Vgl. El-Rouayheb: *Before Homosexuality in the Arab-Islamic World, 1500–1800*, S. 5.

23 Siehe at-Tīfāšī: *Nuzhat al-albāb fīmā lā yūǧad fī kitāb*, S. 144 f.

24 Siehe beispielsweise al-Iṣfahānī: *Muḥāḍarāt al-udabāʾ wa-muḥāwarāt aš-šuʿarāʾ*, Bd. 2/ S. 256.

25 Vgl. Rowson, Everett K.: *The Effeminates of Early Medina*, S. 685.

26 Vgl. Andrews, Walter G. und Mehmet Kalpakli: *The Age of Beloveds: Love and the Beloved in Early-Modern Ottoman and European Culture and Society*, S. 49.

27 Boone, Joseph A.: *The Homoerotics of Orientalism*, S. 64.

28 Vgl. ebd.

29 Für die Biographie früherer *muchannatūn* in Medina und Mekka siehe Rowson: *The Effeminates of Early Medina.*

30 Vgl. ebd., S. 685 ff.

31 Vgl. Boone: *The Homoerotics of Orientalism*, S. 54.

32 Abū Nuwās, al-Hasan: *Dīwān Abī Nuwās V*, hg. von Gregor Schoeler, S. 178.

33 Abū Nuwās, al-Hasan: *Dīwān Abī Nuwās III*, hg. von Gregor Schoeler, S. 352.

34 Ibn al-Muʿtazz, ʿAbd Allah: *Ṭabaqāt aš-šuʿarāʾ*, S. 88.

35 Vgl. aḏ-Ḏahabī, Šams ad-Dīn: *Siyar aʿlām an-nubalāʾ*, Bd. 17/ S. 61.

36 Ibn Nubāta, Muḥammad: *Talṭīf al-mizāǧ min šiʿr Ibn al-Ḥaǧǧāǧ (Hs. Nr.* 48), Fol. 25 v.

37 aṭ-Ṭabarī, Abū Ǧaʿfar: *Tārīḫ aṭ-Ṭabarī*, Bd. 11/ S. 447 f.

38 Ibn ʿasākir, Abū al-Qāsim: *Tārīḫ dimašq*, Bd. 56/ S. 221.

39 Bauer: *Warum es kein islamisches Mittelalter gab*, S. 45 ff.

40 aṣ-Ṣafadī, Ṣalāḥ ad-Dīn: *al-Wāfī bi l-wafayāt*, Bd. 15/ S. 235.

41 Vgl. Boone: *The Homoerotics of Orientalism*, S. 178.

42 Vgl. Marzolph, Leeuwen und Wassouf (Hrsg.): *The Arabian Nights Encyclopedia*, S. 627.

43 Siehe z. B. Boone: *The Homoerotics of Orientalism*, S. 178.

44 El-Rouayheb: *Before Homosexuality in the Arab-Islamic World, 1500–1800*, S. 1 f.

45 Ebd., S. 2.

46 Schmidtke: *Die westliche Konstruktion Marokkos als Landschaft freier Homoerotik*, S. 392.
47 Siehe: Murray, Stephen O.: *Islamic Homosexualities: Culture, History, and Literature*, S. 188 f.
48 Alle drei Berichte behandelt Stephen O. Murray im 13. Kapitel seiner Studie zur Homosexualität, siehe ebd., S. 204–218.
49 Vgl. El-Rouayheb: *Before Homosexuality in the Arab-Islamic World, 1500–1800*, S. 35.
50 Siehe z. B. al-Šabrāwī, ʿAbdallah: *Dīwān ʿAbdallah al-Šabrāwī*, S. 46, 60, 76.
51 Vgl. El-Rouayheb: *Before Homosexuality in the Arab-Islamic World, 1500–1800*, S. 36.
52 Vgl. al-Maqrīzī, Taqiyy ad-Dīn Aḥmad: *Kitāb as-sulūk li-maʿrifat duwal al-mulūk (III-2)*, S. 618.
53 Siehe al-Ǧāḥiẓ, Abū ʿUṯmān: *Mufāḫarat al-ǧawārī wa l-ġilmān*.
54 Vgl. El-Rouayheb: *Before Homosexuality in the Arab-Islamic World, 1500–1800*, S. 43.
55 Vgl. ebd., S. 42.
56 Andrews/Kalpakli: *The Age of Beloveds*, S. 285.
57 Vgl. ebd.
58 Vgl. El-Rouayheb: *Before Homosexuality in the Arab-Islamic World, 1500–1800*, S. 41 f.
59 Siehe dazu Murray: *Islamic Homosexualities*, S. 132–141; 174–186.
60 Vgl. ad-Dusūqī, Muḥammad: *Ḥāšiyat ad-dusūqī ʿalā aš-šarḥ al-kabīr ʿalā muḫtaṣar ḫālīl*, Bd. 4/ S. 316.
61 Vgl. Amer, Sahar: *Medieval Arab Lesbians and Lesbian-Like Women*, S. 217.
62 Vgl. ebd., S. 217.
63 Siehe Ibn Yaḥyā, as-Samaw'al: *Nuzhat al-aṣḥāb fī muʿāšarat al-aḥbāb (Vollers Hs. Nr.* 0774), Fol. 23 v-25 v.
64 Vgl. Rowson, Everett K.: *The Categorization of Gender and Sexual Irregularity in Medieval Arabic Vice Lists*, S. 68.
65 Vgl. Wizārat al-awqāf: *al-Mawsūʿa al-fiqhiyya*, Bd. 24/ S. 251 f.
66 Siehe Ibn an-Nadīm, Muḥammad b. Isḥāq: *al-Fihrist*, S. 428.
67 al-Iṣfahānī: *al-Aġānī*, Bd. 17/ S. 61.
68 Vgl. Ibn Yaḥyā: *Nuzhat al-aṣḥāb fī muʿāšarat al-aḥbāb (Vollers Hs. Nr.* 0774), Fol. 25 r.
69 Vgl.. at-Tīfāšī: *Nuzhat al-albāb fīmā lā yūǧad fī kitāb*, S. 236.
70 Vgl. ebd., S. 237 f.

71 Vgl. Andrews/Kalpakli: *The Age of Beloveds*, S. 174; Murray: *Islamic Homosexualities*, S. 100f.
72 Vanita, Ruth und Saleem Kidwai: *Same-Sex Love in India*, S. 197ff.
73 Vgl. ebd., S. 193.
74 Ebd.
75 Siehe dazu Vanita, Ruth: *Gender, Sex and the City: Urdu Rekhti Poetry, 1780–1870*.

8. Reinheit, Hygiene und gute Sitten

1 Vgl. Wizārat al-awqāf: *al-Mawsūʿa al-fiqhiyya*, Bd. 16/ S. 47.
2 Vgl. an-Nābulusī, ʿAbd al-Ġaniyy: *Ǧawāhir an-nuṣūṣ fī ḥall kalimāt al-fuṣūṣ*, Bd. 2/ S. 434.
3 Vgl. al-Ḥaṭṭāb, ar-Ruʿaynī: *Mawāhib al-ǧalīl šarḥ muḫtaṣar Ḫalīl*, Bd. 1/ S. 150.
4 Vgl. Ibn Abī Zayd, Abū Muḥammad ʿAbd Allah: *an-Nawādir wa z-ziyyādāt*, Bd. 4/ S. 625.
5 Vgl. Burhānpūrī et al.: *al-Fatāwā al-hindiyya*, Bd. 5/ S. 453.
6 Vgl. ebd.; al-Buḫārī, Burhān ad-Dīn: *al-Muḥīṭ al-burhānī fī l-fiqh an-nuʿmānī*, Bd. 8/ S. 134.
7 al-Iṣfahānī: *al-Aġānī*, Bd. 13 / S. 228.
8 Vgl. at-Tawḥīdī, Abū Ḥāyyān: *al-Baṣāʾir wa ḏ-ḏaḫāʾir*, Bd. 1/ S. 96.
9 Vgl. ebd., Bd. 1/ S. 97.
10 Vgl. ebd., Bd. 1/ S. 96.
11 Vgl. Wizārat al-awqāf: *al-Mawsūʿa al-fiqhiyya*, Bd. 18/ S. 323.
12 Vgl. al-Mardāwī: *al-Inṣāf fī maʿrifat ar-rāǧiḥ min al-ḫilāf*, Bd. 1/ S. 350; zur zweiten Position der Mālikīten siehe ad-Dusūqī: *Ḥāšiyat ad-dusūqī ʿalā aš-šarḥ al-kabīr ʿalā muḫtaṣar ḫālīl*, Bd. 1/ S. 173.
13 Vgl. an-Naǧafī: *Ǧawāhir al-kalām fī šarḥ šarāʾiʿ al-islām*, Bd. 3/ S. 228f.
14 Vgl. Wizārat al-awqāf: *al-Mawsūʿa al-fiqhiyya*, Bd. 18/ S. 323; al-Mardāwī: *al-Inṣāf fī maʿrifat ar-rāǧiḥ min al-ḫilāf*, Bd. 3/ S. 286.
15 al-Muttaqī al-Hindī: *Kanz*, Nr. 27447/ ʿAbd ar-Razzāq.

9. Schönheitsideale bei Mann und Frau

1 Vgl. aš-Šayzarī, Ǧalāl ad-Dīn: *al-Idāḥ fī asrār an-nikāḥ (Vollers Hs. Nr.* 0775–01), Fol. 2r.
2 Vgl. ebd.
3 Vgl. Ibn Kamāl Pascha, Aḥmad: *Ruǧūʿ aš-šayḫ ilā ṣibāh fi l-quwwati ʿalā l-bāh*, S. 46.
4 Vgl. at-Tiǧānī, Muḥammad: *Tuḥfat al-ʿarūs*, S. 271ff.
5 Vgl. Kadr, George: *Fann an-nikāḥ fī turāṯ šayḫ al-islām Ǧalāl ad-Dīn as-Suyūṭī*, S. 116f.
6 at-Tiǧānī: *Tuḥfat al-ʿarūs*, S. 343.
7 al-Ǧāḥiẓ: *Mufāḫarat al-ǧawārī wa l-ġilmān*, S. 95.
8 Najmabadi, Afsaneh: *Women with Mustaches and Men without Beards: Gender and Sexual Anxieties of Iranian Modernity*, S. 11.
9 Vgl. al-Kātib, Abū al-Ḥasan: *Ǧawāmiʿ al-laḏḏa*, S. 37.
10 Vgl. ebd.
11 Vgl. ebd.
12 Ebd., S. 9.
13 Vgl. ebd., S. 14.
14 Ibn Kamāl Pascha: *Ruǧūʿ aš-šayḫ ilā ṣibāh fi l-quwwati ʿalā l-bāh*, S. 47; aš-Šayzarī: *al-Idāḥ fī asrār an-nikāḥ (Vollers Hs. Nr.* 0775–01), Fol. 3r-6r.

10. Die Aphrodisiaka

1 aṭ-Ṭūṣī, Naṣīr ad-Dīn und Daniel L. Newman: *The Sultan's Sex Potions: Arab Aphrodisiacs in the Middle Ages*, S. 27.
2 Siehe Ibn Yaḥyā: *Nuzhaṭ al-aṣḥāb fī muʿāšarat al-aḥbāb* (Vollers Hs. Nr. 0774), Fol. 142r-144r Blätter 137–138; Ibn Kamāl Pascha: *Ruǧūʿ aš-šayḫ ilā ṣibāh fi l-quwwati ʿalā l-bāh*, S. 14; aṭ-Ṭūṣī, Naṣīr ad-Dīn: *Kitāb albāb al-bāhiyya wa at-tarākīb al-ṣulṭāniyya*, S. 4–67; al-Kātib: *Ǧawāmiʿ al-laḏḏa*, S. 46–48.
3 Vgl. Ibn Kamāl Pascha: *Ruǧūʿ aš-šayḫ ilā ṣibāh fi l-quwwati ʿalā l-bāh*, S. 14ff.
4 Siehe auch aṭ-Ṭūṣī/Newman: *The Sultan's Sex Potions*, S. 21.
5 Vgl. aṭ-Ṭūṣī: *Kitāb albāb al-bāhiyya wa at-tarākīb al-ṣulṭāniyya*, S. 15ff.
6 Vgl. aṭ-Ṭūṣī/Newman: *The Sultan's Sex Potions*, S. 42.

7 Vgl. ebd., S. 41.
8 Vgl. ebd., S. 42.
9 Ebd., S. 54.
10 Siehe z. B. Ibn al-Bayṭār, ʻAbd Allāh ibn Aḥmad: *Große Zusammenstellung über die Kräfte der bekannten einfachen Heil- und Nahrungsmittel*, Bd. 2/ S. 114.
11 Siehe z. B.: Ibn Kamāl Pascha: *Rugūʿ aš-šayḫ ilā ṣibāh fi l-quwwati ʿalā l-bāh*, S. 37 ff.; al-Kātib: *Ǧawāmiʿ al-laḏḏa*, S. 48 f.
12 Vgl. Ibn Yaḥyā, as-Samaw'al: *Nuzhat al-aṣḥāb fī muʿāšarat al-aḥbāb*, S. 289.

11. Lobpreis von Phallus und Vulva

1 Siehe as-Suyūṭī, Ǧalāl ad-Dīn: *Fī al-ǧimāʿ wa-ālātih*, S. 173–209.
2 Siehe ebd., S. 211–230.
3 Siehe ebd., S. 232–260 und 273–285.
4 Vgl. Ibn Manẓūr, Ǧamāl ad-Dīn: *Lisān al-ʿarab*, S. 1507 ff.
5 Vgl. ebd., S. 3369 ff.
6 Vgl. ebd., S. 824.
7 al-Kātib: *Ǧawāmiʿ al-laḏḏa*, S. 129.
8 Ebd., S. 129 f.
9 Vgl. at-Tiǧānī: *Tuḥfat al-ʿarūs*, S. 330 ff.
10 Vgl. Ibn Kamāl Pascha: *Rugūʿ aš-šayḫ ilā ṣibāh fi l-quwwati ʿalā l-bāh*, S. 91.
11 Vgl. Wizārat al-Awqāf: *al-Mawsūʿa al-fiqhiyya*, Bd. 4/ S. 113 f.; 118 f.
12 Vgl. ebd., Bd. 29/ S. 233 f.
13 ʻIyāḍ (al-Qāḍī), Abū al-Faḍl: *Ikmāl al-muʿlim bi-fawāʾid muslim*, Bd. 7/S. 194.
14 Vgl. Keuls, Eva C.: *The Reign of the Phallus: Sexual Politics in Ancient Athens*, S. 68.
15 as-Suyūṭī, Ǧalāl ad-Dīn: *Nawāḍir al-ayk fī maʿrifat an-nayk*, S. 131.
16 Ebd., S. 135.
17 Ebd., S. 137.
18 Siehe beispielsweise al-Kātib: *Ǧawāmiʿ al-laḏḏa*, S. 66–75; as-Suyūṭī: *Nawāḍir al-ayk fī maʿrifat an-nayk*, S. 135–137.
19 Vgl. Ibn Kamāl Pascha: *Rugūʿ aš-šayḫ ilā ṣibāh fi l-quwwati ʿalā l-bāh*, S. 32 f.; aṭ-Ṭūṣī: *Kitāb albāb al-bāhiyya wa at-tarākīb al-ṣulṭāniyya*, S. 52–57.

20 al-Kātib: *Ǧawāmiʿ al-laḏḏa*, S. 127.
21 Vgl. Vatsyayana, Mallanaga: *Kamasutra*, übers. von Wendy Doniger und Sudhir Kakar, S. 28 f.
22 Siehe aš-Šayzarī: *al-Idāḥ fī asrār an-nikāḥ (Vollers Hs. Nr.* 0775–01), Fol. 6 r; Ibn Kamāl Pascha: *Ruǧūʿ aš-šayḫ ilā ṣibāh fi l-quwwati ʿalā l-bāh*, S. 50.
23 Vgl. Ibn Kamāl Pascha: *Ruǧūʿ aš-šayḫ ilā ṣibāh fi l-quwwati ʿalā l-bāh*, S. 49.

12. Geschlechtsverkehr und Genuss

1 as-Saraḫsī, Šams ad-Dīn: *al-Mabsūṭ*, Bd. 4/ S. 212.
2 An-Nafrāwī, Aḥmad: *al-Fawākih ad-dawānī ʿalā risālat Ibn Abī Zayd al-Qayrawānī*, Bd. 2/ S. 4.
3 Koran 20:50.
4 Vgl. as-Suyūṭī, Ǧalāl ad-Dīn: *al-Wišāḥ fī fawāʾid an-nikāḥ*, S. 39.
5 Koran 30:21.
6 Vgl. as-Suyūṭī, Ǧalāl ad-Dīn: *al-Wišāḥ fī fawāʾid an-nikāḥ*, S. 40
7 Vgl. ebd., S. 52–54.
8 Vgl. ebd., S. 42 ff.
9 Ebd., S. 47.
10 Koran 2:289.
11 Vgl. as-Suyūṭī: *al-Wišaḥ fī fawāʾid an-nikāḥ*, S. 55.
12 Vgl. Foucault, Michel: *Histoire de la sexualité, tome 1 : La Volonté de savoir*, S. 9 ff.
13 Siehe: as-Suyūṭī: *Fī al-ǧimāʿ wa-ālātih*, S. 39–169.
14 Vgl. ebd., S. 39.
15 Vgl. Wizārat al-awqāf: *al-Mawsūʿa al-fiqhiyya*, Bd. 44/ S. 38.
16 Vgl. ebd., Bd. 44/ S. 38 f.
17 al-Qurṭubī, Abū al-ʿAbbās Aḥmad: *al-Mufhim limā aškal min talḫīṣ kitāb Muslim*, Bd. 4/ S. 161.
18 Vgl. Wizārat al-awqāf: *al-Mawsūʿa al-fiqhiyya*, Bd. 44/ S. 36.
19 Ebd., Bd. 44/ S. 37. Die Minderheitsmeinung vertritt Ibn Taymiyya und sein Schüler Ibn al-Qayyim.
20 Vgl. al-Ḥaṭṭāb: *Mawāhib al-ǧalīl šarḥ muḫtaṣar Ḫalīl*, Bd. 5/ S. 255.
21 Ibn al-Ḥāǧǧ, Muḥammad: *al-Madḫal*, Bd. 2/ S. 186.
22 Ibn Qudāma: *al-Muġnī*, Bd. 19/ S. 232.
23 Ebd., S. 10/ S. 232.

24 al-Ġazālī, Abū Ḥāmid: *Iḥyā' ʿulūm ad-dīn*, Bd. 1/ S. 476.

25 Vgl. aṭ-Ṭūṣī/Newman: *The Sultan's Sex Potions*, S. 54; siehe auch Jacquard, Danielle und Claude Thomasset: *Sexualité et Savoir médical au Moyen Age*.

26 Ibn al-Ḥāǧǧ: *al-Madḫal*, Bd. 2/ S. 186.

27 Ibn Qudāma: *al-Muġnī*, Bd. 10/ S. 233.

28 Ebd.

29 Vgl. Ibn al-Ḥāǧǧ: *al-Madḫal*, Bd. 2/ S. 186.

30 Vgl. ebd.

31 Vgl. Ibn Kamāl Pascha: *Ruǧūʿ aš-šayḫ ilā ṣibāh fi l-quwwati ʿalā l-bāh*, S. 97.

32 an-Nafzāwī, Muḥammad: *ar-Rawḍ al-ʿāṭir fī nuzhat al-ḫāṭir*, S. 70.

33 Vgl. al-Qurṭubī: *al-Mufhim limā aškal min talḫīṣ kitāb Muslim*, Bd. 2/ S. 257.

34 al-Kātib: *Ǧawāmiʿ al-ladda*, S. 38.

35 Vgl. ebd., S. 40.

36 Vgl. ebd., S. 41.

37 Siehe as-Suyūṭī: *Nawāḍir al-ayk fī maʿrifat an-nayk*, S. 185 ff.

38 Ebd., S. 129.

39 Vgl. as-Suyūṭī, Ǧalāl ad-Dīn: *Šaqāʾiq al-utruǧ fī raqāʾiq al-ġunǧ*, S. 63 ff.

40 Vgl. as-Suyūṭī: *Nawāḍir al-ayk fī maʿrifat an-nayk*, S. 35.

41 Vgl. ebd., S. 38.

42 Koran 2:223.

43 Vgl. aṭ-Ṭabarī: *Tafsīr aṭ-Ṭabarī*, Bd. 3/ S. 745 ff.; al-Qurṭubī: *al-Ǧāmiʿ li-aḥkām al-qurʾān*, Bd. 4/ S. 5 ff.

44 Vgl. as-Suyūṭī: *ad-Durr al-manṯūr*, S. 2/ S. 607 ff.; aṭ-Ṭabarī: *Tafsīr aṭ-Ṭabarī*, Bd. 3/ S. 751 ff.

45 Siehe al-ʿAsqalānī: *Talḫīṣ al-ḥabīr fī taḫrīǧ aḥādīṯ ar-rāfiʿī al-kabīr*, Bd. 3/ S. 374 ff.

46 Vgl. al-ʿAsqalānī, Ibn Ḥaǧar: *Fatḥ al-bārī*, Bd. 2/ S. 347 ff.

47 Darunter sind Gelehrte wie aš-Šāfiʿī, al-Buḫarī, an-Nasāʾī, ad-Ḏuhlī, al-Bazzār oder Abū ʿAlī an-Nīsāpūrī. Siehe an-Nawawī, Šaraf ad-Dīn: *al-Maǧmūʿ šarḥ al-muhaḏḏab*, Bd. 18/ S. 103; al-ʿAsqalānī: *Fatḥ al-bārī*, Bd. 2/ S. 695. Siehe auch al-ʿAsqalānī: *Talḫīṣ al-ḥabīr fī taḫrīǧ aḥādīṯ ar-rāfiʿī al-kabīr*, Bd. 3/ S. 367–372.

48 Vgl. Wizārat al-awqāf: *al-Mawsūʿa al-fiqhiyya*, Bd. 44/ S. 26.

49 Vgl. al-ʿAsqalānī: *Fatḥ al-bārī*, Bd. 2/ S. 695.

50 Ebd.

51 Zur Position der Imāmīten siehe beispielsweise aš-Šārīf al-Murtḍā,

ʿAlī: *al-Instiṣār*, S. 293; sowie an-Nağafī: *Ğawāhir al-kalām fī šarḥ šarāʾiʿ al-islām*, Bd. 29/ S. 103 ff.

52 al-Iṣfahānī: *Muḥāḍarāt al-udabāʾ wa-muḥāwarāt aš-šuʿarāʾ*, Bd. 3/ S. 268.

53 Ebd.

54 Siehe as-Suyūṭī: *ad-Durr al-manṯūr*, Bd. 2/ S. 613 ff.

55 Yount, Kathryn M.: *Health and Reproductive Health*, in: Joseph, Suad (Hrsg.): Encyclopedia of Women and Islamic Cultures: Family, Law and Politics, S. 211–218.

56 Vgl. aṭ-Ṭūṣī: *Kitāb albāb al-bāhiyya wa at-tarākīb al-ṣulṭāniyya*, S. 63 f.

57 Vgl. Wizārat al-awqāf: *al-Mawsūʿa al-fiqhiyya*, Bd. 30/ S. 81.

13. Die erotische Literatur

1 Vgl. aṭ-Ṭūṣī/Newman: *The Sultan's Sex Potions*, S. 20.

2 Vgl. ebd., S. 27 ff.

3 Vgl. ebd., S. 35.

4 Vgl. ebd., S. 33 f.

5 Ibn Yaḥyā: *Nuzhat al-aṣḥāb fī muʿāšarat al-aḥbāb (Vollers Hs. Nr.* 0774), Fol. 20 r-25 v.

6 Siehe aṭ-Ṭūṣī/Newman: *The Sultan's Sex Potions*, S. 163–174.

7 Zu einer ausführlichen Liste der erotischen Werke siehe ebd.

8 Vgl. Schick, İrvin Cemil: *Representation of Gender and Sexuality in Ottoman and Turkish Erotic Literature*, S. 84 f.

9 Vgl. Andrews/Kalpakli: *The Age of Beloveds*, S. 131.

10 Vgl. Schick: *Representation of Gender and Sexuality in Ottoman and Turkish Erotic Literature*, S. 83 f.

11 Ibn Kamāl Pascha: *Ruğūʿ aš-šayḫ ilā ṣibāh fi l-quwwati ʿalā l-bāh*, S. 72–73.

12 Vgl. Marzolph/Leeuwen/Wassouf (Hrsg.): *The Arabian Nights Encyclopedia*, S. 546.

14. Die Verschmelzung von Erotik und Mystik

1 Ibn Ḫallikān, Aḥmad b. Muḥammad: *Wafayāt al-aʿyān*, Bd. 2, S. 285.

2 Vgl. as-Sullamī, Abū ʿAbd ar-Raḥmān: *Tabaqāt aṣ-ṣūfiya*, S. 414.

3 Zur Symbolik des Weines und der Frau in der persischen Sufi-Dichtung

siehe Pourjavady, N.: *Love and the Metaphors of Wine and Drunkenness in Persian Sufi Poetry*; Chittick, William C.: *Jami on Divine Love and the Image of Wine.* Als Beispiel für die arabische Dichtung siehe den Fall des Šuštarīs: Abou-Bakr, Omaima: *The Symbolic Function of Metaphor in Medieval Sufi Poetry: The Case of Shushtari.*

4 Siehe Homerin, Emil: *From Arab Poet to Muslim Saint: Ibn al-Farid, His Verse, and His Shrine*, S. 31; 55 ff.

5 In diesem Zusammenhang dienten Ägypten und die Indo-pakistanische Region als Beispiel, siehe Asani, Ali S.: *Sufi Poetry in the Folk Tradition of Indo-Pakistan*; Waugh, Earle H.: *The Munshidin of Egypt: Their World and Their Song.* Annemarie Schimmel hat an mehreren Stellen ihrer Arbeit auf die Integration der Sufi-Dichtung in die Volkslieder und Folklore hingewiesen, sodass mit Sicherheit gesagt werden kann, dass es keine einzige Region in den muslimisch geprägten Ländern gibt, deren Volkslieder und Literatur nicht von den Einflüssen der Sufis befruchtet wurden. Diese Tendenz konnte man bis zu den Anfängen des 20. Jahrhundert bemerken. Schimmel, Annemarie: *As Through a Veil: Mystical Poetry in Islam*, siehe insbesondere die Einführung und das 4. Kapitel.

6 Jacobi, Renate: *Der Diwan – Mystische Poesie aus dem 13. Jahrhundert: Aus dem Arabischen übersetzt und herausgegeben von Renate Jacobi*, S. 14.

7 Ebd., S. 17.

8 Koran, 2:115.

9 Vgl. an-Nābulusī, ʿAbd al-Ġaniyy: *Kašf as-sirr al-ġāmiḍ fī šarḥ diwān Ibn al-fāriḍ*, Bd. 1/ S. 318 f.

10 Jacobi: *Der Diwan – Mystische Poesie aus dem 13. Jahrhundert*, S. 22.

11 In seinem Artikel zur Symbolik der Liebe zum Mann in der Sufi-Literatur brachte der Autor mehrere Beispiele sowohl aus der arabischen als auch aus der persischen Literatur, siehe Wafer, Jim: *Vision and Passion: The Symbolism of Male Love in Islamic Mystical Literature.*

12 Ibn al-ʿArabī, Muḥyī ad-Dīn: *Turǧumān al-Ašwāq.*

13 Vgl. ebd., S. 9 f.

14 Ibn al-ʿArabī, Muḥyī ad-Dīn: *Der Übersetzer der Sehnsüchte: Liebesgedichte aus dem arabischen Mittelalter*, übers. von Stefan Weidner, S. 94 f. Die Übersetzung von Weidner ist mit Absicht kleingeschrieben und ohne Satzzeichen.

15 Ebd., S. 123.

16 al-Wardīnī, ʿAbd al-Qādir: *Buġyat al-muštāq*, S. 180.

15. Sex, Muslime und die Moderne

1 Vgl. Harari, Yuval Noah: *Eine kurze Geschichte der Menschheit*, übers. von Jürgen Neubauer, Kapitel 15: Warum ausgerechnet Europa?

2 Vgl. Dale, Stephen F.: *The Muslim Empires of the Ottomans, Safavids, and Mughals*, S. 247.

3 Vgl. ebd., S. 247 f.

4 Siehe Harari: *Eine kurze Geschichte der Menschheit*, Teil 4: Die Wissenschaftliche Revolution.

5 Osterhammel, Jürgen: *Kolonialismus: Geschichte, Formen, Folgen*, S. 20, 50 f.

6 Zum Konzept der Kultur siehe Massad: *Desiring Arabs*, S. 4.

7 Vgl. ebd., S. 6.

8 Siehe Bauer, Thomas: *Die Kultur der Ambiguität.*

9 Foucault: *Histoire de la sexualité, tome 1*, S. 46.

10 Vgl. Willey: *Undoing Monogamy*, S. 27.

11 Vgl. ebd.; siehe auch Massad: *Desiring Arabs*, S. 7 f.

12 Siehe Boone, Joseph A.: *The Homoerotics of Orientalism*, S. 27–49.

13 Said, Orientalism, 190, 188, 190, zitiert nach: Massad: *Desiring Arabs*, S. 9.

14 Vgl. ebd., S. 53.

15 Massad behandelt im ersten und zweiten Kapitel den Umgang arabischer Intellektueller mit dem muslimischen Diskurs um den Sex und die Erotik in der Vormoderne. Siehe ebd., S. 51–159.

16 Vgl. Weidner, Stefan: *Jenseits des Westens: Für ein neues kosmopolitisches Denken*, Kapitel: Kosmopolitische Anläufe.

17 Vgl. z. B.: al-Ḫūrī, Šākir Bek: *Tuḥfat ar-rāġib fī ṣiḥḥat al-mutazawwiǧ wa-zawāǧ al-ʿāzib.*, S. 30, 39.

18 Vgl. ebd., S. 44.

19 Vgl. ebd., S. 13.

20 Vgl. ebd., S. 14.

21 Vgl. ebd.

22 Ebd., S. 27 ff.

23 Ebd., S. 45.

24 Ebd., S. 43.

25 Hamzić, Vanja: *Sexual and Gender Diversity in the Muslim World: History, Law and Vernacular Knowledge*, S. 52.

26 Vgl. Massad: *Desiring Arabs*, S. 194.

27 Ebd.

28 Zu einer ausführlichen Darstellung des Prozesses der «Reislamisierung» des Strafrechts in manchen muslimisch geprägten Ländern siehe Hamzic, Vanja und Ziba Mir-Hosseini: *Control and Sexuality: The Revival of Zina Laws in Muslim Contexts.*

29 Vgl. Massad: *Desiring Arabs*, S. 191 ff.

30 Die Islamisten, genauso wie andere Strömungen der Moderne, ignorieren die Jahre zwischen 1500 und 1900.

31 Vgl. Massad: *Desiring Arabs*, S. 212 ff.

32 Unter anderen kann man als Beispiel für diese Tendenz Indonesien anführen, siehe: Hamzic/Mir-Hosseini: *Control and Sexuality*, S. 57 f.

33 Vgl. Dunne, Bruce und Mona Harb: *Power and Sexuality in the Middle East*, S. 10.

34 Vgl. Semerdjian: *Off the Straight Path*, S. 159 f.; siehe auch Baldwin: *Prostitution, Islamic Law and Ottoman Societies.*

35 Weidner: *Jenseits des Westens*, Kapitel: Kosmopolitische Anläufe.

36 Siehe Bauer: *Die Kultur der Ambiguität*, S. 157–191.

37 Vgl. Harari: *Eine kurze Geschichte der Menschheit*, Kapitel 16: Die Religion des Kapitalismus.

38 Zum Gewohnheitsrecht in den muslimisch geprägten Gesellschaften siehe Kennett, Austin: *Bedouin Justice;* Abd-Elsalam, Ahmed M. F.: *Das beduinische Rechtssystem: Konzepte – Modelle – Transformationen*; Berrenberg, Jeanne: *Beyond Kinship Algebra. Values and the Riddle of Pashtun Marriage Structure*; Ilkkaracan, Pinar und Women for Women's Human Rights: *Exploring the Context of Women's Sexuality in Eastern Turkey*; Layish, Aharon: *Legal Documents from the Judean Desert: The Impact of the Shariʿa on Bedouin Customary Law*; Layish, Aharon: *Sharīʿa and Custom in Libyan Tribal Society: An Annotated Translation of Decisions from the Sharīʿa Courts of Adjābiya and Kufra.*

Literatur

Handschriften

Ibn Nubāta, Muḥammad: *Talṭīf al-mizāǧ min šiʿr Ibn al-Ḥaǧǧāǧ (Hs. Nr.* 48), Codices Orientales Bibliothecae Regiae Hafniensis – Kopenhagen.

Ibn Yaḥyā, as-Samawʾal: *Nuzhat al-aṣḥāb fī muʿāšarat al-aḥbāb (Vollers Hs. Nr.* 0774), Universitätsbibliothek Leipzig.

aš-Šayzarī, Ǧalāl ad-Dīn: *al-Idāḥ fī asrār an-nikāḥ (Vollers Hs. Nr.* 0775–01), Universitätsbibliothek Leipzig.

Gedruckte Literatur

Abd-Elsalam, Ahmed M. F.: *Das beduinische Rechtssystem: Konzepte – Modelle – Transformationen*, 1. Aufl., Beirut. Würzburg: Ergon 2015.

Abou-Bakr, Omaima: *The Symbolic Function of Metaphor in Medieval Sufi Poetry: The Case of Shushtari*, Journal of Comparative Poetics Metaphor and Allegory in the Middle Ages 12 (1992), S. 40–57.

Abū Faḫr, Ṣaqr: *al-Ǧins ʿind al-ʿarab*, Beirut: al-Kamel 2011.

Abū Nuwās, al-Hasan: *Dīwān Abī Nuwās III*, hg. von Gregor Schoeler, Wiesbaden: Franz Steiner Verlag 1988.

---: *Dīwān Abī Nuwās V*, hg. von Gregor Schoeler, Berlin: Klaus Schwarz Verlag 2003.

ʿAlī, Ǧawād: *al-Mufaṣṣal fī tārīḫ al-ʿarab qabl al-islām*, Bagdad: Ǧāmiʿat baġdād 1993.

Ali, Kecia: *Sexual Ethics and Islam: Feminist Reflections on Qur'an, Hadith, and Jurisprudence*, Oxford: Oneworld Publications 2006.

Amer, Sahar: *Medieval Arab Lesbians and Lesbian-Like Women*, Journal of the History of Sexuality 18/2 (2009), S. 215–236.

Andrews, Walter G. und Mehmet Kalpakli: *The Age of Beloveds: Love and the Beloved in Early-Modern Ottoman and European Culture and Society*, Durham: Duke University Press Books 2005.

al-Anğarī, Muḥammad b. al-Azraq: *Zawāğ al-mutʿa*, Kairo: Ruʾya 2016.

Asani, Ali S.: *Sufi Poetry in the Folk Tradition of Indo-Pakistan*, Religion & Literature 20/1 (1988), S. 81–94.

al-ʿAsqalānī, Ibn Ḥağar: *Fatḥ al-bārī*, Beirut: Dār al-kutub al-ʿilmiyya 2002.

---: *Talḫīṣ al-ḥabīr fī taḫrīğ aḥādīṯ ar-rāfiʿī al-kabīr*, Riad: Muʿassasat qurṭuba 1995.

Bailey, Martha und Amy J. Kaufman: *Polygamy in the Monogamous World: Multicultural Challenges for Western Law and Policy*, Santa Barbara, CA: Frederick A. Praeger 2010.

Baldwin, James E.: *Prostitution, Islamic Law and Ottoman Societies*, Journal of the Economic and Social History of the Orient 55/1 (2012), S. 117–152.

Barash, David P.: *Out of Eden: The Surprising Consequences of Polygamy*, New York: Oxford University Press 2016.

Bauer, Thomas: *Die Kultur der Ambiguität*, 5. Aufl., Berlin: Verlag der Weltreligionen im Insel Verlag 2011.

---: *Warum es kein islamisches Mittelalter gab: Das Erbe der Antike und der Orient*, München: C.H.Beck 2018.

Benson, Sonia G.: *Slavery Throughout History Reference Library: Almanac*, Detroit: UXL 1999.

Berrenberg, Jeanne: *Beyond Kinship Algebra. Values and the Riddle of Pashtun Marriage Structure*, Zeitschrift für Ethnologie 128/2 (2003), S. 269–292.

Boone, Joseph A.: *The Homoerotics of Orientalism*, New York: Columbia University Press 2014.

Brandon, Marianne: *Monogamy: The Untold Story*, Santa Barbara: ABC-CLIO 2010.

al-Buḫārī, Burhān ad-Dīn: *al-Muḥīṭ al-burhānī fī l-fiqh an-nuʿmānī*, Beirut: Idārat al-qurʿān wa-l-ʿulūm al-islāmiyya 2004.

Burhānpūrī et al.: *al-Fatāwā al-hindiyya*, Beirut: Dār al-kutub al-ʿilmiyya 2000.

Cameron, Averil: *Sacred and Profane Love: Thoughts on Byzantine Gender*, in: James, Liz (Hrsg.): Women, Men and Eunuchs: Gender in Byzantium, New York: Routledge 1997, S. 1–23.

Caseau, Béatrice: *Marriage, Byzantine*, in: Bagnall, Roger S. et al. (Hrsg.): The Encyclopedia of Ancient History, Blackwell Publishing 2013, S. 4316–4317.

Caswell, F. Matthew: *The Slave Girls of Baghdad: The Qiyan in the Early Abbasid Era*, London: Library of Middle East History 2011.

Chittick, William C.: *Jami on Divine Love and the Image of Wine*, Studies in Mystical Literature 1/3 (1983), S. 193–209.

aḏ-Ḏahabī, Šams ad-Dīn: *Siyar aʿlām an-nubalāʾ*, Beirut: Muʿassasat ar-risāla 1996.

Dale, Stephen F.: *The Muslim Empires of the Ottomans, Safavids, and Mughals*, Cambridge: Cambridge University Press 2009.

Deeb, Lara und Mona Harb: *Sanctioned Pleasures: Youth, Piety and Leisure in Beirut*, Middle East Report 245 (2007), S. 12–19.

Dunne, Bruce und Mona Harb: *Power and Sexuality in the Middle East*, Middle East Report 206 (1998), S. 8–11.

ad-Dusūqī, Muḥammad: *Ḥāšiyat ad-dusūqī ʿalā aš-šarḥ al-kabīr ʿalā muḫtaṣar ḫālīl*, Dār Iḥyāʾ al-kutb al-ʿarabiyya.

El Hamel, Chouki: *Surviving Slavery: Sexuality and Female Agency in Late Nineteenth and Early Twentieth-Century Morocco*, Historical Reflections / Réflexions Historiques 34/1 (2008), S. 73–88.

El-Rouayheb, Khaled: *Before Homosexuality in the Arab-Islamic World, 1500–1800*, Chicago: University Of Chicago Press 2009.

Empey, Heather J.: *The Mothers of the Caliph's Sons*, in: Gordon, Matthew S. und Kathryn A. Hain (Hrsg.): Concubines and Courtesans: Women and Slavery in Islamic History, Oxford: Oxford University Press 2017, S. 143–162.

Farrūḫ, Maḥmūd Ṣalāḥ: *al-Qirāʾa aš-šāḏa ʿind al-ūṣūliyyīn wa-aṯaruhā fī iḫtilāf al-fuqahāʾ*, Gaza: al-Ǧāmiʿa al-islāmiyya 2010.

al-Fāsī, Ibn al-Qaṭṭān: *al-Iqnāʿ fī masāʾil al-iǧmāʿ*, Kairo: al-Fāruq al-ḥadīṯa li-ṭ-ṭibāʿa wa-n-našr 2003.

Fatḥallāh, ʿAbd-al-Laṭīf: *Dīwān al-muftī ʿAbd-al-Laṭīf Fatḥallāh*, Beirut: Franz Steiner Verlag 1984.

Foucault, Michel: *Die Hauptwerke*, übers. von Ulrich Köppen, Ulrich Raulff und Walter Seitter, 3. Aufl., Frankfurt am Main: Suhrkamp Verlag 2008.

---: *Histoire de la sexualité, tome 1 : La Volonté de savoir*, Paris: Gallimard 1976.

Fuentes, Agustin: *Race, Monogamy, and Other Lies They Told You*, Berkeley, CA: California University Press 2015.

al-Ǧaḥiẓ, Abū ʿUṯmān: *al-Qiyān*, Rasāʾil al-Ǧāḥiẓ, Bd. 2, Kairo: Maktabat al-Ḫāniǧī 1964.

---: *an-Nisāʾ*, Rasāʾil al-Ǧāḥiẓ, Bd. 3, Beirut: Dār al-ǧīl 1991.

---: *Mufāḫarat al-ǧawārī wa l-ġilmān*, Rasāʾil al-Ǧāḥiẓ, Bd. 2, Kairo: Maktabat al-Ḫāniǧī 1964.

al-Ġazālī, Abū Ḥāmid: *Iḥyāʾ ʿulūm ad-dīn*, Beirut: Dār al-maʿrifa 2004.

Ghandour, Ali: *Fiqh: Einführung in die islamische Normenlehre*, Freiburg im Breisgau: Kalam Verlag 2015.

Gordon, Matthew S. und Kathryn A. Hain (Hrsg.): *Concubines and Courtesans: Women and Slavery in Islamic History*, Oxford: Oxford University Press 2017.

Gordon, Murray: *Slavery in the Arab World*, New York: New Amsterdam Books 1998.

Ǧumʿa, ʿAlī: *al-Bayān limā yašġal al-aḏhān*, Kairo: al-Muqaṭṭam li-našr wa t-tawzīʿ 2005.

Hamzić, Vanja: *Sexual and Gender Diversity in the Muslim World: History, Law and Vernacular Knowledge*, London: I. B. Tauris 2015.

Hamzic, Vanja und Ziba Mir-Hosseini: *Control and Sexuality: The Revival of Zina Laws in Muslim Contexts*, London: Women Living Under Muslim Laws 2010.

Harari, Yuval Noah: *Eine kurze Geschichte der Menschheit*, übers. von Jürgen Neubauer, 27. Aufl., München: Deutsche Verlags-Anstalt 2013.

al-Ḥaṭṭāb, ar-Ruʿaynī: *Mawāhib al-ǧalīl šarḥ muḫtaṣar Ḫalīl*, Beirut: Dār al-kutub al-ʿilmiyya 1995.

al-Ḫaṭṭābī, Abū Sulaymān: *Maʿālim as-sunan*, Aleppo: al-Maṭbaʿa al-ʿilmiyya 1933.

Heller, Erdmute und Hassouna Mosbahi: *Hinter den Schleiern des Islam*, München: C.H.Beck 1999.

Heuman, Gad und Trevor, Burnard (Hrsg.): *The Routledge History of Slavery*, London: Taylor & Francis 2010.

al-Muttaqī al-Hindī, ʿAlāʾ ad-Dīn: *Kanz al-ʿummāl*, Beirut: Muʾassasat ar-risāla 1985.

Homerin, Emil: *From Arab Poet to Muslim Saint: Ibn al-Farid, His Verse, and His Shrine*, 2. Aufl., Cairo: American University in Cairo Press 2004.

al-Ḫūrī, Šākir Bek: *Tuḥfat ar-rāġib fī ṣiḥḥat al-mutazawwiǧ wa-zawāǧ al-ʿāzib*, Beirut: al-Maktaba aṯ-ṯaqāfiyya 1987.

Ibn ʿAbd al-Barr, Abū ʿUmar: *al-Istiḏkār*, Damaskus: Dār qubba li aṭ-ṭibbāʿa 1993.

---: *at-Tamhīd*, Rabat: Wizārat al-awqāf 1987.

Ibn ʿĀbidīn, Muḥammad Amīn: *Ḥāšiyat radd al-muḥtār*, Beirut: Dār al-Kutub al-ʿIlmiyya 1994.

Ibn Abī Zayd, Abū Muḥammad ʿAbd Allah: *an-Nawādir wa z-ziyyādāt*, Beirut: Dār al-ġarb 1999.

Ibn al-ʿArabī, Muḥyī ad-Dīn: *Der Übersetzer der Sehnsüchte: Liebes-*

gedichte aus dem arabischen Mittelalter, übers. von Stefan Weidner, Salzburg: Jung und Jung 2016.

---: *Turǧumān al-Ašwāq*, 3. Aufl., Beirut: Dār Ṣadir 2003.

Ibn al-Bayṭār, ʿAbd Allāh ibn Aḥmad: *Große Zusammenstellung über die Kräfte der bekannten einfachen Heil- und Nahrungsmittel*, Stuttgart: Hallberger'sche Verlagshandlung 1840.

Ibn ʿasākir, Abū al-Qāsim: *Tārīḫ dimašq*, Beirut: Dār al-fikr 1995.

Ibn Buṭlān, Abū al-Ḥasan: *Risāla fī širāʾ ar-raqīq wa-taqlīb al-ʿabīd*, in: ʿAbd as-Salām, Harūn (Hrsg.): Nawādir al-maḫṭūṭāt, Bd. 1, Kairo: Muṣṭafā al-bābī al-ḥalabī 1973.

Ibn Fāris, Abū al-Ḥusayn: *Maqāyīs al-luġa*, Beirut: Dār al-fikr 1979.

Ibn al-Ḥāǧǧ, Muḥammad: *al-Madḫal*, Kairo: Dār at-turāṯ, o. J.

Ibn Ḫallikān, Aḥmad Ibn Muḥammad: *Wafayāt al-aʿyān*, Beirut: Dār ṣādir 1994.

Ibn Ḥazm, ʿAlī: *Al-Muḥallā*, Kairo: Idāra at-Tibāʿa al-munīriyya 1352H.

Ibn al-Humām, Kamāl ad-Dīn: *Fatḥ al-qadīr*, Beirut: Dār al-kutub al-ʿilmiyya 2003.

Ibn Kamāl Pascha, Aḥmad: *Ruǧūʿ aš-šayḫ ilā ṣibāh fi l-quwwati ʿalā l-bāh*, Kairo: Būlāq 1309H.

Ibn Manẓūr, Ǧamāl ad-Dīn: *Lisān al-ʿarab*, Beirut: Dār al-maʿārif 1998.

Ibn al-Muʿtazz, ʿAbd Allah: *Ṭabaqāt aš-šuʿarāʾ*, Kairo: Dār al-maʿārif 1976.

Ibn an-Nadīm, Muḥammad Ibn Isḥāq: *al-Fihrist*, Beirut: Dār al-Maʿrifa 1978.

Ibn Qudāma, Muwaffaq ad-Dīn: *al-Muġnī*, Riad: Dār ʿālam al-kitāb 1997.

Ibn Rušd, Abū al-Walīd: *Bidāyat al-muǧtahid wa-nihāyat al-muqtaṣid*, Beirut: Dār al-maʿrifa 1982.

Ibn Yaḥyā, as-Samaw'al: *Nuzhat al-aṣḥāb fī muʿāšarat al-aḥbāb*, Beirut: Dār al-Kutub al-ʿilmiyya 2008.

Ilkkaracan, Pinar und Women for Women's Human Rights: *Exploring the Context of Women's Sexuality in Eastern Turkey*, Reproductive Health Matters 6/12 (1998). S. 66–75.

İpşirli Argıt, Betül: *A Queen Mother and the Ottoman Imperial Harem*, in: Gordon, Matthew S. und Kathryn A. Hain (Hrsg.): Concubines and Courtesans: Women and Slavery in Islamic History, Oxford: Oxford University Press 2017.

al-Iṣfahānī, Abū al-Farağ: *al-Aġānī*, Beirut: Dār Ṣadir 2008.

al-Iṣfahānī, ar-Rāġib: *Muḥāḍarāt al-udabāʾ wa-muḥāwarāt aš-šuʿarāʾ*, Beirut: Maktabat al-Ḥayāt 1960.

ʿIyāḍ (al-Qāḍī), Abū al-Faḍl: *Ikmāl al-muʿlim bi-fawāʾid muslim*, al-Manṣūra: Dār al-Wafāʾ 1998.

Jacobi, Renate: *Der Diwan – Mystische Poesie aus dem 13. Jahrhundert.* Aus dem Arabischen übersetzt und herausgegeben von Renate Jacobi, Berlin: Verlag der Weltreligionen im Insel Verlag 2012.

Jacquard, Danielle und Claude Thomasset: *Sexualité et Savoir médical au Moyen Âge*, Paris: Presses Universitaires de France 1985.

Kadr, George: *Fann an-nikāḥ fī turāṯ šayḫ al-islām Ǧalāl ad-Dīn as-Suyūṭī*, Beirut: Atlas Books 2011.

---: *Saqīfat Ḥubbā*, Beirut: Atlas Books 2011.

al-Kātib, Abū al-Ḥasan: *Ǧawāmiʿ al-laḏḏa*, Kairo: Dār al-bayān al-ʿarabī 2002.

Kazhdan, Alexander P. (Hrsg.): *The Oxford Dictionary of Byzantium*, New York: Oxford University Press 1991.

Kellermann, Ulrich: *Eheschließungen im frühen Judentum: Studien zur Rezeption der Leviratstora, zu den Eheschließungsritualen im Tobitbuch und zu den Ehen der Samaritanerin in Johannes 4*, Berlin, Boston: De Gruyter 2014.

Kennett, Austin: *Bedouin Justice*, Oxon: Routledge 2012.

Keuls, Eva C.: *The Reign of the Phallus: Sexual Politics in Ancient Athens*, Berkeley: University of California Press 1993.

Kiel, Yishai: *Dynamics of Sexual Desire: Babylonian Rabbinic Culture at the Crossroads of Christian and Zoroastrian Ethics*, Journal for the study of judaism (47), Leiden: Brill 2016.

Kugle, Scott Siraj al-Haqq: *Homosexuality in Islam: Critical Reflection on Gay, Lesbian, and Transgender Muslims*, Oxford: Oneworld Publications 2010.

Krafft-Ebing, Richard: *Psychopathia sexualis, mit besonderer Berücksichtigung der conträren Sexualempfindung. Eine klinischforensische Studie*, Stuttgart: Ferdinand Enke 1894.

Layish, Aharon: *Legal Documents from the Judean Desert: The Impact of the Shariʿa on Bedouin Customary Law*, Leiden: Brill 2011.

---: *Sharīʿa and Custom in Libyan Tribal Society: An Annotated Translation of Decisions from the Sharīʿa Courts of Adjābiya and Kufra*, Leiden: Brill 2005.

Leiser, Gary: *Prostitution in the Eastern Mediterranean World: Sex for Sale in the Late Antique and Medieval Middle East*, London: I. B. Tauris 2017.

al-Maqrīzī, Taqiyy ad-Dīn Aḥmad: *Kitāb as-sulūk li-maʿrifat duwal al-mulūk (III-2)*, Kairo: Maṭbaʿat dār al-kutub 1970.

---: *Kitāb as-sulūk li-maʿrifat duwal al-mulūk (IV-1)*, Kairo: Maṭbaʿat dār al-kutub 1972.

al-Mardāwī, ʿAlāʾ ad-Dīn: *al-Inṣāf fī maʿrifat ar-rāǧiḥ min al-ḫilāf*, Kairo: Maṭbaʿat as-sunna an-nabawiyya 1955.

Marzolph, Ulrich, Richard van Leeuwen und Hassan Wassouf (Hrsg.): *The Arabian Nights Encyclopedia*, Santa Barbara, CA: ABC-CLIO 2004.

Massad, Joseph A.: *Desiring Arabs*, Reprint Aufl., Chicago: University of Chicago Press 2007.

Meyendorff, John: *Christian Marriage in Byzantium: The Canonical and Liturgical Tradition*, Dumbarton Oaks Papers, Vol. 44, Dumbarton Oaks, Trustees for Harvard University 1990.

Mir-Hosseini, Ziba, Mansour Shaki und Jeanette Wakin: *Family Law*, in: Yarshater, Ehsan (Hrsg.): Encyclopaedia Iranica, 2012.

Mohr, Andreas Ismail: *Islam und Homosexualität – eine differenzierte Betrachtung*, http://www.ismailmohr.de/islam_homo.html.

Murray, Stephen O.: *Islamic Homosexualities: Culture, History, and Literature*, New York: New York University Press 1997.

al-Murtaḍā (aš-Šārīf), ʿAlī: *al-Intiṣār*, Qom: Muʾasassat an-našr al-islāmī.

an-Nābulusī, ʿAbd al-Ġaniyy: *Ǧawāhir an-nuṣūṣ fī ḥall kalimāt al-fuṣūṣ*, Beirut: Dār al-kutub al-ʿilmiyya 2008.

---: *Kašf as-sirr al-ġāmiḍ fī šarḥ diwān Ibn al-fāriḍ*, Damaskus: Dār naynawā 2017.

an-Nafrāwī, Aḥmad: *al-Fawākih ad-dawānī ʿalā risālat Ibn Abī Zayd al-Qayrawānī*, Beirut: Dār al-Kutub al-ʿIlmiyya 1997.

an-Nafzāwī, Muḥammad: *ar-Rawḍ al-ʿāṭir fī nuzhat al-ḫāṭir*, in: al-Ǧins ʿind al-ʿarab, Köln: al-Kamel Verlag 2011.

an-Naǧafī, Muḥammad Ḥasan: *Ǧawāhir al-kalām fī šarḥ šarāʾiʿ al-islām*, Beirut: Dār iḥyāʾ at-turāṯ al-ʿarabī 1981.

Najmabadi, Afsaneh: *Women with Mustaches and Men without Beards: Gender and Sexual Anxieties of Iranian Modernity*, Berkeley: University of California Press 2005.

an-Nawawī, Šaraf ad-Dīn: *al-Maǧmūʿ šarḥ al-muhaḏḏab*, Dschidda: Maktabat al-Iršād.

an-Nīsāpūrī al-Ḥākim, Muḥammad Ibn ʿAbdillāh: *al-Mustadrak ʿalā aṣ-ṣaḥīḥayn*, Beirut: Dār al-kutub al-ʿilmiyya 1990.

Osterhammel, Jürgen: *Kolonialismus: Geschichte, Formen, Folgen*, 6. Aufl., München: C.H.Beck 2009.

Parrinder, Geoffrey: *Sexualität in den Religionen der Welt*, Düsseldorf: Patmos 2014.

Pourjavady, N.: *Love and the Metaphors of Wine and Drunkenness in Persian Sufi Poetry*, in: Seyed-Gohrab, Ali Asghar (Hrsg.): Metaphor and Imagery in Persian Poetry, Leiden: Brill 2012, S. 125–136.

al-Qarāfī, Šihāb ad-Dīn: *aḏ-Ḏaḫīra*, Beirut: Dār al-Ġarb 1994.

al-Qurṭubī, Abū al-ʿAbbās Aḥmad: *al-Mufhim limā aškal min talḫīṣ kitāb Muslim*, Beirut: Dār Ibn Kaṯīr 1996.

al-Qurṭubī, Abū ʿAbdillāh: *al-Ǧāmiʿ li-aḥkām al-qurʾān*, Beirut: Muʾassasat ar-Risāla 2006.

ar-Ramlī, Šams ad-Dīn: *Nihāyat al-muḥtāǧ ilā šarḥ al-minhāǧ*, Beirut: Dār al-kutub al-ʿilmiyya 2003.

Reynolds, Betül: *The Qiyan of al-Andalus*, in: Gordon, Matthew S. und Kathryn A. Hain (Hrsg.): Concubines and Courtesans: Women and Slavery in Islamic History, Oxford: Oxford University Press 2017, S. 100–121.

ar-Rīsūnī, Aḥmad: *al-Fikr al-maqāṣidi qawāʿiduh wa-fawāʾiduh*, Casablanca: Manšūrāt ǧarīdat az-zamān 1999.

Rowson, Everett K.: *The Categorization of Gender and Sexual Irregularity in Medieval Arabic Vice Lists*, Body Guards: The Cultural Politics of Gender Ambiguity, New York: Routledge 1991.

---: *The Effeminates of Early Medina*, Journal of the American Oriental Society 111/4 (1991), S. 671–693.

al-Šabrāwī, ʿAbdallah: *Dīwān ʿAbdallah al-Šabrāwī*, Kairo: Būlāq 1282.

aṣ-Ṣafadī, Ṣalāḥ ad-Dīn: *al-Wāfī bi l-wafayāt*, Beirut: Dār iḥyāʾ at-turāṯ al-ʿarabī 2000.

aš-Šāfiʿī, Muḥammad Ibn Idrīs: *al-Umm*, al-Manṣūra: Dār al-wafāʾ 2001.

aṣ-Ṣanʿānī, ʿAbd ar-Razzāq: *al-Muṣannaf*, Beirut: al-Maktab al-islāmī 1983.

as-Saraḫsī, Šams ad-Dīn: *al-Mabsūṭ*, Beirut: Dār al-fikr 2000.

Sariyannis, Marinos: *Prostitution in Ottoman Istanbul, Late Sixteenth – Early Eighteenth Century*, Turcica 40 (2008), S. 37–65.

aṣ-Ṣāwī, Aḥmad: *Bulġat as-sālik li-aqrab al-masālik*, Beirut: Dār al-kutub al-ʿilmiyya 1995.

Saʿd, Fahmī: *al-ʿĀmma fī baġdād fī l-qarn aṯ-ṯāliṯ wa rābiʿ li-l-hiǧra*, Beirut: Dār al-munthab al-ʿarabī 1993.

Schick, İrvin Cemil: *Representation of Gender and Sexuality in Ottoman and Turkish Erotic Literature*, The Turkish Studies Association Journal 28/1/2 (2004), S. 81–103.

Schimmel, Annemarie: *As Through a Veil: Mystical Poetry in Islam*, New York: Columbia University Press 1982.

Schmidtke, Sabine: *Die westliche Konstruktion Marokkos als Landschaft freier Homoerotik*, Die Welt des Islams 40/3 (2000), S. 375–411.

Schmitt, Arno: *Liwāṭ im fiqh: Männliche Homosexualität*, Journal of Arabic and Islamic Studies 4 (2001), S. 49–110.

Semerdjian, Elyse: *«Off the Straight Path»: Illicit Sex, Law, and Community in Ottoman Aleppo*, New York: Syracuse University Press 2008.

Shmuluvitz, Shoshana: *Temporary Marriage in Islam: Exploitative or Liberating?*, Tel Aviv Notes – Moshe Dayan Center for Middle Eastern and African Studies 6/5 (2012), S. 1–5.

aš-Širbīnī, Šams ad-Dīn al-Ḫaṭīb: *Muġnī al-muḥtāǧ ilā maʿrifat maʿānī alfāẓ al-minhāǧ*, Beirut: Dār al-kutub al-ʿilmiyya 2000.

Skjærvø, Prods Oktor: *Homosexuality in Zoroastrianism*, in: Yarshater, Ehsan (Hrsg.): Encyclopaedia Iranica, 2012.

as-Sullamī, Abū ʿAbd ar-Raḥmān: *Ṭabaqāt aṣ-ṣūfīya*, Beirut: Dār al-kutub al-ʿilmiyya 2003.

as-Suyūṭī, Ǧalāl ad-Dīn: *ad-Durr al-manṯūr*, Kairo: Markaz Haǧar 2003.

---: *al-Wišaḥ fī fawāʾid an-nikāḥ*, Damaskus: Dār al-Kitāb al-ʿarabī o. J.

---: *Fī al-ǧimāʿ wa-ālātih*, Köln: al-Kamel Verlag 2006.

---: *Nawāḍir al-ayk fī maʿrifat an-nayk*, Köln: al-Kamel Verlag 2011.

---: *Šaqāʾiq al-utruǧ fī raqāʾiq al-ġunǧ*, Damaskus: Dār al-kitāb al-ʿarabī, o. J.

aṭ-Ṭabarī, Abū Ǧaʿfar: *Tafsīr aṭ-Ṭabarī*, Kairo: Dār haǧar 2001.

---: *Tārīḫ aṭ-Ṭabarī*, Leiden: Brill 1881.

aṭ-Ṭabbūbī, Laylā: *al-Qiyān wa l-adab fī l-ʿaṣr al-ʿabbāsī al-awwal*, Beirut: al-Intišār al-ʿarabī 2010.

at-Tanūḫī, al-Muḥsin Ibn ʿAlī: *Nišwār al-muḥāḍara*, Beirut: Dār ṣādir 1995.

at-Tarmanīnī, ʿAbd as-Salām: *az-Zawāǧ ʿind al-ʿarab fī al-ǧāhiliyya wa l-islām*, Kuwait: al-Maǧlis al-waṭanī li ṯ-ṯaqāfa wa l-funūn wa l-adab 1998.

at-Tawḥīdī, Abū Ḥāyyān: *al-Baṣāʾir wa ḏ-ḏaḫāʾir*, Beirut: Dār ṣādir 1988.

at-Tīfāšī, Aḥmad Ibn Yusuf: *Nuzhat al-albāb fīmā lā yūǧad fī kitāb*, London: Riyyad al-Rayyes Books 1992.

at-Tiǧānī, Muḥammad: *Tuḥfat al-ʿarūs*, London: Riad El-Rayyes Books 1992.

aṭ-Ṭūṣī, Naṣīr ad-Dīn: *Kitāb albāb al-bāhiyya wa at-tarākīb aṣ-ṣulṭāniyya*. Daniel L. Newman (Übers.): The Sultan's Sex Potions: Arab Aphrodisiacs in the Middle Ages, London: Saqi Books 2014.

Vanita, Ruth: *Gender, Sex and the City: Urdu Rekhti Poetry, 1780–1870*, Hyderabad: Orient Black Swan 2012.

Vanita, Ruth und Saleem Kidwai: *Same-Sex Love in India*, New York: Palgrave 2000.

Vatsyayana, Mallanaga: *Kamasutra*, übers. von Wendy Doniger und Sudhir Kakar, Oxford: Oxford University Press 2009.

Wafer, Jim: *Vision and Passion: The Symbolism of Male Love in Islamic Mystical Literature*, in: Murray, Stephen O. (Hrsg.): Islamic Homosexualities: Culture, History, and Literature, New York: New York University Press 1997, S. 107–132.

Walls, Neal H.: *Baal*, Encyclopedia of Religion, Detroit: Macmillan Reference USA 2004, S. 723–724.

al-Wardīnī, ʿAbd al-Qādir: *Buġyat al-muštāq*, Kairo: Būlāq 1881.

Waugh, Earle H.: *The Munshidin of Egypt: Their World and Their Song*, Columbia, SC: University of South Carolina Press 1989.

Weidner, Stefan: *Jenseits des Westens: Für ein neues kosmopolitisches Denken*, München: Carl Hanser Verlag 2018.

Willey, Angela: *Undoing Monogamy: The Politics of Science and the Possibilities of Biology*, Durham: Duke University Press 2016.

Wizārat al-awqāf: *al-Mawsūʿa al-fiqhiyya*, Kuwait: Wizārat al-awqāf wa š-šuʾūn al-islāmiyya 2006.

Yount, Kathryn M.: *Health and Reproductive Health*, in: Joseph, Suad (Hrsg.): Encyclopedia of Women and Islamic Cultures: Family, Law and Politics, Leiden: Brill 2005.

az-Zarqānī, ʿAbd al-Bāqī: *Šarḥ az-Zarqānī ʿalā muḫtaṣar Ḫalīl*, Beirut: Dār al-kutub al-ʿilmiyya 2002.

Ze'evi, D. P.: *Producing Desire: Changing Sexual Discourse in the Ottoman Middle East, 1500–1900*, Berkeley: University of California Press 2006.

Aus dem Verlagsprogramm

Islamische Kultur und Geschichte

Thomas Bauer

Warum es kein islamisches Mittelalter gab

Das Erbe der Antike und der Orient

2. Auflage. 2019. 175 Seiten mit 12 Abbildungen, davon 11 in Farbe. Gebunden

Lutz Berger

Die Entstehung des Islam

Die ersten hundert Jahre

Von Mohammed bis zum Weltreich der Kalifen

2. Auflage. 2016. 334 Seiten mit 16 Abbildungen und 2 Karten. Gebunden

Glen W. Bowersock

Die Wiege des Islam

Mohammed, der Koran und die antiken Kulturen

Aus dem Englischen von Rita Seuß

2019. 160 Seiten mit 2 Karten und 5 Abbildungen. Gebunden

Ibn Naqiya

Moscheen, Wein und böse Geister

Zehn Verwandlungen

Erstmals aus dem Arabischen übertragen,

erläutert und eingeleitet von Stefan Wild

2019. 144 Seiten mit einer Abbildung in Farbe. Leinen

Neue Orientalische Bibliothek

Reza Aslan

Kein Gott außer Gott

Der Glaube der Muslime von Muhammad bis zur Gegenwart

Aus dem Englischen von Rita Seuß

2019. 364 Seiten. Paperback

Gudrun Krämer

Geschichte des Islam

2005. 334 Seiten mit 87 Abbildungen und 5 Karten. Gebunden

Islam in C.H.Beck Wissen

Hartmut Bobzin
Der Koran
Eine Einführung
10., überarbeitete Auflage. 2018.
143 Seiten mit 3 Abbildungen. Paperback

Hartmut Bobzin
Mohammed
5. Auflage. 2016. 128 Seiten
mit 1 Karte und 1 Stammbaum. Paperback

Heinz Halm
Der Islam
Geschichte und Gegenwart
11., aktualisierte Auflage. 2018.
112 Seiten mit 3 Karten und 1 Graphik. Paperback

Mathias Rohe
Das islamische Recht
Eine Einführung
2013. 128 Seiten. Paperback

Ulrich Rudolph
Islamische Philosophie
Von den Anfängen bis zur Gegenwart
4. Auflage. 2018. 128 Seiten. Paperback

Annemarie Schimmel
Sufismus
Eine Einführung in die islamische Mystik
6., durchgesehene Auflage. 2018. 127 Seiten. Paperback